中等职业学校示范校建设成果教材

# 企业财务会计

主　编　罗德兴
副主编　詹朝阳　林　姿　郑秋燕　陈真安
参　编　陈文霞　姜亚南　陈文贞　郑　丽　王　鑫
　　　　林　琦　陈一方　董悠然　刘千千　张颖娟

机 械 工 业 出 版 社

本书根据中等职业学校应用型人才的培养目标，系统阐述了企业财务会计的基本理论、基本方法和基本技能。全书主要内容包括认知企业财务会计，货币资金核算，应收及预付款项核算，存货核算，对外投资核算，固定资产核算，无形资产和长期待摊费用核算，负债核算，所有者权益核算，收入、费用与利润核算和财务会计报告共11个模块。每个模块根据行动导向、任务驱动的教学理念设置任务，首先以岗位行动导向模式展示工作案例，然后给出活动资料，以培养学生的实践能力为重点、以任务驱动的方式引领学生在“做中学”，然后通过老师的现场点评指导学生在“学中做”。考虑弹性教学的需要，知识储备按岗位基础知识、拓展知识，实现“因能分层”教学改革，在强化基本职业技能的同时，加强职业素养等综合能力的培养教育。

本书以岗位行动导向教学理念与因能分层教学改革为主线，贯穿全书，体例新颖，结构严谨，案例较丰富，有利于教学互动和增强学生的学习兴趣，有较强的通用性和适用性。

本书可作为中等职业学校会计专业学生使用的教材，也可作为财经商贸类相关专业的参考用书，还可作为初级会计专业人员，在职员工的短期培训教材或者会计从业资格考试补充教材使用。


**图书在版编目（CIP）数据**

企业财务会计/罗德兴主编．—北京：机械工业出版社，2014.8（2016.1重印）
中等职业学校示范校建设成果教材
ISBN 978-7-111-48018-1

Ⅰ．①企… Ⅱ．①罗… Ⅲ．①财务会计—中等专业学校—教学参考资料
Ⅳ．①TP3

中国版本图书馆CIP数据核字（2014）第200303号

机械工业出版社（北京市百万庄大街22号 邮政编码100037）
策划编辑：李 兴 责任编辑：李 兴 及美玲
版式设计：墨格文慧 责任校对：马丽婷
封面设计：路恩中 责任印制：李 洋
北京华正印刷有限公司印刷
2016年1月第1版第2次印刷
184mm×260mm·16.25印张·401千字
1 001—2 000册
标准书号：ISBN 978-7-111-48018-1
定价：39.00元

凡购本书，如有缺页、倒页、脱页，由本社发行部调换

| 电话服务 | 网络服务 |
|---|---|
| 社服务中心：（010）88361066 | 教材网：http://www.cmpedu.com |
| 销售一部：（010）68326294 | 机工官网：http://www.cmpbook.com |
| 销售二部：（010）88379649 | 机工官博：http://weibo.com/cmp1952 |
| 读者购书热线：（010）88379203 | **封面无防伪标均为盗版** |

# 前　言

为适应社会经济和职业教育的发展，满足教学改革的需要，贯彻“以就业为导向、以能力为本位、以服务为宗旨”的职业教育思想，根据会计岗位职业能力的要求，在校企合作的基础上，精心编写了这本体现行动导向任务驱动、理实一体、工学结合职业教育理念的教材。

与传统的企业财务会计教材相比，本书具有如下显著特点：

（1）校企合作。本书既有从事多年教学的教师参与编写，又有合作企业专家参与共同调研、拟定大纲、教材定稿。

（2）岗位主导、因能分层。本书根据会计岗位职业能力的要求，以岗位任务为导向，做到课程对接岗位；同时，考虑到学生的水平参差不齐，将内容分为基础知识和拓展知识，做到因能分层、因材施教。

（3）内容精练、简明易懂。本书本着基础理论适用、够用原则，言简意赅，简明易懂。

（4）理实一体、工学结合、强化技能。本书以通俗易懂的文字阐述了会计的基本理论、基本方法。同时，根据中等职业教育“以能力为本位”的要求，结合中职学生的特点，大量引用企业实际的经济业务案例，强化技能训练，以培养学生实际操作能力。

本书由福建经济学校高级讲师罗德兴任主编，与福州诚仕达税务师事务所所长曾政林（高级会计师）、福州浩然光电有限公司财务总监黄福泉（高级会计师）共同负责调研、拟定编写大纲及全书的统稿、修改、定稿工作。詹朝阳任副主编，负责部分模块的审稿工作；郑秋燕任副主编，负责模块一、模块二、模块十一的审稿工作；罗德兴任主编负责模块三、模块四的审稿工作；陈真安任副主编，负责模块五、模块六、模块七的审稿工作；林姿任副主编，负责模块八、模块九、模块十的审稿工作。参编人员具体编写分工如下：姜亚南编写模块一，郑丽编写模块二，林琦编写模块三，陈文贞编写模块四，王鑫编写模块五、模块六，陈一方编写模块七，张颖娟编写模块八，刘千千编写模块九，陈文霞编写模块十，董悠然编写模块十一。

限于编者水平，书中难免有疏漏或不妥之处，敬请读者批评指正。

编　者

2014年2月

# 目　录

# 模块一

# 认知企业财务会计

## 【岗位工作情景】

会计专业的小张毕业后应聘到一家公司做出纳，财务经理带他参观了公司财务部，并向他介绍了公司财务工作的岗位设置和业务流程，面对新的环境和同事们，小张暗下决心，一定要干出点名堂来。

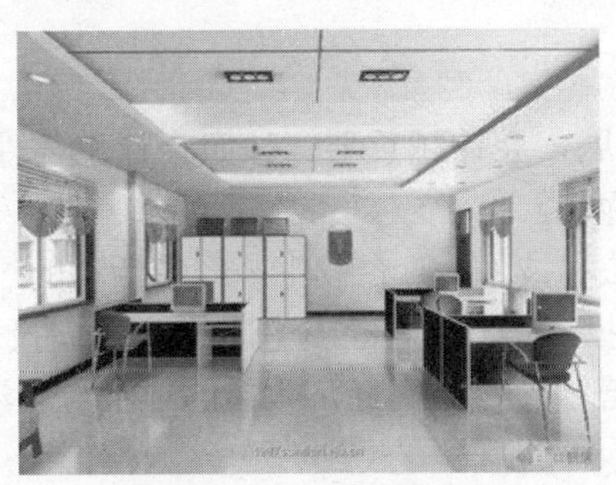

## 【岗位学习目标】

**一、岗位知识目标**

1. 了解会计的分类及企业财务会计的目标。
2. 熟悉企业财务会计的特点和工作内容。
3. 掌握企业财务会计规范的层次及其基本内容。

**二、岗位能力目标**

能在老师的引导下查阅相关会计法规、案例，逐步养成自主学习、课外学习的能力。

**三、职业素养目标**

通过课堂教学及参观企业会计核算的全过程、翻阅凭证、账簿及报表资料，以加深学生对会计核算全过程的感性认识，进一步了解会计职业特点，培养知法、懂法、守法及规范操作的意识，养成认真、严谨的职业习惯，为今后的学习工作打下基础。

# 任务一 企业财务会计概述

## 工作案例

小惠是财务部刚入职的新员工。财务部张经理为了让她尽快适应工作岗位，便交给她一叠费用报销单、付款单和发票，请她整理无误后记账。小惠接受完任务，开始了一天的忙碌。

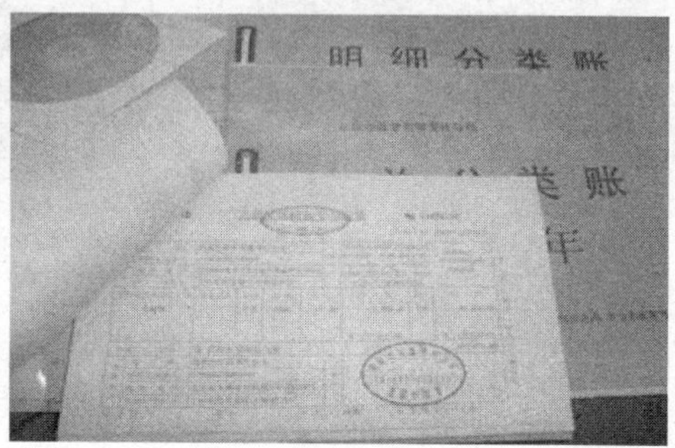


## 基础知识

### 一、会计的分类



会计是经济管理工作的重要组成部分，经济越发展，会计越重要。按照会计主体性质的不同相应分为：企业会计、政府及非营利性组织会计两类。

企业会计是以货币为主要计量单位，运用专门方法和技术，对企业生产经营活动的过程与成果，进行连续、系统、全面、综合的核算和监督，并据以进行科学的分析与预测，向投资者、债权人等各方面提供准确信息，促进企业不断改善经营管理，提高经济效益的经济管理活动。

### 二、企业会计的分类

根据企业会计工作目标的不同，企业会计可以分为财务会计和管理会计两类。

1．财务会计

财务会计是以会计准则为依据，通过填制凭证、登记账簿、编制会计报告等方法，确认和计量企业资产、负债、所有者权益的增减变化，反映收入的取得、费用的发生和归属，以及净收益的形成和分配，定期以财务报告的形式，主要向企业外部利益关系人提供各种会计信息的对外报告会计。

2．管理会计

管理会计是为了适应企业内部计划和控制的需要，以企业内部各级管理人员为主要服务对象，利用财务会计提供的会计信息及生产经营中的有关资料，运用数学、统计学等一系列的技术和方法，预测前景、参与决策、规划未来、控制和评价企业经济活动，为企业内部管理部门进行最优管理决策和有效经营提供有用的对内报告会计。

## 三、企业财务会计的特点

1．服务对象的营利性

企业财务会计服务的对象是企业，而企业是以营利为主要目的的经济组织，具有营利性。政府和非营利组织会计服务对象是行政单位、事业单位等，不具有营利性。

2．工作目标的对外性

企业财务会计主要是对企业外部信息使用者提供财务信息，管理会计则主要为企业内部管理部门提供所需信息。

3．核算程序的规范性

企业财务会计仍遵循“凭证——账簿——报表”这一传统会计模式按照规范、统一的账务处理程序组织核算。管理会计则没有固定、统一的工作程序和模式，根据需要而定。

4．核算规则的统一性

企业财务会计必须严格遵守会计法、会计准则、会计制度等规范，提供规范统一的会计信息。管理会计则没有规范统一的信息格式。

5．会计报告的固定性

企业财务会计报告格式固定，内容和编制要求是统一的，编制时间也是定期的。管理会计则没有。



**拓展知识**

## 一、财务会计与管理会计区别和联系

财务会计与管理会计的区别和联系大致可以从以下几个方面加以概括：

（1）从对象上看，二者的最终对象都是企业的经济活动，但是财务会计是以企业整体为对象；而管理会计则侧重于以企业内部的各个责任中心为对象。

（2）从基本职能上看，财务会计侧重于核算和监督；而管理会计则以计划和控制作为基本职能。

（3）从目的上看，二者最终目的都是为了决策。但财务会计主要是为了企业外部有关主体提供决策所需经济信息；而管理会计主要是为企业内部各级管理人员提供决策所需要的信息。

（4）从指导原则上看，财务会计必须服从会计准则和会计制度；而管理会计不受会计准则的限制。

（5）从核算程序与核算方法上看，财务会计的核算程序固定，凭证、账簿、报表都有规定的格式和种类；而管理会计没有固定的核算程序，可自由选择，所用报表可自行设计，没有固定的格式和种类。

（6）从所需资料上看，二者很多的原始资料都是相同的。因为管理会计一般不涉及填制凭证和按复式记账法登记账簿的问题，所以它经常直接应用财务会计的账簿、报表中的资料进行分析研究，或对财务会计反映的资料进行再加工后再分析。

## 二、企业对财务会计人才的需求情况

**1. 源源不断的社会需求**

需要会计的地方很多，首先有专业的会计师事务所，其次是各个企业，再次是政府及非营利组织。我国正处于经济飞速发展时期，每年新增的企业数以万计。有企业产生，就有对会计的需求，所以，会计是一个永不衰退的行业。

**2. 会计人才的能力比学历更重要**

企业真正需要的是有能力的会计人才，单纯注重文凭的时代已过去了。踏踏实实地做事、有良好的职业道德，才是最重要的就业砝码。通过在工作中不断学习和积累，熟悉并胜任财务工作岗位，中职毕业生一样可以成为优秀的财务人员。

**3. 不断充实自己，助力企业发展**

企业需要的不仅仅是会记账的会计，更需要能用财务数据帮助企业降低成本、挖掘潜力、提高经济效益的财务人员，这样也才能真正体现财务工作的价值。因此会计人员需要不断接受各方面的知识和信息，与时俱进，提高自己的专业技能，参与到企业的管理中去，帮助企业更好地发展。

# 任务二　企业财务会计的工作内容和目标



**工作案例**

经过一段时间的锻炼，小惠逐渐熟悉了自己的工作：日常单据的一级审核（费用报销单、付款单等），日常账务处理（记账），发票查收与审核，有时还要督促销售部门催收往来账款，月底与出纳核对银行账目，报送财务报表以及月初的报税与缴费等。

作为一名基层的企业财务人员，除了完成好自己的日常工作以外，还要实现哪些工作目标呢？

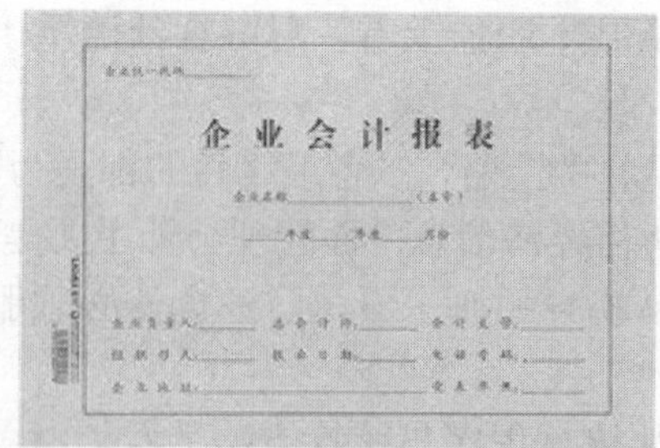
企业会计报表

**基础知识**

## 一、企业财务会计的工作内容

为生成对外提供的财务会计信息，需要通过特定的程序对企业发生的经济业务进行

处理，这个特定的程序包括：会计确认、会计计量、会计记录、会计报告四个环节。

（1）会计确认。会计确认是将经济业务事项是否作为资产、负债等会计要素加以记录和列入报表的过程，一般以权责发生制为基础。

（2）会计计量。会计计量是对企业会计要素的记账金额和在报表及附注中反映的金额所作的原则规定。会计计量是企业财务会计的核心问题。为保证会计信息质量，要求企业在对会计要素进行计量时，一般应当采用历史成本。

（3）会计记录。会计记录是用专门的会计方法在会计凭证、会计账簿、财务会计报告中登记经济业务事项的过程。记录主要解决某项经济业务事项在会计上“如何登记”的问题。

（4）会计报告。会计报告是把会计信息系统的最终产品——会计信息传递给各个会计信息使用者的手段。

## 二、企业财务会计的工作目标

会计的直接目标是向会计信息使用者提供与企业财务状况、经营成果和现金流量等相关会计信息，有助于财务会计报告使用者作出经营与投资决策。

**1. 向财务报告使用者提供决策有用的信息**

（1）投资者。为投资者了解企业经营状况、盈利能力情况，进行投资决策提供会计信息。

（2）债权人。为金融机构、企业债券购买者等债权人了解企业偿债能力，进行信贷决策提供会计信息。

（3）政府及有关部门。为有关政府部门提供宏观调控所需要的会计信息，如财政部门掌握企业会计行为是否合法合规，税务部门掌握企业的税款计算缴纳情况。

（4）其他信息使用者。向与企业有交易活动的上、下游的客户提供信息，以便使他们了解合作伙伴的财务状况与生存情况等信息。

（5）内部信息使用者。为企业职工和企业内部经营管理提供会计信息。企业管理者依赖真实、完整的会计信息进行分析，作出合理决策。

（6）反映企业管理层受托责任履行情况。企业投资者和债权人需要及时或者经常性地了解企业管理层保管、使用资产的情况，以便评价企业管理层的责任情况和业绩情况，并决定是否调整投资和信贷决策，是否需要加强企业内部管理控制和其他制度建设，是否需要更换管理层等。

# 任务三　认知企业财务会计规范的主要内容

**工作案例**

某储蓄所原会计陈某挪用公款案

陈某在担任储蓄所会计期间，通过吸收客户存款，采取“大头小尾”的方式入账，截留客户资金 90 余万元，供其经营获取利润，最后被法院判处无期徒刑。该银行行长赵某、副行长孙某、魏某与该行会计科科长辛某相勾结，采取收入不记账或做假账的方法，将该区粮食系统、棉花加工企业支付的上千万元利息收入非法转出，用于违规购置超标轿车、私分、挥霍，给国家财产造成巨大损失。

## 活动资料

甲同学：“有人说：‘做会计很容易，一把算盘一支笔，几本账簿几张表。’看了上面的案例，我觉得做个会计容易，做个好会计不容易啊，不仅业务要拿得出，更重要的是会计规范也要牢记在心啊。”

乙同学：“是啊，不看不知道，一看吓一跳。会计规范的确很重要啊。”

## 基础知识

企业财务会计规范是企业财务会计工作应遵循的规定、准绳和要求。它是企业开展财务会计工作的行为准则和处理会计事项的依据和尺度。现阶段我国财务会计规范主要包括：

**1．《中华人民共和国会计法》**

《中华人民共和国会计法》简称《会计法》是会计工作的根本大法，在我国的会计规范体系中处于最高层次，是制定其他会计法规的依据，也是指导会计工作的最高准则。

**2．会计行政法规**

会计行政法规是调整经济生活中某些方面会计关系的法律规范，主要有《总会计师条例》和《企业财务会计报告条例》，与会计工作关系密切的是《企业财务会计报告条例》。

**3．企业会计准则**



企业会计准则是指会计核算制度和组织会计核算的基本规范。企业会计准则由财政部制定并颁布实施，由基本准则和41项具体准则构成。

（1）基本准则。《企业会计准则——基本准则》在准则体系中处于最高层次，主要是对会计核算的基本前提、一般要求和会计核算的主要方法作出原则性规定，为具体会计准则和会计制度的制定提供基本依据。

（2）具体准则。具体准则是根据基本准则的要求，对企业各种业务的会计处理方法和程序作出具体规定，是用来指导企业各类经济业务确认、计量、记录和报告的规范。

**4．企业会计制度**

我国的会计制度是国家财政部门通过一定的行政程序制定，具有一定强制性的会计规范的总称。

**5．地方性会计法规**

地方性会计法规是指省、自治区、直辖市人民代表大会及其常务委员会在与会计法律、会计行政法规不相抵触的前提下制定的地方性会计规范。

**6．企业内部会计制度**

企业内部会计制度是企业根据本企业的实际情况和内部经营管理的需要而制定的内部会计工作规范。如会计人员岗位责任制、内部控制制度、账务处理程序、财产清查制度等。

# 模块二
# 货币资金核算

## 【岗位工作情景】

王明是福州金山公司新来的一名采购员，近日公司要派他去广州采购原材料。为此，王明思考着他该如何向公司预借一些现金以满足本次出差的日常开支，以及对方单位货款等的结算他又该如何办理呢？从专业财务人员的角度，你能帮王明解答这些问题吗？另外，对于这项经济活动，公司的会计人员将会涉及哪些会计核算内容？试着一起说说看吧。

## 【岗位学习目标】

**一、岗位知识目标**

1. 了解货币资金及其他货币资金的概念和内容。

2. 熟悉货币资金内部控制的基本内容、现金和银行存款管理的基本要求、库存现金收付业务处理程序、银行支付结算方式种类及其适用范围和主要规定。

3. 掌握有关结算凭证的填制要领、货币资金核算方法、库存现金和银行存款清查方法及清查结果的处理方法。

**二、岗位能力目标**

1. 熟练填制有关银行结算凭证。

2. 熟练填制货币资金业务的记账凭证。

3. 正确登记货币资金的日记账、总账。

4. 进行库存现金、银行存款清查。

**三、职业素养目标**

1. 培养认真细致的工作作风。

2. 养成公私分明、清正廉洁的职业品质。

3. 在货币资金收付业务中树立执业风险观念。

# 任务一　库存现金核算

## 活动一　库存现金收入核算

**工作案例**

### 一、原始凭证

2013 年 3 月 1 日，福州市金山公司出纳员填制现金支票，从银行提取备用金 10 000 元。原始凭证如图 2-1 所示。

**中国工商银行**（闽）

**现金支票存根**

$\frac{B}{0}\frac{J}{2}$358901

附加信息

出票日期 2013 年 03 月 01 日

| 收款人：福州市金山公司 |
|---|
| 金　额：¥10,000 |
| 用　途：备用金 |

单位主管：　　　　会计：

图 2-1　现金支票存根

### 二、记账凭证

根据现金支票存根，填制记账凭证如图 2-2 所示。

**记 账 凭 证**

*2013* 年 *03* 月 *01* 日　　　　记字第 *01* 号

| 摘　要 | 总账科目 | 明细科目 | √ | 借方金额 | | | | | | | | | | √ | 贷方金额 | | | | | | | | | | 附单据 |
|---|---|---|---|---|---|---|---|---|---|---|---|---|---|---|---|---|---|---|---|---|---|---|---|---|---|
| | | | | 千 | 百 | 十 | 万 | 千 | 百 | 十 | 元 | 角 | 分 | | 千 | 百 | 十 | 万 | 千 | 百 | 十 | 元 | 角 | 分 | |
| 提现备用 | 库存现金 | | | | | | 1 | 0 | 0 | 0 | 0 | 0 | 0 | | | | | | | | | | | | |
| | 银行存款 | | | | | | | | | | | | | | | | | 1 | 0 | 0 | 0 | 0 | 0 | 0 | 1 |
| 合　计 | | | | | | ¥ | 1 | 0 | 0 | 0 | 0 | 0 | 0 | | | | ¥ | 1 | 0 | 0 | 0 | 0 | 0 | 0 | 张 |

财务主管：　　记账：　　出纳：　　复核：　　制表：李丽

图 2-2　记账凭证 1

**活动资料**

2013 年 3 月 1 日，福州市金山公司出纳员填制现金支票，从银行提取差旅费 15 000 元。要求：根据现金支票存根填制记账凭证（设上一张记账凭证编号是记字第 1 号）。

**基础知识**

## 一、货币资金内容

货币资金是指在企业生产经营过程中处于货币形态、可随时用于支付的那部分资金，按其存放地点和用途不同可分为库存现金、银行存款和其他货币资金。

## 二、货币资金内部控制

在企业所有资产中，货币资金是流动性最强的资产，极易短缺、被挪用、被盗窃或发生其他舞弊行为，因此，必须根据国家有关法律法规并结合本单位业务特点和管理要求，建立货币资金内部控制制度，加强对货币资金的管理、核算和监督，确保货币资金的安全与完整。

货币资金内部控制的主要内容包括：

（1）严格岗位分工及授权批准制度。出纳人员不得兼任稽核、会计档案保管和收入、支出、费用、债权债务账目的登记工作，未经授权的机构或人员不得办理货币资金业务或直接接触货币资金。

（2）加强票据及银行预留印鉴的管理。企业应当明确各种票据的购买、保管、领用、背书转让、注销等环节的职责权限和程序，并进行专项登记，防止空白票据的遗失和被盗用。财务专用章应由专人保管，法人名章必须由本人或其授权人员保管，严禁一人保管支付款项所需要的全部印章。严格履行签字或盖章手续。

（3）建立对货币资金业务的监督检查制度。企业应当定期和不定期地对货币资金收支进行检查，重点检查是否存在货币资金业务不相容职务混岗的现象，货币资金授权批准制度是否得到严格执行，是否存在办理付款业务所需的全部印章交由一人保管的现象，票据的购买、领用、保管手续是否健全等方面的内容。

## 三、库存现金收入业务处理程序

出纳人员在办理现金收入业务时，必须根据本企业规定的工作流程，对现金应当面查点清楚，唱收唱付，避免出现差错和纠纷，及时逐笔记载现金收入，账目要日清月结，做到账款相符。

## 四、现金收入业务的核算

为了总括核算和监督企业库存现金的收入、付出和结存情况，企业应设置“库存现金”

总分类账户。该账户借方登记库存现金的增加数，贷方登记库存现金的减少数，期末借方余额反映企业持有的库存现金。

1. 提现业务的核算

【例 2-1】2013 年 3 月 2 日，福州市金山公司从银行提取现金 10 000 元备用。根据现金支票存根，作会计分录如下：

借：库存现金　　10 000

　　贷：银行存款　　10 000

2. 现销业务的核算

【例 2-2】2013 年 3 月 3 日，公司销售零星产品，价款 600 元和增值税税额 102 元均以现金收讫。根据增值税专用发票记账联作会计分录如下：

借：库存现金　　702

　　贷：主营业务收入　　600

　　　　应交税费——应交增值税（销项税额）　　102

拓展知识

## 一、库存现金限额管理



库存现金限额是指为了保证企业日常零星开支的需要，由开户银行核定的允许企业留存现金的最高数额。核定单位库存限额的原则是，既要保证日常零星现金支付的合理需要，又要尽量减少现金的使用。银行根据实际需要核定 3～5 天的日常零星开支数额作为单位的库存现金限额。边远地区和交通不便地区的开户单位，其库存现金限额可以适当放宽到 5 天以上，但最多不得超过 15 天的日常零星开支的需要量。库存现金低于限额时，可以签发现金支票，从银行提取现金补足限额。超过限额的现金应及时存入银行。

## 二、其他现金收入业务的核算

1. 收取押金业务

【例 2-3】2013 年 3 月 1 日，公司收取出租包装物的押金 1 960 元，现金收讫。填制收款收据，据以作如下会计分录：

借：库存现金　　1 960

　　贷：其他应付款——包装物押金　　1 960

2. 报销差旅费（收入差额现金）业务

【例 2-4】2013 年 3 月 10 日，行政部李晟出差回来报销差旅费。经核对，李晟原借支 3 000 元，实际报销 2 700 元，余额 300 元现金收讫。填制收款收据，根据差旅费报销单、收款收据记账联等凭证，作会计分录如下：

借：管理费用——差旅费　　2 700

　　库存现金　　300

　　贷：其他应收款——李晟　　3 000

# 活动二　库存现金付出核算

## 工作案例

## 一、原始凭证

【例 2-5】承【例 2-3】，2013 年 3 月 1 日，福州市金山公司出纳员填制现金解款单，将现金 1 960 元存入银行。原始凭证如图 2-3 所示。

**工商银行　现金解款单**（回单）　　①

2013 年 3 月 1 日

| 收款单位 | 全　称 | 福州市金山公司 | 款项来源 | 出租包装物押金 |
|---|---|---|---|---|
| | 账　号 | 12452667988 | 解款单位 | |
| | 开户行 | 工商银行福州市金山支行 | | |

| 人民币（大写）壹仟玖佰陆拾元整 | 百 | 十 | 万 | 千 | 百 | 十 | 元 | 角 | 分 |
|---|---|---|---|---|---|---|---|---|---|
| | | | ¥ | 1 | 9 | 6 | 0 | 0 | 0 |

| 票　面 | 张　数 | 种　类 | 千 | 百 | 十 | 元 | 角 | 分 | |
|---|---|---|---|---|---|---|---|---|---|
| 壹佰元 | | 壹　元 | | | | | | | |
| 伍拾元 | | 角　币 | | | | | | | |
| 贰拾元 | | 分　币 | | | | | | | （收款银行盖章） |
| 壹拾元 | | 封　包 | | | | | | | 出纳：　复核： |
| 伍　元 | | | | | | | | | |
| 贰　元 | | | | | | | | | |

此联由银行盖章后退回单位

图 2-3　现金解款单

## 二、记账凭证

根据现金解款单回单，填制记账凭证如图 2-4 所示。

**记 账 凭 证**

*2013* 年 *3* 月 *1* 日　　记字第 *3* 号

| 摘　要 | 总账科目 | 明细科目 | √ | 借方金额 | | | | | | | | | | √ | 贷方金额 | | | | | | | | | |
|---|---|---|---|---|---|---|---|---|---|---|---|---|---|---|---|---|---|---|---|---|---|---|---|---|
| | | | | 千 | 百 | 十 | 万 | 千 | 百 | 十 | 元 | 角 | 分 | | 千 | 百 | 十 | 万 | 千 | 百 | 十 | 元 | 角 | 分 |
| 现金存行 | 银行存款 | | | | | | | *1* | *9* | *6* | *0* | *0* | *0* | | | | | | | | | | | |
| | 库存现金 | | | | | | | | | | | | | | | | | | *1* | *9* | *6* | *0* | *0* | *0* |
| 合　计 | | | | | | | ¥ | *1* | *9* | *6* | *0* | *0* | *0* | | | | | ¥ | *1* | *9* | *6* | *0* | *0* | *0* |

附单据 *1* 张

财务主管：　　记账：　　出纳：　　复核：　　制表：李丽

图 2-4　记账凭证 2

## 活动资料

2013 年 3 月 1 日，行政部门报销办公费 740 元，出纳员已用现金付讫，原始凭证如图 2-5 所示。要求：根据原始凭证填制记账凭证（设上一张记账凭证编号是记字第 4 号）。

福州市台江沿滨百货商场商业零售普通发票　密码

发　票　联　　现金付讫　　135010456987

客户：福州市金山公司　　2013 年 3 月 1 日　　国税 **No.10145345**

| 品名 | 规格 | 单位 | 数量 | 单价 | 金额 | | | | | 第二联 发票联 |
|---|---|---|---|---|---|---|---|---|---|---|
| | | | | | 百 | 十 | 元 | 角 | 分 | |
| 纸张 | | 令 | 30 | 10.00 | 3 | 0 | 0 | 0 | 0 | |
| 水笔 | | 盒 | 20 | 12.00 | 2 | 4 | 0 | 0 | 0 | |
| 计算器 | | 台 | 5 | 30.00 | 1 | 5 | 0 | 0 | 0 | |
| 复写纸 | | 盒 | 5 | 10.00 | | 5 | 0 | 0 | 0 | |
| 合计人民币（大写）　柒佰　肆拾　零元　零角　零分 | | | | | 7 | 4 | 0 | 0 | 0 | |

企业盖章：（福州市台江沿滨百货商场 财务专用章）　财务：　复核：　填票：沈凌

图 2-5　普通发票

基础知识

## 一、现金使用范围

按国家有关规定，现金可在下列范围内使用：

（1）给职工个人的工资、各项工资性补贴。

（2）支付给个人的劳务报酬。

（3）向个人收购农副产品和其他物资支付的价款。

（4）支付出差人员必须随身携带的差旅费。

（5）根据国家规定颁发给个人的科学、技术、文化、教育、卫生、体育等各种奖金。

（6）各种劳保、福利费用以及国家规定对个人的其他现金支出。

（7）结算起点为 1 000 元以下的零星支出。

（8）经中国人民银行确定需要支付现金的其他支出。

要注意的是，企业购置国家规定的社会集团专项控制商品必须采取转账方式结算货款，不得使用现金。



## 二、库存现金付出业务处理程序

现金支付业务处理程序如下：

（1）审核原始凭证。审核原始凭证是否真实、合理与合法，手续是否完备，所列项目内容是否齐全，数字是否准确。对不真实、不合法的原始凭证不予受理；对记载不明确、手续不完善的原始凭证应退回给经办人，要求其更正或补办手续。

（2）检查并督促领款人签名。

（3）点付现金并复核。

（4）原始凭证加盖“现金付讫”戳记，并据以编制记账凭证。

（5）登记现金日记账“付出”栏（或“贷方”栏）。

（6）传递会计凭证。

## 三、现金付出业务的核算

1．现金存行业务的核算

【例 2-6】2013 年 3 月 3 日，公司出纳员将现金 5 950 元送存银行。根据现金解款单回单，作会计分录如下：

借：银行存款　　5 950

　　贷：库存现金　　5 950

2．借支差旅费业务的核算

【例 2-7】2013 年 3 月 11 日，行政部职工王明因公出差借支差旅费 3 000 元，现金付讫。根据借款单，作会计分录如下：

借：其他应收款——王明　　3 000

　　贷：库存现金　　3 000

3．报销办公费业务

【例 2-8】2013 年 3 月 15 日，公司行政部报销办公用品费用 330 元，现金付讫。根据发票等有关凭证，作会计分录如下：

借：管理费用　　330

　　贷：库存现金　　330



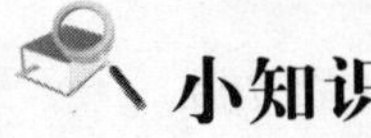

### 小知识

企业内部各部门经常会因业务需要而发生一些日常零星开支，这些开支金额小、次数频繁。为减少审批、领用、报销和会计核算的工作量，企业事先付给部门一定数额的现金，供其日常零星开支使用，这种由企业内部各部门保管的现金称为备用金。备用金的核算方法见模块三“其他应收款核算”中的有关内容。

**拓展知识**

## 一、办理现金支出业务的规定

办理现金支出业务应遵守以下规定：

（1）不得坐支现金。坐支是指企业从本单位现金收入中直接支付现金的行为。企业确因特殊情况需要坐支的，应事先报开户银行审查批准，由开户行核定坐支的范围和限额。

（2）从开户银行提取现金，应当写明用途。

（3）不准谎报用途套取现金。

（4）不准利用账户代其他单位套取现金。

（5）不准用不符合财务会计制度规定的凭证顶替库存现金（即白条抵库）。

（6）不准单位之间借用现金。

（7）不准以任何票券代替人民币在市场上流通。

## 二、其他现金付出业务的核算

### 1. 发放工资业务的核算

【例 2-9】2013 年 3 月 13 日，从银行提取现金 94 520 元，以备发放工资。根据现金支票存根，作会计分录如下：

借：库存现金　　94 520

　　贷：银行存款　　94 520

当日，用现金发放工资 94 520 元。根据工资单、工资结算汇总表等凭证，作会计分录如下：

借：应付职工薪酬——工资　　94 520

　　贷：库存现金　　94 520

### 2. 报销差旅费（付出差额现金）业务的核算

【例 2-10】2013 年 3 月 25 日，行政部王明出差回来报销差旅费。经核对，王明曾借支 3 000 元，实际报销 3 240 元，差额 240 元用现金付讫。填制付款凭证，根据差旅费报销单、付款凭证记账联等单证，作会计分录如下：

借：管理费用——差旅费　　3 240

　　贷：其他应收款——王明　　3 000

　　　　库存现金　　240

### 3. 支付押金业务的核算

【例 2-11】2013 年 3 月 28 日，因业务需要向永丰公司租入一批包装物，支付押金 700 元，现金付讫。填制付款凭证，据以作会计分录如下：



借：其他应收款——永丰公司　　700

　　贷：库存现金　　700

## 活动三　库存现金日记账的登记和结账

### 工作案例

参见本任务活动一、活动二中的工作案例，出纳员根据记账凭证和相关原始凭证，登记库存现金日记账（见图 2-6）。月末，对库存现金日记账进行结账。

**库存现金日记账**

| 13年 | | 凭证 | | 摘要 | 结算凭证 | | 收入 | | | | | | | | | | 付出 | | | | | | | | | | 结存 | | | | | | | | | |
|---|---|---|---|---|---|---|---|---|---|---|---|---|---|---|---|---|---|---|---|---|---|---|---|---|---|---|---|---|---|---|---|---|---|---|---|---|
| 月 | 日 | 字 | 号 | | 种类 | 号数 | 千 | 百 | 十 | 万 | 千 | 百 | 十 | 元 | 角 | 分 | 千 | 百 | 十 | 万 | 千 | 百 | 十 | 元 | 角 | 分 | 千 | 百 | 十 | 万 | 千 | 百 | 十 | 元 | 角 | 分 |
| 3 | 1 | | | 承前页 | | | | | | | | | | | | | | | | | | | | | | | | | | | 3 | 0 | 0 | 0 | 0 | 0 |
| | 1 | 记 | 1 | 提现备用 | 现支 | | | | | 1 | 0 | 0 | 0 | 0 | 0 | 0 | | | | | | | | | | | | | | | | | | | | |
| | 1 | 记 | 3 | 现金存行 | 解款单 | | | | | | | | | | | | | | | | 1 | 9 | 6 | 0 | 0 | 0 | | | | | | | | | | |
| | 1 | | | 本日合计 | | | | | | 1 | 0 | 0 | 0 | 0 | 0 | 0 | | | | | 1 | 9 | 6 | 0 | 0 | 0 | | | | 1 | 1 | 0 | 4 | 0 | 0 | 0 |
| | | | | …… | | | | | | | | | | | | | | | | | | | | | | | | | | | | | | | | |
| | | | | 本月其他业务略 | | | | | | | | | | | | | | | | | | | | | | | | | | | | | | | | |
| | | | | …… | | | | | | | | | | | | | | | | | | | | | | | | | | | | | | | | |
| | | | | …… | | | | | | | | | | | | | | | | | | | | | | | | | | | | | | | | |
| 3 | 28 | | | 现金存行 | | | | | | | 1 | 5 | 0 | 0 | 0 | 0 | | | | | | | | | | | | | | | 6 | 6 | 5 | 8 | 0 | 0 |
| 3 | 31 | | | 本月合计 | | | | | | 4 | 4 | 6 | 4 | 0 | 0 | 0 | | | | 4 | 0 | 9 | 8 | 2 | 0 | 0 | | | | | 6 | 6 | 5 | 8 | 0 | 0 |
| | | | | …… | | | | | | | | | | | | | | | | | | | | | | | | | | | | | | | | |

图 2-6　库存现金日记账 1

**活动资料**

参见活动一、活动二中的活动资料，要求：出纳员根据记账凭证和相关原始凭证，登记库存现金日记账，填入图 2-7 中。

**库存现金日记账**

| *13* 年 | | 凭证 | | 摘要 | 结算凭证 | | 收入 | | | | | | | | | | 付出 | | | | | | | | | | 结存 | | | | | | | | | |
|---|---|---|---|---|---|---|---|---|---|---|---|---|---|---|---|---|---|---|---|---|---|---|---|---|---|---|---|---|---|---|---|---|---|---|---|---|
| 月 | 日 | 字 | 号 | | 种类 | 号数 | 千 | 百 | 十 | 万 | 千 | 百 | 十 | 元 | 角 | 分 | 千 | 百 | 十 | 万 | 千 | 百 | 十 | 元 | 角 | 分 | 千 | 百 | 十 | 万 | 千 | 百 | 十 | 元 | 角 | 分 |
| 3 | 1 | | | 承前页 | | | | | | | | | | | | | | | | | | | | | | | | | | | 3 | 0 | 0 | 0 | 0 | 0 |
| | | | | | | | | | | | | | | | | | | | | | | | | | | | | | | | | | | | | |
| | | | | | | | | | | | | | | | | | | | | | | | | | | | | | | | | | | | | |
| | | | | | | | | | | | | | | | | | | | | | | | | | | | | | | | | | | | | |
| | | | | | | | | | | | | | | | | | | | | | | | | | | | | | | | | | | | | |
| | | | | | | | | | | | | | | | | | | | | | | | | | | | | | | | | | | | | |
| | | | | | | | | | | | | | | | | | | | | | | | | | | | | | | | | | | | | |

图 2-7 库存现金日记账 2

**基础知识**

## 一、库存现金日记账的登记

为了及时、连续、全面核算和监督库存现金的收支和结存情况，企业应设置“库存现金日记账”进行序时核算。

库存现金日记账必须采用订本式账簿。由出纳人员根据审核无误的记账凭证，按照现金收付业务发生的时间顺序，随时逐笔顺序进行登记。月末，库存现金日记账应与会计人员的库存现金总账相核对，保证账账相符。

## 二、库存现金日记账结账

结账是指在把一定时期（月份、季度、年度）内所发生的全部经济业务登记入账的基础上，在期末按照规定的方法计算出账户发生额和余额，并划出结账标志的程序和方法。

库存现金日记账月末结账时，在最后一笔经济业务记录下通栏画单红线（称为“结账红线”），并在下一行日期栏内填写本月最后一天的日期，在摘要栏内注明“本月合计”字样，结出本月发生额和余额，在本行下通栏画单红线。

**拓展知识**

（1）有多币种现金的企业，应当按照币种分别设置“库存现金日记账”进行明细核算。

（2）企业除设置“库存现金日记账”外，还应设置、登记库存现金总账。库存现金总账由会计人员进行登记。登记库存现金总账的方法取决于企业采取的账务处理程序。以科目汇总表账务处理程序为例，登记库存现金总账（见图 2-8）。

**库存现金总分类账**

| 2013年 | | 会计凭证 | | 摘要 | 借方 | | | | | | | | | | | 贷方 | | | | | | | | | | | 借或贷 | 余额 | | | | | | | | | | |
|---|---|---|---|---|---|---|---|---|---|---|---|---|---|---|---|---|---|---|---|---|---|---|---|---|---|---|---|---|---|---|---|---|---|---|---|---|---|---|
| 月 | 日 | 种类 | 号数 | | 亿 | 千 | 百 | 十 | 万 | 千 | 百 | 十 | 元 | 角 | 分 | 亿 | 千 | 百 | 十 | 万 | 千 | 百 | 十 | 元 | 角 | 分 | | 亿 | 千 | 百 | 十 | 万 | 千 | 百 | 十 | 元 | 角 | 分 |
| 2 | 28 | | | 本月合计 | | | | | 7 | 8 | 5 | 5 | 0 | 0 | 0 | | | | | | 7 | 6 | 5 | 4 | 0 | 0 | 借 | | | | | | 3 | 0 | 0 | 0 | 0 | 0 |
| 3 | 10 | 科汇 | 7 | 1-10号汇总过入 | | | | | 1 | 0 | 0 | 0 | 0 | 0 | 0 | | | | | | 1 | 9 | 6 | 0 | 0 | 0 | 借 | | | | | 1 | 1 | 0 | 4 | 0 | 0 | 0 |
| | | | | …… | | | | | | | | | | | | | | | | | | | | | | | | | | | | | | | | | | |

图 2-8　总分类账

（3）库存现金总账根据科目汇总表按旬记账时（一个月编制三张科目汇总表），月末结账方法与库存现金日记账月末结账方法类似。在最后一笔经济业务记录下通栏画单红线，并在下一行结计“本月合计”，结出本月发生额和余额，在本行下通栏画单红线。一般而言，总账账户不需要结出平时余额而只要结出月末余额。

如果库存现金总账是根据科目汇总表按月记账的（一个月只编制一张科目汇总表），那么，库存现金总账月末结账不需要结计“本月合计”，直接在该笔记录下通栏画单红线即可。

## 活动四　库存现金清查核算



### 工作案例

2013 年 3 月 20 日业务终了，福州市金山公司对库存现金进行盘点，实际结存现金 2 990 元，库存现金日记账账面余额为 3 000 元。根据库存现金实存金额和账存金额，编制“库存现金盘点报告单”（见图 2-9）。

**库存现金盘点报告单**

单位名称：福州市金山公司　　　　2013 年 3 月 20 日　　　　单位：元

| 实存金额 | | 账存金额 | 对比结果 | | 备　注 |
|---|---|---|---|---|---|
| | | | 盘亏 | 盘盈 | |
| 2 990 | | 3 000 | 10 | | |
| 财务部门意见 | | | 领导审批 | | |

会计机构负责人：　　　　盘点员：李敏　　　　出纳：林辉

图 2-9　库存现金盘点报告单 1

### 活动资料

2013 年 3 月 31 日，福州市金山公司对库存现金进行盘点，实际结存现金 3 250 元。库存现金日记账账面余额为 3 200 元。要求：根据库存现金实存金额和账存金额，编制“库

存现金盘点报告单”（见图 2-10）。

**库存现金盘点报告单**

单位名称：福州市金山公司　　　　2013 年 3 月 31 日　　　　单位：元

<table>
<tr><td rowspan="2">实存金额</td><td rowspan="2">账存金额</td><td colspan="2">对比结果</td><td rowspan="2">备注</td></tr>
<tr><td>盘亏</td><td>盘盈</td></tr>
<tr><td></td><td></td><td></td><td></td><td></td></tr>
<tr><td>财务部门意见</td><td></td><td>领导审批</td><td colspan="2"></td></tr>
</table>

会计机构负责人：　　　　盘点员：××　　　　出纳：××

图 2-10　库存现金盘点报告单 2

## 基础知识

（1）为了保护现金的安全完整，防止企业现金出现收付差错、被挪用或发生其他舞弊行为，保证账实相符，必须对库存现金进行清查。现金清查既包括清查小组定期、不定期的清查，也包括出纳人员每日的清点核对。每日终了，应查对库存现金实存数与其账面余额是否相符。

（2）库存现金清查采用实地盘点的方法。

（3）企业组织的清查小组进行清查时，出纳人员必须在场。清查完毕，须按照清查结果编制“库存现金盘点报告单”（见图 2-10），由出纳及盘点员签字盖章。



## 拓展知识

对现金清查发现的现金溢余（即长款）或现金短缺（即短款），在查明原因前应先转入“待处理财产损溢”账户，待查明原因报经批准后进行处理。

【例 2-12】福州市金山公司在 3 月 20 日进行库存现金清查，查明库存现金短款 30 元。作会计分录如下：

借：待处理财产损溢——待处理流动资产损溢　　30
　贷：库存现金　　30

经查实，现金短款属出纳员林辉的责任造成，应由其负责赔偿，赔偿款尚未收到。报经批准后，作会计分录如下：

借：其他应收款——林辉　　30
　贷：待处理财产损溢——待处理流动资产损溢　　30

若上述短款无法查明原因。报经批准计入管理费用，作会计分录如下：

借：管理费用　　30
　贷：待处理财产损溢——待处理流动资产损溢　　30

【例 2-13】福州市金山公司在库存现金清查中发现现金长款 200 元。作会计分录如下：

借：库存现金　　200
　贷：待处理财产损溢——待处理流动资产损溢　　200

经核查，上述长款无法查明原因。经批准计入营业外收入，作会计分录如下：

借：待处理财产损溢——待处理流动资产损溢　　200

　　贷：营业外收入　　200

## 任务二　银行存款核算

### 活动一　银行存款的管理

#### 工作案例

福州市金山公司在工商银行福州金山支行开设了一个银行基本存款账户，主要用于日常结算和工资发放等。某日，因企业扩大经营的需要，金山公司准备向建设银行借款600万元。公司的财务主管让出纳员小林拿着相关资料去银行开设一个一般存款账户专门用来做借款转存业务。

#### 活动资料

你所了解的银行账户种类都有哪些？去银行开设账户的流程应该怎么做？你能试着说一说吗？

#### 基础知识



### 一、银行账户的种类

银行存款是指企业存放在银行或其他金融机构的货币资金，不包括银行汇票存款、银行本票存款、信用卡存款、信用证保证金存款、存出投资款、外埠存款等。按照国家现金管理和结算制度的相关规定，每个企业都要在银行开立结算账户，用来办理资金收付结算业务。企业在银行的结算账户按照用途可以分为基本存款账户、一般存款账户、临时存款账户、专用存款账户。

**1．基本存款账户**

基本存款账户是企业办理日常转账结算和现金收付的主办账户。企业支付工资、奖金只能通过该账户办理。存款人只能选择在一家银行的一个分支机构开立一个基本存款账户。

**2．一般存款账户**

一般存款账户是存款人因借款或其他结算需要，开立的银行结算账户。一般存款账户用于办理存款人借款转存、借款归还和其他结算的资金收付。该账户可以办理现金缴存，但不得办理现金支取。

**3．临时存款账户**

临时存款账户是企业因设立临时机构、异地临时经营活动、注册验资等临时需要并在规定期限内使用而开立的银行结算账户。临时存款账户应根据有关开户证明文件确定的期限或存款人的需要确定其有效期。临时存款账户的有效期最长不得超过2年。

**4．专用存款账户**

专用存款账户是存款人按照法律、行政法规和规章，对其特定用途资金进行专项管理和

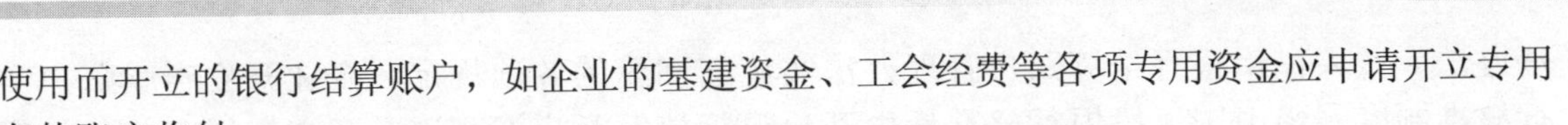

使用而开立的银行结算账户，如企业的基建资金、工会经费等各项专用资金应申请开立专用存款账户收付。

## 二、银行结算纪律

企业通过银行办理支付结算，必须遵守《支付结算办法》等有关规定。

（1）不准签发没有资金保证的票据或远期支票，套取银行信用。

（2）不准签发、取得和转让没有真实交易和债权债务的票据，套取银行和他人的资金。

（3）不准无理拒绝付款，任意占用他人资金。

（4）不准违反规定开立和使用账户。

（5）不准出租、出借账户。

## 三、银行支付结算方式

企业在生产经营活动中，与其他单位和个人之间发生经济业务往来，所引起的货币给付及资金清算的行为称为结算。结算方式包括现金结算和非现金结算。非现金结算又称为银行支付结算。银行支付结算按照结算双方所在地区不同分为同城结算和异地结算。

常见的银行支付结算方式如图 2-11 所示：

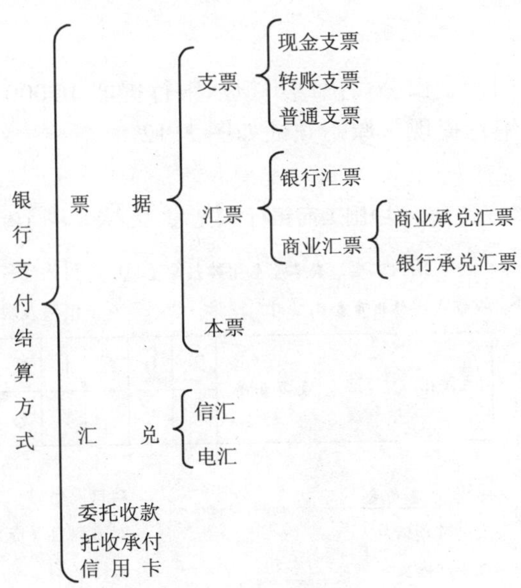


图 2-11　银行支付结算方式



**拓展知识**

## 一、银行账户开设程序

企业开立和使用人民币存款账户，必须遵守中国人民银行《人民币银行结算账户管

理办法》《人民币银行结算账户管理办法实施细则》的各项规定。企业开立存款账户实行核准制度，经中国人民银行核准后由开户银行核发开户许可证。开立银行账户的一般程序如下：

（1）填写开户申请书。

（2）提交有关的证明文件。

（3）填制并提交印鉴卡片。

（4）开户银行审查。

## 二、银行结算原则

为了保证银行结算的顺利进行，任何单位都应严格遵循银行结算的基本原则：

（1）恪守信用，履约付款。

（2）谁的钱进谁的账，由谁支配。

（3）银行不垫款。

## 活动二　票据的填制

### 工作案例



2013 年 4 月 1 日，福州市金山公司出纳员拟从银行提取 10 000 元现金备用。填制现金支票并盖好预留印鉴章送交银行提现。原始凭证如图 2-12。

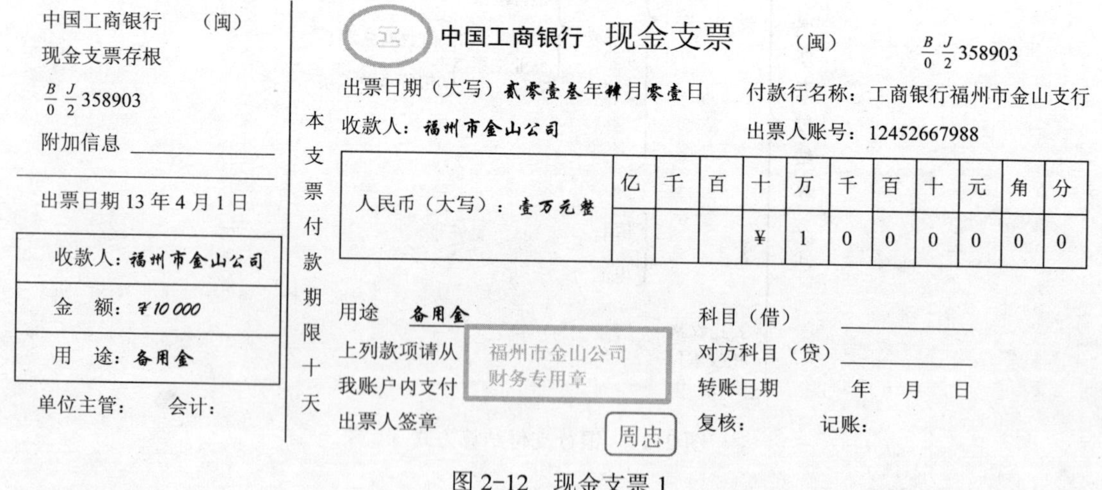
中国工商银行　（闽）
现金支票存根
$\frac{B}{0}\frac{J}{2}$358903
附加信息
出票日期 13 年 4 月 1 日
收款人：福州市金山公司
金　额：￥10 000
用　途：备用金
单位主管：　会计：

本支票付款期限十天

中国工商银行　现金支票　（闽）　$\frac{B}{0}\frac{J}{2}$358903
出票日期（大写）贰零壹叁年肆月零壹日　付款行名称：工商银行福州市金山支行
收款人：福州市金山公司　出票人账号：12452667988

| 人民币（大写）：壹万元整 | 亿 | 千 | 百 | 十 | 万 | 千 | 百 | 十 | 元 | 角 | 分 |
| --- | --- | --- | --- | --- | --- | --- | --- | --- | --- | --- | --- |
| | | | | ¥ | 1 | 0 | 0 | 0 | 0 | 0 | 0 |

用途　备用金　科目（借）
上列款项请从　福州市金山公司财务专用章　对方科目（贷）
我账户内支付　转账日期　年　月　日
出票人签章　周忠　复核：　记账：

图 2-12　现金支票 1

### 活动资料

2013 年 4 月 1 日，福州市金山公司出纳员需要支付采购员差旅费，从银行提取 5 000 元现金。要求：根据题目要求，填制现金支票。空白原始凭证如图 2-13 所示。

中国工商银行　（闽）
现金支票存根
$\frac{B}{0}\frac{J}{2}$358904
附加信息 ________
出票日期　年　月　日

| 收款人： |
| --- |
| 金　额： |
| 用　途： |

单位主管：　　会计：

本支票付款期限十天

中国工商银行　现金支票　（闽）　$\frac{B}{0}\frac{J}{2}$358904

出票日期（大写）　年　月　日　　付款行名称：工行福州市金山支行
收款人：　　出票人账号：12452667988

| 人民币（大写）： | 亿 | 千 | 百 | 十 | 万 | 千 | 百 | 十 | 元 | 角 | 分 |
| --- | --- | --- | --- | --- | --- | --- | --- | --- | --- | --- | --- |
| | | | | | | | | | | | |

用途 ________　　科目（借）________
上列款项请从　　对方科目（贷）________
我账户内支付　　转账日期　年　月　日
出票人签章　　复核：　记账：

图 2-13　现金支票 2

基础知识

## 一、支票的定义和种类

支票是由出票人签发的，委托办理支票存款业务的银行在见票时无条件支付确定的金额给收款人或者持票人的票据。支票可分为现金支票、转账支票和普通支票。

现金支票是专门制作的用于支取现金的一种支票。当客户需要使用现金时，随时签发现金支票，向开户银行提取现金，银行在见票时无条件支付给收款人确定金额的票据。

转账支票是由出票人签发后交由开户银行办理转账结算手续的一种支票。转账支票只能用于转账，不得支取现金。

## 二、支票的常识

（1）支票适用于同城结算，无金额起点限制。

（2）支票一律记名，可背书转让，提示付款期为自出票日起 10 天。提示，是指持票人向银行（付款人）提交出示票据。背书，是指在票据反面或者粘单上记载有关事项并签章的票据行为。背书转让的票据，是指票据的所有权由背书人转给被背书人。

## 三、支票的填制格式和要点

签发支票，应遵循中国人民银行《支付结算办法》的基本规定正确填写，做到标准化、规范化，要素齐全、字迹清晰、数字正确、不潦草、不错漏，防止涂改。

（1）签发支票，应使用碳素墨水或墨汁填写。支票正联与存根联的有关内容必须一致。

（2）支票正联出票日期数字必须大写。为防止变造票据的出票日期，在填写月、日时，月为壹、贰和壹拾的，日为壹至玖和壹拾、贰拾和叁拾的，应在其前加“零”；日为拾壹至拾玖的，应在其前面加“壹”。例如，2005 年 8 月 5 日，应写成贰零零伍年捌月零伍日；又如10月20日，应写成零壹拾月零贰拾日。

（3）付款方名称、出票人账号的内容为付款单位开户银行的名称及账号。

（4）支票收款人为收款单位全称。

（5）中文大写金额数字应该紧挨着“人民币”字样，不得留空。大小写金额应相符。阿拉伯小写金额数字前，应填写人民币符号“¥”。阿拉伯小写金额数字填写要求完整清楚，不得连写。

（6）如实、简明地填写用途。支票用途一般填写“备用金”“差旅费”“货款”等。

（7）现金支票正反面均应加盖本单位的预留印鉴，之后收款人可凭现金支票直接到开户银行提取现金。转账支票只需要在支票的正面加盖本单位的预留印鉴。

（8）填好支票后，将支票正联与存根联之间的骑缝线裁开。正联交收款人办理提现，存根留存作为记账依据。

## 四、银行进账单

### 1. 定义

银行进账单是收款人或持票人将票据款项存入收款人所在银行账户的凭证。若企业收到或开出转账支票，须由出纳员填制进账单后将转账支票与进账单一起交由银行办理。

进账单一式三联，第一联为回单联，是开户银行交给持（出）票人的回单；第二联为贷方凭证，由收款人开户银行作贷方凭证；第三联为收账通知联，是收款人开户银行交给收款人的收账通知，格式如图2-14所示。



**中国工商银行进账单（收账通知）**　　3

2013年4月2日

<table>
<tr><td rowspan="3">出票人</td><td>全　称</td><td>福州市五峰贸易有限公司</td><td rowspan="3">收款人</td><td colspan="3">全　称</td><td colspan="8">福州市金山公司</td></tr>
<tr><td>账　号</td><td>350100369530036</td><td colspan="3">账　号</td><td colspan="8">12452667988</td></tr>
<tr><td>开户银行</td><td>工商银行福州市鼓楼支行</td><td colspan="3">开户银行</td><td colspan="8">工商银行福州市金山支行</td></tr>
<tr><td rowspan="2">金额</td><td colspan="3" rowspan="2">人民币（大写）：壹万元整</td><td>亿</td><td>千</td><td>百</td><td>十</td><td>万</td><td>千</td><td>百</td><td>十</td><td>元</td><td>角</td><td>分</td></tr>
<tr><td></td><td></td><td></td><td>¥</td><td>1</td><td>0</td><td>0</td><td>0</td><td>0</td><td>0</td><td>0</td></tr>
<tr><td>票据种类</td><td>转支</td><td>票据张数</td><td>1</td><td colspan="11" rowspan="3">收款人开户银行签章　中国工商银行金山支行 ★2013.04.02★ 业务清讫</td></tr>
<tr><td>票据号码</td><td colspan="3">42031</td></tr>
<tr><td colspan="2">复核：</td><td colspan="2">记账：</td></tr>
</table>

图2-14　进账单1

### 2. 银行进账单的填制要点

（1）进账单与转账支票配套使用。

（2）进账单上的日期用阿拉伯数字书写。

（3）进账单上填列的收款人名称、账号、金额、内容均不得更改，其他项目内容应根据所附支票的相关内容据实填列。

**拓展知识**

## 一、现金支票结算程序

（1）出票：签发现金支票，加盖预留银行印鉴。

（2）提示付款：收款人持现金支票到出票人开户行提示付款时，应在现金支票背面“收款人签章”处签章，持票人为个人的，还需交验本人身份证件，并注明证件名称、号码及发证机关。

（3）提取现金。

## 二、转账支票结算程序

转账支票由付款人签发后，办理转账结算程序如下：

（1）付款人按应支付的款项签发转账支票加盖银行预留印鉴，并填制进账单后，交其开户银行，要求转账。

（2）付款人开户银行受理后，退回“进账单”回单联（第一联），将款项划转收款人开户银行。

（3）银行之间传递凭证，并办理划转手续。

（4）收款人开户银行办妥进账手续后，通知收款人收款入账。

## 三、银行本票

银行本票是银行为出票人签发的，承诺自己在见票时无条件支付确定的金额给收款人或者持票人的票据。

银行本票的常识：

（1）银行本票可用于转账，注明“现金”字样的本票可用于支取现金。

（2）企业要使用银行本票，应填写“银行本票申请书”。

（3）申请人或收款人为单位的，不得申请签发现金本票。

（4）银行本票一律记名，允许背书转让。

（5）银行本票的提示付款期由出票日起最长不超过 2 个月。

（6）银行本票适用于同城结算。

## 四、银行汇票

银行汇票是出票银行签发的，由其在见票时按照实际结算金额无条件支付给收款人或持票人的票据。

银行汇票的常识：

（1）银行汇票可用于转账，注明“现金”字样的汇票可用于支取现金。

（2）企业要使用银行汇票，应填写“银行汇票申请书”。

（3）申请人或收款人为单位的，不得申请签发现金银行汇票。

（4）银行汇票一律记名，允许背书转让。

（5）银行汇票的提示付款期由出票日起 1 个月。

（6）银行汇票在同城或异地均可使用，无金额起点限制。

需要注意的是，当付款人支付给收款人的款项事先无法确定或对商品交易成功与否不能把握时，可以使用银行汇票。

## 五、商业汇票

商业汇票是由出票人签发的，委托付款人在指定付款日期无条件支付确定的金额给收款人或持票人的票据。商业汇票按承兑人不同分为商业承兑汇票和银行承兑汇票两种。

商业汇票的常识：

（1）商业汇票的付款期最长不得超过 6 个月。

（2）商业汇票的提示付款期从汇票到期日起 10 天。

（3）收款人应在付款期内向付款人提示付款。

（4）商业汇票一律记名，允许背书转让。

（5）商业汇票在同城或异地均可使用，无金额起点限制。

# 活动三　结算凭证的填制



### 工作案例

2013 年 4 月 10 日，福州市金山公司销售给上海市东方公司一批价值 20 000 元的货物已经发出，由福州市金山公司出纳员填制托收凭证，同时携带发运证件和交易单证去银行办理托收手续。原始凭证如图 2-15 所示。

**托收凭证（受理回单）**　　1

委托日期 2013 年 4 月 10 日

| 业务类型 | 委托收款（□邮划、☑电划）托收承付（□邮划、□电划） | | | | | | |
|---|---|---|---|---|---|---|---|
| 付款人 | 全称 | 上海市东方公司 | | 收款人 | 全称 | 福州市金山公司 | |
| | 账号 | 1004490773389 | | | 账号 | 12452667988 | |
| | 地址 | 上海市 | 开户行：工商银行浦东支行 | | 地址 | 福建省福州市 | 开户行：工商银行福州市金山支行 |
| 金额 | 人民币（大写）贰万元整 | | | | | | |
| 款项内容 | 货款 | 托收凭证名称 | | | 附寄单证张数 | | |
| 商品发运情况 | 已发运 | | | 合同名称号码 | | | |
| 备注： | 款项收妥日期 | | | 中国工商银行金山支行 ★2013.04.10★ 业务清讫<br>收款人开户银行签章　年　月　日 | | | |
| 复核：　记账： | 年　月　日 | | | | | | |

| 亿 | 千 | 百 | 十 | 万 | 千 | 百 | 十 | 元 | 角 | 分 |
|---|---|---|---|---|---|---|---|---|---|---|
| | | | ¥ | 2 | 0 | 0 | 0 | 0 | 0 | 0 |

此联作收款人开户银行给收款人的受理回单

图 2-15　托收凭证

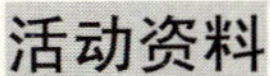

**活动资料**

2013 年 4 月 15 日，福州市金山公司销售给上海东方公司的一批价值为 58 500 元的货物已经发出，请填制托收凭证，同时携带发运证件和交易单证去银行办理托收手续。托收凭证格式如图 2-15 所示。（福州市金山公司和上海东方公司的账户信息见上述工作案例。）

**基础知识**

## 一、委托收款

委托收款是收款人委托银行向付款人收取款项的结算方式。委托收款按结算款项的划回方式，分邮划和电划两种，由收款人选用。不论哪种方式，结算过程都包含两个阶段：

（1）委托。委托是指收款人办理托收，向银行提交有关的债务证明并填写托收凭证（见图 2-15），委托银行收款。

（2）付款。付款人在接到银行付款通知的当日书面通知银行付款。

付款人审查有关债务证明后，对收款人委托收取的款项有异议的，可以在接到通知日的次日起 3 日内填制全部或部分拒付理由书，办理拒绝付款。

## 二、托收承付

托收承付是根据购销合同，由收款人发货后委托银行向异地付款人收取款项，由付款人向银行承认付款的结算方式。分邮划和电划两种，由收款人选用。结算过程包含两个阶段：

（1）托收。托收是指收款人按照签订的购销合同发货后，委托银行办理托收。

（2）承付。付款人在接到银行付款通知及其附件后，应在承付期内审查核对，安排资金。付款人不得在承付货款中，扣抵其他款项或以前托收的货款。

付款人在承付期内若有异议的，可填写“拒绝付款理由书”，向银行提出全部或部分拒绝付款。

## 三、汇兑

汇兑是汇款人委托银行将款项支付给收款人的结算方式。

汇兑分为信汇和电汇两种。信汇是指汇款人委托银行通过邮寄方式将款项划给收款人。电汇是指汇款人委托银行通过电信手段将款项划转给收款人，电汇凭证式样如图 2-16 所示。

单位和个人的各种款项的结算，均可使用汇兑结算方式，无金额起点的限制。

## 中国工商银行电汇凭证（回单）　1

☑普通　☐加急　　委托日期2013年4月22日

<table>
<tr><td rowspan="3">汇款人</td><td>全　称</td><td colspan="3">福州市金山公司</td><td rowspan="3">收款人</td><td>全　称</td><td colspan="11">浙江省金华公司</td></tr>
<tr><td>账　号</td><td colspan="3">12452667988</td><td>账　号</td><td colspan="11">2016023109512897</td></tr>
<tr><td>汇出地点</td><td colspan="3">福建省福州市</td><td>汇入地点</td><td colspan="11">浙江省杭州市</td></tr>
<tr><td colspan="2">汇出行名称</td><td colspan="3">工商银行金山支行</td><td colspan="2">汇入行名称</td><td colspan="11">工商银行上城支行</td></tr>
<tr><td rowspan="2">金额</td><td colspan="6" rowspan="2">人民币（大写）贰万伍仟元整</td><td>亿</td><td>千</td><td>百</td><td>十</td><td>万</td><td>千</td><td>百</td><td>十</td><td>元</td><td>角</td><td>分</td></tr>
<tr><td></td><td></td><td></td><td>¥</td><td>2</td><td>5</td><td>0</td><td>0</td><td>0</td><td>0</td><td>0</td></tr>
<tr><td colspan="4" rowspan="2">中国工商银行金山支行<br>2013.04.22<br>业务清讫<br><br>汇出行签章</td><td colspan="2">支付密码</td><td colspan="12"></td></tr>
<tr><td colspan="14">附加信息及用途：支付货款<br><br>复核：　　记账：</td></tr>
</table>

此联为汇出行给汇款人的回单

图2-16　电汇凭证

**拓展知识**

## 一、委托收款与托收承付的结算程序



委托收款和托收承付都使用托收凭证，采用托收结算程序。

（1）托收结算的一般程序如下：

1）收款人发出商品，填写托收凭证，并将其与债务证明提交开户行。

2）收款人开户行受理后，退回回单联。

3）收款人开户行将托收凭证传递给付款人开户行。

4）付款人开户行通知付款人承付（或拒绝付款）。

5）付款人同意付款。

6）银行间划拨款项。

7）收款人开户行通知收款人收款。

（2）需要注意的是，虽然委托收款与托收承付的结算流程类似，但二者还是有所区别：

1）委托收款在同城、异地均可以使用，不受金额起点的限制。

2）托收承付适用于异地国有企业、供销合作社以及经营管理较好并经开户银行审查同意的城乡集体所有制工业企业之间有经济合同、且双方遵守信用的商品交易和因商品交易而产生的劳务供应等款项的结算。每笔结算金额起点为10 000元，新华书店系统每笔结算金额起点为1 000元。代销、寄销、赊销商品的款项，不得办理托收承付结算。

## 二、信用卡

信用卡是银行向个人和单位发行的，凭以向特约单位购物、消费和向银行存取现金，且具有消费信用的特质载体卡片。单位信用卡的账户资金一律从基本存款账户转存，不得交存、

支取现金，不得将销货收入的款项存入该账户。信用卡可以透支。其结算适用于同城和异地的信用卡特约商户。

## 活动四　银行存款收入核算

### 工作案例

### 一、原始凭证

2013 年 4 月 3 日，福州市金山公司收到银行转来的电汇凭证收账通知联，系广州长隆贸易公司归还的前欠货款 29 250 元。原始凭证如图 2-17 所示。

**中国工商银行进账单**（收账通知）　　3

2013 年 4 月 3 日

| 出票人 | 全　称 | 广州市长隆贸易公司 | 收款人 | 全　称 | 福州市金山公司 |
|---|---|---|---|---|---|
| | 账　号 | 350102635556378 | | 账　号 | 12452667988 |
| | 开户银行 | 工商银行福州市鼓楼支行 | | 开户银行 | 工商银行福州市金山支行 |

| 金额 | 亿 | 千 | 百 | 十 | 万 | 千 | 百 | 十 | 元 | 角 | 分 |
|---|---|---|---|---|---|---|---|---|---|---|---|
| 人民币（大写）贰万玖仟贰佰伍拾元整 | | | | ¥ | 2 | 9 | 2 | 5 | 0 | 0 | 0 |

| 票据种类 | 转支 | 票据张数 | 1 | 收款人开户银行签章 | 中国工商银行金山支行 ★2013.04.03★ 业务清讫 |
|---|---|---|---|---|---|

图 2-17　进账单 2

### 二、记账凭证

根据电汇凭证收账通知联，填制记账凭证如图 2-18 所示。

**记 账 凭 证**

*2013* 年 *4* 月 *3* 日　　　　记字第 *12* 号

| 摘　要 | 总账科目 | 明细科目 | √ | 借方金额 千 | 百 | 十 | 万 | 千 | 百 | 十 | 元 | 角 | 分 | √ | 贷方金额 千 | 百 | 十 | 万 | 千 | 百 | 十 | 元 | 角 | 分 | 附单据 |
|---|---|---|---|---|---|---|---|---|---|---|---|---|---|---|---|---|---|---|---|---|---|---|---|---|---|
| 收到前欠货款 | 银行存款 | | | | | | *2* | *9* | *2* | *5* | *0* | *0* | *0* | | | | | | | | | | | | |
| | 应收账款 | 广州市长隆贸易公司 | | | | | | | | | | | | | | | | *2* | *9* | *2* | *5* | *0* | *0* | *0* | *1* |
| 合　计 | | | | | | ¥ | *2* | *9* | *2* | *5* | *0* | *0* | *0* | | | | ¥ | *2* | *9* | *2* | *5* | *0* | *0* | *0* | 张 |

财务主管：　　记账：　　出纳：　　复核：　　制表：李丽

图 2-18　记账凭证 3

## 活动资料

2013 年 4 月 3 日，福州市金山公司收到银行转来进账单收账通知联，系福州市永丰公司归还的前欠货款 24 420 元。原始凭证如图 2-19 所示。要求：根据原始凭证编制记账凭证。（设上一张记账凭证编号是记字第 13 号）

**中国工商银行进账单**（收账通知）　　3

2013 年 4 月 3 日

| 出票人 | 全　称 | 福州市永丰公司 | 收款人 | 全　称 | 福州市金山公司 |
|---|---|---|---|---|---|
| | 账　号 | 12345556378 | | 账　号 | 12452667988 |
| | 开户银行 | 工商银行福市州鼓楼支行 | | 开户银行 | 工商银行福州市金山支行 |

| 金额 | 亿 | 千 | 百 | 十 | 万 | 千 | 百 | 十 | 元 | 角 | 分 |
|---|---|---|---|---|---|---|---|---|---|---|---|
| 人民币（大写）：贰万肆仟肆佰贰拾元整 | | | | ¥ | 2 | 4 | 4 | 2 | 0 | 0 | 0 |

| 票据种类 | 转支 | 票据张数 | 1 |
|---|---|---|---|
| 票据号码 | 358905 | | |
| 复核： | | 记账： | |

中国工商银行金山支行
★2013.04.03★
业　务　清　讫

收款人开户银行签章

图 2-19　进账单 3



## 基础知识

为了总括核算和监督企业银行存款的收入、付出和结存情况，企业应设置“银行存款”总分类账户。该账户借方登记银行存款的增加数，贷方登记银行存款的减少数，期末借方余额反映存放在银行或其他金融机构的各种款项。

## 一、银行收入业务的核算

### 1．收到前欠货款业务

**【例 2-14】**2013 年 4 月 18 日，收到银行转来的信汇凭证收账通知，系华润公司归前欠货款 24 500 元。根据信汇凭证收账通知联，作会计分录如下：

借：银行存款　　24 500

　　贷：应收账款——华润公司　　24 500

### 2．产品销售业务

**【例 2-15】**2013 年 4 月 20 日，销售给永丰公司 B 产品一批，增值税专用发票上注明价款 32 500 元，增值税税额 5 525 元。货物已发出，款项已收到。根据进账单收账通知联、增值税专用发票记账联等有关凭证，作会计分录如下：

借：银行存款　　38 025

　　贷：主营业务收入　　32 500

　　　　应交税费——应交增值税（销项税额）　　5 525

## 二、其他银行收入业务的核算

1. 预收款业务

【例 2-16】2013 年 4 月 23 日，收到转账支票一张，系福州市五峰贸易有限公司预付货款 30 000 元。填制进账单，将支票和进账单交送银行办妥收款手续。根据进账单收账通知联、收款收据记账联等，作会计分录如下：

借：银行存款　　30 000

　　贷：预收账款——福州市五峰贸易有限公司　　30 000

2. 商业汇票到期收款业务

【例 2-17】2013 年 4 月 24 日，福龙公司一笔 35 100 元的商业承兑汇票到期，通知银行收款。对方核对无误后同意承付。根据托收凭证收款通知联，作会计分录如下：

借：银行存款　　35 100

　　贷：应收票据——福龙公司　　35 100

3. 收到投资款业务

【例 2-18】2013 年 4 月 30 日，接受恒丰公司货币资金投资 250 000 元。收到转账支票一张，填制进账单，将支票和进账单送交银行办妥进账。根据进账单收账通知联、收款收据记账联等，作会计分录如下：

借：银行存款　　250 000

　　贷：实收资本——恒丰公司　　250 000



# 活动五　银行存款付出核算

### 工作案例

## 一、原始凭证

2013 年 4 月 1 日，电汇 15 000 元给浙江金华公司以偿还前欠货款。原始凭证如图 2-20 所示。

**中国工商银行　电汇凭证（回单）**　　1

☑普通　☐加急　　委托日期 2013 年 4 月 1 日

| 汇款人 | 全称 | 福州市金山公司 | 收款人 | 全称 | 浙江省金华公司 | | | | | | | | | | |
|---|---|---|---|---|---|---|---|---|---|---|---|---|---|---|---|
| | 账号 | 12452667988 | | 账号 | 2016023109512897 | | | | | | | | | | |
| | 汇出地点 | 福建省福州市 | | 汇入地点 | 浙江省杭州市 | | | | | | | | | | |
| 汇出行名称 | | 工商银行金山支行 | 汇入行名称 | | 工商银行上城支行 | | | | | | | | | | |
| 金额 | 人民币（大写）壹万伍仟元整 | | | | 亿 | 千 | 百 | 十 | 万 | 千 | 百 | 十 | 元 | 角 | 分 |
| | | | | | | | | ¥ | 1 | 5 | 0 | 0 | 0 | 0 | 0 |
| 汇出行签章<br>中国工商银行金山支行<br>2013.04.01<br>业务清讫 | | | 支付密码<br>附加信息及用途：归还前欠货款<br>复核：　　记账： | | | | | | | | | | | | |

此联为汇出行给汇款人的回单

图 2-20　电汇凭证 2

## 二、记账凭证

根据电汇凭证回单联，填制记账凭证如图 2-21 所示。

**记 账 凭 证**

*2013* 年 *4* 月 *1* 日　　　　记字第 *4* 号

| 摘　要 | 总账科目 | 明细科目 | √ | 借方金额 | | | | | | | | | | √ | 贷方金额 | | | | | | | | | | 附单据 |
|---|---|---|---|---|---|---|---|---|---|---|---|---|---|---|---|---|---|---|---|---|---|---|---|---|---|
| | | | | 千 | 百 | 十 | 万 | 千 | 百 | 十 | 元 | 角 | 分 | | 千 | 百 | 十 | 万 | 千 | 百 | 十 | 元 | 角 | 分 | |
| 归还前欠货款 | 应付账款 | 金华公司 | | | | | 1 | 5 | 0 | 0 | 0 | 0 | 0 | | | | | | | | | | | | |
| | 银行存款 | | | | | | | | | | | | | | | | | 1 | 5 | 0 | 0 | 0 | 0 | 0 | 1 |
| 合　计 | | | | | | ¥ | 1 | 5 | 0 | 0 | 0 | 0 | 0 | | | | ¥ | 1 | 5 | 0 | 0 | 0 | 0 | 0 | 张 |

财务主管：　　记账：　　出纳：　　复核：　　制表：李丽

图 2-21　记账凭证 4

**活动资料**



2013 年 4 月 5 日，电汇 25 000 元给浙江金华公司以偿还前欠货款。原始凭证如图 2-22。要求：根据原始凭证填制记账凭证（设上一张记账凭证编号是记字第 18 号）。

**中国工商银行　电汇凭证（回单）**　　　　1

☑普通　☐加急　　委托日期 2013 年 4 月 5 日

| 汇款人 | 全　称 | 福州市金山公司 | 收款人 | 全　称 | 浙江金华公司 |
|---|---|---|---|---|---|
| | 账　号 | 12452667988 | | 账　号 | 2016023109512897 |
| | 汇出地点 | 福建省福州市 | | 汇入地点 | 浙江省杭州市 |
| 汇出行名称 | | 工商银行金山支行 | 汇入行名称 | | 工商银行上城支行 |

| 金额 | 亿 | 千 | 百 | 十 | 万 | 千 | 百 | 十 | 元 | 角 | 分 |
|---|---|---|---|---|---|---|---|---|---|---|---|
| 人民币（大写）贰万伍仟元整 | | | | ¥ | 2 | 5 | 0 | 0 | 0 | 0 | 0 |

中国工商银行金山支行 2013.04.05 业务清讫

支付密码

附加信息及用途：归还前欠货款

复核：　　记账：

汇出行签章

此联汇出行给汇款人的回单

图 2-22　电汇凭证 3

基础知识

## 一、银行存款付出业务

1．支付前欠货款业务

【例 2-19】2013 年 4 月 7 日，开出转账支票一张，系归还前欠长江公司 20 000 元货款。根据转账支票存根和进账单的受理回单，作会计分录如下：

借：应付账款——长江公司　　20 000
　贷：银行存款　　20 000

2．购料业务

【例 2-20】2013 年 4 月 28 日，从光明工厂购入乙材料一批，材料已验收入库。收到增值税专用发票，发票列明价款 40 000 元，增值税税额 6 800 元。签发转账支票一张，支票正联已交付对方。根据转账支票存根、发票等有关凭证，作会计分录如下：

借：原材料——乙材料　　40 000
　应交税费——应交增值税（进项税额）　　6 800
　贷：银行存款　　46 800

3．支付相关办公费业务

【例 2-21】2013 年 4 月 15 日，收到银行转来委托收款付款凭证，系支付企业行政部门的电话费 490 元。根据委托收款凭证付款通知联及电话费发票等，作会计分录如下：

借：管理费用　　490
　贷：银行存款　　490



## 二、其他银行存款付出业务

1．预付款业务

【例 2-22】2013 年 4 月 30 日，开出转账支票预付福州市兴隆贸易公司 50 000 元，系预付甲材料货款。根据转账支票存根和进账单，作会计分录如下：

借：预付账款——福州市兴隆贸易公司　　50 000
　贷：银行存款　　50 000

2．支付到期商业汇票款业务

【例 2-23】2013 年 4 月 12 日，收到银行转来委托收款凭证，系古山公司托收商业承兑汇票到期票款 35 000 元。核对无误后同意承付。根据托收凭证付款通知联，作会计分录如下：

借：应付票据——古山公司　　35 000
　贷：银行存款　　35 000

## 活动六　银行存款日记账登记和结账

工作案例

2013 年 4 月的记账凭证见活动四、活动五中的【例 2-14】至【例 2-23】。出纳员根据记账凭证和相关原始凭证，登记银行存款日记账如图 2-23 所示。

## 银行存款日记账

| 13年 | | 凭证 | | 摘要 | 结算凭证 | | 收入 | | | | | | | | | | 付出 | | | | | | | | | | 结存 | | | | | | | | | |
|---|---|---|---|---|---|---|---|---|---|---|---|---|---|---|---|---|---|---|---|---|---|---|---|---|---|---|---|---|---|---|---|---|---|---|---|---|
| 月 | 日 | 字 | 号 | | 种类 | 号数 | 千 | 百 | 十 | 万 | 千 | 百 | 十 | 元 | 角 | 分 | 千 | 百 | 十 | 万 | 千 | 百 | 十 | 元 | 角 | 分 | 千 | 百 | 十 | 万 | 千 | 百 | 十 | 元 | 角 | 分 |
| 4 | 1 | | | 承前页 | | | | | | | | | | | | | | | | | | | | | | | | | 4 | 1 | 8 | 2 | 6 | 4 | 0 | 0 |
| | 7 | 记 | 1 | 还长江公司货款 | 转支 | 8906 | | | | | | | | | | | | | | 2 | 0 | 0 | 0 | 0 | 0 | 0 | | | 3 | 9 | 8 | 2 | 6 | 4 | 0 | 0 |
| | 12 | 记 | 2 | 付商业汇票到期款 | 托收 | | | | | | | | | | | | | | | 3 | 5 | 0 | 0 | 0 | 0 | 0 | | | 3 | 6 | 3 | 2 | 6 | 4 | 0 | 0 |
| | 15 | 记 | 3 | 付电话费 | 托收 | | | | | | | | | | | | | | | | | 4 | 9 | 0 | 0 | 0 | | | 3 | 6 | 2 | 7 | 7 | 4 | 0 | 0 |
| | 18 | 记 | 4 | 收华润公司货款 | 信汇 | | | | | 2 | 4 | 5 | 0 | 0 | 0 | 0 | | | | | | | | | | | | | 3 | 8 | 7 | 2 | 7 | 4 | 0 | 0 |
| | 20 | 记 | 5 | 收永丰公司货款 | 转支 | 4311 | | | | 3 | 8 | 0 | 2 | 5 | 0 | 0 | | | | | | | | | | | | | 4 | 2 | 5 | 2 | 9 | 9 | 0 | 0 |
| | 23 | 记 | 6 | 收五峰公司预付款 | 转支 | 5792 | | | | 3 | 0 | 0 | 0 | 0 | 0 | 0 | | | | | | | | | | | | | 4 | 5 | 5 | 2 | 9 | 9 | 0 | 0 |
| | 24 | 记 | 7 | 收商业汇票到期款 | 托收 | | | | | 3 | 5 | 1 | 0 | 0 | 0 | 0 | | | | | | | | | | | | | 4 | 9 | 0 | 3 | 9 | 9 | 0 | 0 |
| | 28 | 记 | 8 | 付光明公司货款 | 转支 | 8907 | | | | | | | | | | | | | | 4 | 6 | 8 | 0 | 0 | 0 | 0 | | | 4 | 4 | 3 | 5 | 9 | 9 | 0 | 0 |
| | 30 | 记 | 9 | 预付兴隆公司货款 | 转支 | | | | | | | | | | | | | | | 5 | 0 | 0 | 0 | 0 | 0 | 0 | | | 3 | 9 | 3 | 5 | 9 | 9 | 0 | 0 |
| | 30 | 记 | 10 | 收恒丰公司投资款 | 转支 | 5521 | | | | 2 | 5 | 0 | 0 | 0 | 0 | 0 | | | | | | | | | | | | | 4 | 1 | 8 | 5 | 9 | 9 | 0 | 0 |
| | | | | 本月合计 | | | | | 1 | 5 | 2 | 6 | 2 | 5 | 0 | 0 | | | 1 | 5 | 2 | 2 | 9 | 0 | 0 | 0 | | | 4 | 1 | 8 | 5 | 9 | 9 | 0 | 0 |
| | | | | | | | | | | | | | | | | | | | | | | | | | | | | | | | | | | | | |

图 2-23　银行存款日记账 1



**活动资料**

要求：出纳员根据活动四、活动五中的活动资料，登记银行存款日记账并结账（见图 2-24）。

## 银行存款日记账

| 年 | | 凭证 | | 摘要 | 结算凭证 | | 收入 | | | | | | | | | | 付出 | | | | | | | | | | 结存 | | | | | | | | | |
|---|---|---|---|---|---|---|---|---|---|---|---|---|---|---|---|---|---|---|---|---|---|---|---|---|---|---|---|---|---|---|---|---|---|---|---|---|
| 月 | 日 | 字 | 号 | | 种类 | 号数 | 千 | 百 | 十 | 万 | 千 | 百 | 十 | 元 | 角 | 分 | 千 | 百 | 十 | 万 | 千 | 百 | 十 | 元 | 角 | 分 | 千 | 百 | 十 | 万 | 千 | 百 | 十 | 元 | 角 | 分 |
| 4 | 1 | | | 承前页 | | | | | | | | | | | | | | | | | | | | | | | | | 1 | 0 | 0 | 0 | 0 | 0 | 0 | 0 |
| | | | | | | | | | | | | | | | | | | | | | | | | | | | | | | | | | | | | |
| | | | | | | | | | | | | | | | | | | | | | | | | | | | | | | | | | | | | |
| | | | | | | | | | | | | | | | | | | | | | | | | | | | | | | | | | | | | |
| | | | | | | | | | | | | | | | | | | | | | | | | | | | | | | | | | | | | |
| | | | | | | | | | | | | | | | | | | | | | | | | | | | | | | | | | | | | |

图 2-24　银行存款日记账 2

**基础知识**

## 一、银行存款日记账登记

为了正确、及时、全面地核算和监督银行存款的收支动态和结存情况，企业应按照开户银行、存款种类、币种等设置“银行存款日记账”，进行银行存款的序时核算。

银行存款日记账必须采用订本账，由出纳人员根据审核无误的收付款凭证及所附的原始凭证，按经济业务发生的先后顺序逐日逐笔登记。每日终了，应计算出银行存款的结余数。月末，银行存款日记账应与会计人员的银行存款总账相核对，保证账账相符。

## 二、银行存款日记账结账

银行存款日记账月末结账的方法与“库存现金日记账”结账方法类似。

银行日记账月末结账时，在最后一笔经济业务记录下通栏画单红线（称为“结账红线”），并在下一行日期栏内填写本月最后一天的日期，在摘要栏内注明“本月合计”字样，结出本月发生额和余额，在本行下通栏画单红线。

# 活动七　银行存款清查

**工作案例**

福州市金山公司收到开户行转来的银行对账单，如表2-1所示。

表 2-1　银行对账单　　单位：元

| 交易日期 | 结算凭证 | | ✓ | 借方（支出） | 贷方（存入） | 余额 |
|---|---|---|---|---|---|---|
| | 种类 | 号数 | | | | |
| 2013/04/01 | | | | | | 418 264 |
| 2013/04/02 | 托收 | | | | 35 100 | 453 364 |
| 2013/04/10 | 转支 | | | 20 000 | | 433 364 |
| 2013/04/10 | 信汇 | | | | 24 500 | 457 864 |
| 2013/04/11 | 托收 | | | 490 | | 457 374 |
| 2013/04/12 | 托收 | | | 35 000 | | 422 374 |
| 2013/04/15 | 转支 | | | | 38 025 | 460 399 |
| 2013/04/20 | 转支 | | | | 30 000 | 490 399 |
| 2013/04/28 | 转支 | | | 46 800 | | 443 599 |
| 2013/04/29 | 托收 | | | | 11 700 | 455 299 |
| 2013/04/29 | 托收 | | | 4 883 | | 450 416 |

根据2013年4月福州市金山公司本月的银行存款日记账（见图2-23），逐笔与银行对账单勾对。

**活动资料**

要求：根据上述工作案例，查找出未能核对一致的账款（未达账项）。

**基础知识**

## 一、银行存款清查的内容和方法

为了及时、准确地掌握银行存款实际金额，防止银行存款账目发生差错，企业应定期对银行存款进行清查。银行存款日记账的核对主要包括三个环节：一是银行存款日记账与银行存款收、付款凭证要互相核对，做到账证相符；二是银行存款日记账与银行存款总账要互相核对，做到账账相符；三是银行存款日记账与开户银行开出的对账单要互相核对，以便做到账款相符，并能准确地掌握企业可运用的银行存款实有数。

将银行存款日记账与银行对账单定期进行核对，至少每月核对一次。企业银行存款日记账账面余额与银行对账单余额之间若有差额，应及时查明原因。属记账差错的，应立即更正，除记账错误外，还可能是由于未达账项引起的。

## 二、未达账项的概念及种类

所谓未达账项，是指企业与银行之间由于凭证传递上的时间差，导致一方已登记入账而另一方尚未入账的账项。

未达账项具体有四种情况：

（1）企业已经收款入账，而银行尚未收款入账的款项。

（2）企业已经付款入账，而银行尚未付款入账的款项。

（3）银行已经收款入账，而企业尚未收款入账的款项。

（4）银行已经付款入账，而企业尚未付款入账的款项。

每月月末，若银行存款日记账账面余额与银行对账单余额不相符，可将二者进行逐笔勾对，查找出上述的未达账项后，通过编制“银行存款余额调节表”调节相符。

## 三、“银行存款余额调节表”的编制

为消除未达账项对企业和银行双方存款余额的影响，企业应编制“银行存款余额调节表”进行调节。一般采用补记式余额调节法，即在双方余额的基础上，加上应收入的“未达账项”，减去应付出的“未达账项”，得出余额。



【例 2-24】如表 2-2 所示，福州市金山公司收到开户行转来的银行对账单。

在银行对账单和银行存款余额表的勾对过程中，发现有以下未达账项：

（1）4 月 30 日企业送存银行的转账支票 25 000 元已入账，银行未入账。

（2）4 月 30 日企业签发转账支票 50 000 元已入账，银行未入账。

（3）4 月 29 日银行收款 11 700 元已入账，企业未入账。

（4）4 月 29 日银行付款 4 883 已入账，企业未入账。

根据以上未达账项，用补记式余额调节法编制“银行存款余额调节表”见表 2-2：

表 2-2 银行存款余额调节表

编制单位：福州市金山公司　　2013 年 4 月 30 日

| 项目 | 余额 | 项目 | 余额 |
|---|---|---|---|
| 银行存款日记账余额 | 418 599 | 银行对账单余额 | 450 416 |
| 加：银行已收企业未收款<br>减：银行已付企业未付款 | 11 700<br>4 883 | 加：企业已收银行未收款<br>减：企业已付银行未付款 | 25 000<br>50 000 |
| 调节后余额 | 425 416 | 调节后余额 | 425 416 |

银行存款余额调节表双方账目调节后的余额相等，表示企业与银行双方记账基本没有错误。如果调节后双方余额不等，应及时查明原因，进行更正。

需要注意的是：调节后的余额是企业目前可以使用的银行存款实际金额。银行存款

余额调节表只是为了核对账目，不能作为调整银行存款账面余额的原始凭证。对于因未达账项存在而使双方账面余额出现的差异，无须进行账面调整，待结算凭证到达后再进行账务处理。

# 任务三　其他货币资金核算

## 工作案例

### 一、原始凭证

2013 年 4 月 5 日，福州市金山公司派采购员到上海某公司采购乙材料，同时汇款 200 000 元到采购地的工商银行静安支行开立采购专户。原始凭证如图 2-25 所示。

**中国工商银行　电汇凭证（回单）**　　1

☑普通　☐加急　　委托日期 2013 年 4 月 5 日

| | | | | | |
|---|---|---|---|---|---|
| 汇款人 | 全　称 | 福州市金山公司 | 收款人 | 全　称 | 福州市金山公司 |
| | 账　号 | 12452667988 | | 账　号 | 2016023109512832 |
| | 汇出地点 | 福建省福州市 | | 汇入地点 | 上海市 |
| 汇出行名称 | | 工商银行金山支行 | 汇入行名称 | | 工商银行静安支行 |

| 金额 | 亿 | 千 | 百 | 十 | 万 | 千 | 百 | 十 | 元 | 角 | 分 |
|---|---|---|---|---|---|---|---|---|---|---|---|
| 人民币（大写）贰拾万元整 | | | ¥ | 2 | 0 | 0 | 0 | 0 | 0 | 0 | 0 |

| | |
|---|---|
| 汇出行签章：中国工商银行金山支行 2013.04.05 业务清讫 | 支付密码<br>附加信息及用途：开立异地采购专户<br>复核：　　记账： |

此联为汇出行给汇款人的回单

图 2-25　电汇凭证 4



### 二、记账凭证

根据电汇凭证回单联，填制记账凭证如图 2-26 所示。

**记 账 凭 证**

*2013* 年 *4* 月 *5* 日　　记字第 *10* 号

| 摘　要 | 总账科目 | 明细科目 | √ | 借方金额 千 | 百 | 十 | 万 | 千 | 百 | 十 | 元 | 角 | 分 | √ | 贷方金额 千 | 百 | 十 | 万 | 千 | 百 | 十 | 元 | 角 | 分 |
|---|---|---|---|---|---|---|---|---|---|---|---|---|---|---|---|---|---|---|---|---|---|---|---|---|
| 开立采购户 | 其他货币资金 | 外埠存款（工商银行上海静安支行） | | | | *2* | *0* | *0* | *0* | *0* | *0* | *0* | *0* | | | | | | | | | | | |
| | 银行存款 | | | | | | | | | | | | | | | | *2* | *0* | *0* | *0* | *0* | *0* | *0* | *0* |
| 合　计 | | | | | ¥ | *2* | *0* | *0* | *0* | *0* | *0* | *0* | *0* | | | ¥ | *2* | *0* | *0* | *0* | *0* | *0* | *0* | *0* |

附单据 *1* 张

财务主管：　　记账：　　出纳：　　复核：　　制表：李丽

图 2-26　记账凭证 5

## 活动资料

2013 年 4 月 7 日，福州市金山公司派采购员到广州某公司采购丁材料，同时汇款 150 000 元到采购地的工商银行白云支行开立采购专户。原始凭证如图 2-27 所示。要求：根据原始凭证填制记账凭证（设上一张记账凭证编号是记字第 13 号）。

**中国工商银行　电汇凭证**（回单）　　**1**

☑普通　☐加急　　　委托日期 2013 年 4 月 7 日

<table>
<tr><td rowspan="3">汇款人</td><td>全　称</td><td colspan="3">福州市金山公司</td><td rowspan="3">收款人</td><td>全　称</td><td colspan="11">福州市金山公司</td><td rowspan="6">此联为汇出行给汇款人的回单</td></tr>
<tr><td>账　号</td><td colspan="3">12452667988</td><td>账　号</td><td colspan="11">7986523106482038</td></tr>
<tr><td>汇出地点</td><td colspan="3">福建省福州市</td><td>汇入地点</td><td colspan="11">广东省广州市</td></tr>
<tr><td colspan="2">汇出行名称</td><td colspan="3">工商银行金山支行</td><td colspan="2">汇入行名称</td><td colspan="11">工商银行白云支行</td></tr>
<tr><td rowspan="2">金额</td><td colspan="6" rowspan="2">人民币（大写）壹拾伍万元整</td><td>亿</td><td>千</td><td>百</td><td>十</td><td>万</td><td>千</td><td>百</td><td>十</td><td>元</td><td>角</td><td>分</td></tr>
<tr><td></td><td></td><td>¥</td><td>1</td><td>5</td><td>0</td><td>0</td><td>0</td><td>0</td><td>0</td><td>0</td></tr>
<tr><td colspan="4" rowspan="2">中国工商银行金山支行<br>2013.04.07<br>业　务　清　讫<br>汇出行签章</td><td colspan="2">支付密码</td><td colspan="12"></td></tr>
<tr><td colspan="14">附加信息及用途：开立异地采购专户<br>复核：　　　　记账：</td></tr>
</table>

图 2-27　电汇凭证 5



## 基础知识

## 一、其他货币资金的概述

其他货币资金是指企业除库存现金、银行存款外的货币资金，包括外埠存款、银行汇票存款、银行本票存款、信用卡存款、信用证保证金存款和存出投资款等。

## 二、其他货币资金收付的核算

为核算和监督企业其他货币资金的收付和结算情况，企业应设置“其他货币资金”账户。该账户借方登记增加数，贷方登记减少数，期末借方余额反映企业所持有的其他货币资金。该账户可分别设置“外埠存款”“银行汇票存款”“银行本票存款”“存出投资款”等明细账进行明细核算。

外埠存款业务开户的核算如下：

【例 2-25】福州市金山公司派采购员到上海华盛公司采购丙材料，委托开户银行采用电汇的结算方式付款 250 000 万元到采购地工商银行浦东支行开立采购专户。根据电汇凭证回单联，作会计分录如下：

借：其他货币资金——外埠存款（工商银行上海市浦东支行）　　250 000

　贷：银行存款　　250 000

拓展知识

## 一、银行汇票存款和银行本票存款的核算

【例 2-26】福州市金山公司向开户行申请签发银行汇票 20 000 元到温州采购原材料。划拨款项申请并取得银行汇票。根据银行汇票申请书回单联，作会计分录如下：

借：其他货币资金——银行汇票存款　　20 000
　　贷：银行存款　　20 000

## 二、信用卡存款的核算

【例 2-27】福州市金山公司向开户行申请单位信用卡，经银行审查通过后取得该信用卡。填制转账支票和进账单送交银行，从基本存款账户转账存入信用卡账户 50 000 元。根据转账支票存根、进账单等凭证，作会计分录如下：

借：其他货币资金——信用卡存款　　50 000
　　贷：银行存款　　50 000

## 三、银行汇票支付业务的核算

【例 2-28】承例 2-25，采购员持票到温州采购乙材料，实际使用汇票支付材料价款 15 000 元，增值税税额 2 550 元。材料尚未验收入库。根据相关凭证，作会计分录如下：

借：在途物资——乙材料　　15 000
　　应交税费——应交增值税（进项税额）　　2 550
　　贷：其他货币资金——银行汇票存款　　17 550

## 四、信用卡消费业务

【例 2-29】承例 2-26，福州市金山公司持单位信用卡到超市购买行政部门使用的办公用品 4 000 元，当即由管理部门领用，根据相关凭证，作会计分录如下：

借：管理费用　　4 000
　　贷：其他货币资金——信用卡存款　　4 000

## 五、银行汇票、银行本票结算多余款退回业务

【例 2-30】承例 2-26、例 2-28，银行汇票多余款 2 450 元已退回开户行，根据银行汇票多余款收账通知联，作会计分录如下：

借：银行存款　　2 450
　　贷：其他货币资金——银行汇票存款　　2 450

# 模块三 应收及预付款项核算

## 【岗位工作情景】

公司新业务员小林，谈成一笔销售业务，正欲与对方公司签订合同时，对方要求给予一定的付款宽限期。小林不知如何办理这样的业务，找到公司的财务进行沟通商量。公司同意给予一定的付款宽限期。那么这笔货款就无法立即收回。对于此类业务我们应该如何进行会计处理？通过本章内容的学习，相信你一定会有不小的收获。

## 【岗位学习目标】

### 一、岗位知识目标

1. 了解各种应收及预付款项、销售折扣、票据贴现、坏账损失的概念。
2. 理解各种应收及预付款项入账时间及入账价值的确认、坏账确认的条件及坏账准备计提的范围。
3. 掌握应收及预付款项的核算、坏账准备的计提及其账务处理。
4. 掌握销售折扣的账务处理。
5. 掌握应收票据贴现的计算。

### 二、岗位能力目标

1. 熟练填制应收及预付款项一般业务的记账凭证。
2. 会登记应收账款、其他应收款等明细账。

### 三、职业素养目标

1. 培养学生的理财观念。
2. 培养学生严谨的工作作风。
3. 培养学生自主探究的能力，激发学生的学习热情。

# 任务一　应收账款核算

## 工作案例

## 一、原始凭证

2013 年 3 月 12 日，福州市实达公司向广州市合协公司销售嘉仁空调一批，货物价款为 28 000 元，增值税税率为 17%，代垫运杂费 500 元，已办妥委托银行收款手续。原始凭证如图 3-1～图 3-5 所示。

**福建增值税专用发票**

此联不作报销、扣税凭证使用

9235478125　　开票日期：2013 年 3 月 12 日　　No. 00789523

| 购货单位 | 名称：广州市合协公司<br>纳税人识别号：350100589541256<br>地址、电话：广州市海滨路 72 号<br>开户行及账号：工商银行南门支行 9914875962 | | | | 密码区 | （略） | |
|---|---|---|---|---|---|---|---|
| 货物或应税劳务名称 | 规格型号 | 单位件 | 数量 | 单价 | 金额 | 税率 | 税额 |
| 嘉仁空调 | KD150 | | 20 | 1 400 | 28 000.00 | 17% | 4 760.00 |
| 合　计 | | | | | ¥28 000.00 | | ¥4 760.00 |
| 价税合计（大写） | ⊗叁万贰仟柒佰陆拾元整 | | | | | | （小写）¥32 760.00 |
| 销货单位 | 名称：福州市实达公司<br>纳税人识别号：350185749965842<br>地址、电话：8319752<br>开户行及账号：工商银行黄庄支行 9998235874 | | | | 备注 | | |

第三联　记账联　销货方记账凭证

收款人：　　复核：　　开票人：李玲　　销货单位（章）

图 3-1　专用发票 1

**出　库　单**

出货单位：　　2013 年 3 月 12 日　　No. 657489

| 提货单位或领货部门 | 广州市合协公司 | | 用途或生产单号码 | 销售 | | 发出仓库 | 仓库 |
|---|---|---|---|---|---|---|---|
| 编号 | 名称及规格 | 单位 | 数量 要数 | 数量 实发 | 单价 | 金额 | 备注 |
| | 嘉仁空调 KD150 | 台 | | 20 | | | |
| | 合　计 | | | | | | |

（一）存根联

图 3-2　出库单 1

## 中国工商银行（闽）
## 转账支票存根

$\frac{B}{0}\frac{J}{2}$389542

附加信息

出票日期2013年3月12日

| 收款人：福州市顺达货运公司 |
|---|
| 金额：¥500.00 |
| 用途：代垫广州市合协公司运杂费 |

单位主管：　　会计：林平

图3-3　转账支票存根1

## 福州市实达公司
## 垫付费用报账凭证

委托单位：广州市合协公司　　2013年3月12日　　单位：元

| 摘　　要 | 费用项目 | 金　　额 | 备　　注 |
|---|---|---|---|
| 代垫运杂费 | 公路运输费 | 500 | |
| | 合　　计 | 500 | |

财务主管：林铭　　记账：　　复核：林珊　　制单人：陈芳

图3-4　垫付费用报账凭证1

## 托收凭证（受理回单）　　1

委托日期2013年3月12日

<table>
<tr><td colspan="2">业务类型</td><td colspan="12">委托收款（☑邮划、▢电划）托收承付（▢邮划、▢电划）</td><td rowspan="12">此联作收款人开户银行给收款人的受理回单</td></tr>
<tr><td rowspan="3">付款人</td><td>全称</td><td colspan="3">广州市合协公司</td><td rowspan="3">收款人</td><td>全称</td><td colspan="7">福州市实达公司</td></tr>
<tr><td>账号</td><td colspan="3">9914875962</td><td>账号</td><td colspan="7">9998235874</td></tr>
<tr><td>地址</td><td>广州市</td><td>开户行</td><td>工商银行南门支行</td><td>地址</td><td>福州市</td><td>开户行</td><td colspan="5">工商银行黄庄支行</td></tr>
<tr><td rowspan="2">金额</td><td colspan="5" rowspan="2">人民币（大写）叁万叁仟贰佰陆拾元整</td><td colspan="7">亿　千　百　十　万　千　百　十　元　角　分</td></tr>
<tr><td colspan="7">¥　3　3　2　6　0　0　0</td></tr>
<tr><td colspan="2">款项内容</td><td>货款</td><td>托收凭证名称</td><td colspan="3">货运单及发票</td><td colspan="5">附寄单证张数</td></tr>
<tr><td colspan="2">商品发运情况</td><td colspan="4">已发运</td><td>合同名称号码</td><td colspan="6"></td></tr>
<tr><td colspan="3">备注：<br><br>复核：　　记账：</td><td colspan="3">款项收妥日期<br><br>年　月　日</td><td colspan="7">中国工商银行福州市黄庄支行<br>202.03.12<br>业务清讫<br><br>收款人开户银行签章　　年　月　日</td></tr>
</table>

图3-5　托收凭证2

## 二、记账凭证

根据增值税专用发票、出库单、银行转账支票存根、垫付费用报账凭证和托收凭证（受理回单），填制记账凭证如图 3-6 所示。

**记 账 凭 证**

2013 年 3 月 12 日　　　　记字第 35 号

| 摘要 | 总账科目 | 明细科目 | √ | 借方金额 | | | | | | | | | | √ | 贷方金额 | | | | | | | | | |
|---|---|---|---|---|---|---|---|---|---|---|---|---|---|---|---|---|---|---|---|---|---|---|---|---|
| | | | | 千 | 百 | 十 | 万 | 千 | 百 | 十 | 元 | 角 | 分 | | 千 | 百 | 十 | 万 | 千 | 百 | 十 | 元 | 角 | 分 |
| 销售商品，代垫运杂费，款项未收 | 应收账款 | 广州市合协公司 | | | | | 3 | 3 | 2 | 6 | 0 | 0 | 0 | | | | | | | | | | | |
| | 主营业务收入 | | | | | | | | | | | | | | | | | 2 | 8 | 0 | 0 | 0 | 0 | 0 |
| | 应交税费 | 应交增值税（销项税额） | | | | | | | | | | | | | | | | | 4 | 7 | 6 | 0 | 0 | 0 |
| | 银行存款 | | | | | | | | | | | | | | | | | | | 5 | 0 | 0 | 0 | 0 |
| 合　计 | | | | | | ¥ | 3 | 3 | 2 | 6 | 0 | 0 | 0 | | | | ¥ | 3 | 3 | 2 | 6 | 0 | 0 | 0 |

附单据 5 张

财务主管：　　记账：　　出纳：　　复核：　　制表：林平

图 3-6　记账凭证 6

根据记账凭证登记应收账款明细账，假设广州市合协公司应收账款期初余额为 2 000 元，如图 3-7 所示。

**应收账款明细账**

户名：广州市合协公司

| 2013 年 | | 会计凭证 | | 摘要 | 借方 | | | | | | | | | | | 贷方 | | | | | | | | | | | 借或贷 | 余额 | | | | | | | | | | |
|---|---|---|---|---|---|---|---|---|---|---|---|---|---|---|---|---|---|---|---|---|---|---|---|---|---|---|---|---|---|---|---|---|---|---|---|---|---|---|
| 月 | 日 | 种类 | 号数 | | 亿 | 千 | 百 | 十 | 万 | 千 | 百 | 十 | 元 | 角 | 分 | 亿 | 千 | 百 | 十 | 万 | 千 | 百 | 十 | 元 | 角 | 分 | | 亿 | 千 | 百 | 十 | 万 | 千 | 百 | 十 | 元 | 角 | 分 |
| 3 | 1 | | | 期初余额 | | | | | | | | | | | | | | | | | | | | | | | 借 | | | | | | 2 | 0 | 0 | 0 | 0 | 0 |
| 3 | 12 | 记 | 35 | 销售嘉仁空调 | | | | | 3 | 3 | 2 | 6 | 0 | 0 | 0 | | | | | | | | | | | | 借 | | | | | | | | | | | |
| | | | | | | | | | | | | | | | | | | | | | | | | | | | | | | | | | | | | | | |

图 3-7　明细账 1

**活动资料**

2013 年 9 月 16 日，福州市达讯公司向广州市泰和公司销售四喜抽油烟机一批，货款价款为 10 000 元，增值税税率为 17%，代垫运杂费 200 元，已办妥委托银行收款手续。原始凭证如图 3-8～图 3-12 所示。要求：根据原始凭证，编制记账凭证（设上一张记账凭证编号是记字第 18 号）。

## 福建增值税专用发票

此联不作报销、扣税凭证使用

2589745896　　开票日期：2013 年 9 月 16 日　　No. 02879526

| 购货单位 | 名称：广州市泰和公司<br>纳税人识别号：350106895214589<br>地址、电话：广州市秀峰路 50 号<br>开户行及账号：工商银行名城支行 9925748152 | | | | | 密码区 | （略） |
|---|---|---|---|---|---|---|---|
| 货物或应税劳务名称 | 规格型号 | 单位 | 数量 | 单价 | 金额 | 税率 | 税额 |
| 四喜吸油烟机 | AC101 | 件 | 20 | 500 | 10 000.00 | 17% | 1 700.00 |
| 合　计 | | | | | ¥10 000.00 | | ¥1 700.00 |
| 价税合计（大写） | ⊗壹万壹仟柒佰元整 | | | | （小写）¥11 700.00 | | |
| 销货单位 | 名称：福州市达讯公司<br>纳税人识别号：350188549625975<br>地址、电话：8369548<br>开户行及账号：工商银行闽华支行 9985471258 | | | | | 备注 | |

第三联 记账联 销货方记账凭证

收款人：　　复核：　　开票人：陈珊　　销货单位（章）

图 3-8　专用发票 2

## 出　库　单

出货单位：　　2013 年 9 月 16 日　　No. 602594

| 提货单位或领货部门 | 广州市泰和公司 | | 用途或生产单号码 | 销售 | | 发出仓库 | 仓库 |
|---|---|---|---|---|---|---|---|
| 编　号 | 名称及规格 | 单位 | 数量 要数 | 数量 实发 | 单　价 | 金　额 | 备　注 |
| | 四喜吸油烟机 | 台 | | 20 | | | |
| 合　计 | | | | | | | |

（一）存根联

图 3-9　出库单 2



## 中国工商银行（闽）
## 转账支票存根

$\frac{B}{0}\frac{J}{2}$ 389542

附加信息

出票日期 2013 年 9 月 16 日

| 收款人：福州市丰达货运公司 |
|---|
| 金额：¥200.00 |
| 用途：代垫广州泰和公司运杂费 |

单位主管：　　会计：林芳

图 3-10　转账支票存根 2

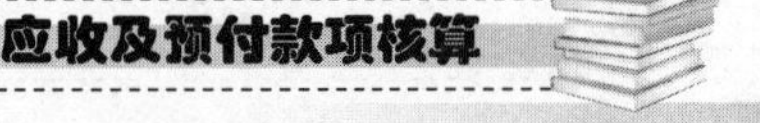

## 福州市达讯公司

## 垫付费用报账凭证

委托单位：广州市泰和公司　　　　2013年9月16日　　　　单位：元

| 摘　要 | 费用项目 | 金　额 | 备　注 |
|---|---|---|---|
| 代垫运杂费 | 公路运输费 | 200 | |
| | 合　计 | 200 | |

财务主管：黄佳　　记账：　　复核：李姗　　制单人：陈垒

图3-11　垫付费用报账凭证2

## 托收凭证（受理回单）　　1

委托日期2013年9月16日

| 业务类型 | 委托收款（☑邮划、□电划）托收承付（□邮划、□电划） | | | | | |
|---|---|---|---|---|---|---|
| 付款人 | 全称 | 广州市泰和公司 | 收款人 | 全称 | 福州市达讯公司 | |
| | 账号 | 9925748152 | | 账号 | 9985471258 | |
| | 地址 | 广州市　开户行　工商银行名城支行 | | 地址 | 福州市　开户行　工商银行闽华支行 | |
| 金额 | 人民币（大写）壹万壹仟玖佰元整 | 亿 千 百 十 万 千 百 十 元 角 分 | | | | |
| | | ¥ 1 1 9 0 0 0 0（¥在十万位） | | | | |
| 款项内容 | 货款 | 托收凭证名称 | 货运单及发票 | 附寄单证张数 | | |
| 商品发运情况 | 已发运 | 合同名称号码 | | | | |
| 备注：<br>复核：　记账： | 款项收妥日期<br>年　月　日 | 中国工商银行福州市闽华支行 2013.09.16 业务清讫<br>收款人开户银行签章　年　月　日 | | | | |

此联作收款人开户银行给收款人的受理回单

图3-12　托收凭证3

要求：根据原始凭证编制记账凭证，并根据记账凭证登记应收账款明细账，假设广州市泰和公司应收账款期初余额为1 000元，如图3-13所示。

## 应收账款明细账

户名：

| 年 | | 会计凭证 | | 摘　要 | 借　方 | | | | | | | | | | | 贷　方 | | | | | | | | | | | 借或贷 | 余　额 | | | | | | | | | | |
|---|---|---|---|---|---|---|---|---|---|---|---|---|---|---|---|---|---|---|---|---|---|---|---|---|---|---|---|---|---|---|---|---|---|---|---|---|---|---|
| 月 | 日 | 种类 | 号数 | | 亿 | 千 | 百 | 十 | 万 | 千 | 百 | 十 | 元 | 角 | 分 | 亿 | 千 | 百 | 十 | 万 | 千 | 百 | 十 | 元 | 角 | 分 | | 亿 | 千 | 百 | 十 | 万 | 千 | 百 | 十 | 元 | 角 | 分 |
| | | | | | | | | | | | | | | | | | | | | | | | | | | | | | | | | | | | | | | |
| | | | | | | | | | | | | | | | | | | | | | | | | | | | | | | | | | | | | | | |
| | | | | | | | | | | | | | | | | | | | | | | | | | | | | | | | | | | | | | | |
| | | | | | | | | | | | | | | | | | | | | | | | | | | | | | | | | | | | | | | |

图3-13　明细账2

基础知识

## 一、应收账款概述

**1．应收账款的概念**

应收账款是指企业对外销售产品或提供劳务而应向购货方或接受劳务方收取的款项。

**2．应收账款入账时间的确认**

由于应收账款是因为赊销业务而引起的，因此应收账款中的货款和增值税税款的入账时间与确认销售收入实现的时间是一致的，应根据确认销售收入实现的时间来定。而代垫的运杂费等则应于发生时确认入账。

**3．应收账款入账价值的确认**

应收账款的入账价值就是确定应收账款的入账金额。它包括销售商品或提供劳务的价款，应收的增值税税款和代垫付的包装费、运输费等。

**【例 3-1】**福州市康泰公司向福州市平安公司销售一批产品，货物价款 3 000 元，增值税税率为 17%，另代垫运杂费 100 元，款项未收回。这时应收账款入账金额是多少？

应收账款入账金额=3 000+3 000×17%+100=3 610（元）

## 二、应收账款的核算

**1．设置账户**



为了总括反映企业应收账款的发生和收回情况，企业应设置“应收账款”账户进行核算。该账户属于资产类账户，借方登记因销售而应向购货方收取的款项，贷方登记购货方已偿还的应收货款的款项，期末余额一般在借方，反映企业尚未收回的款项。

**2．应收账款一般业务的核算**

应收账款的核算包括发生和收回的核算，在没有销售折扣的情况下，企业应在产品、商品销售或劳务提供后，按发生的应收款的总额借记“应收账款”账户，贷记“主营业务收入”“应交税费”等账户。收回应收账款时，借记“银行存款”等账户，贷记“应收账款”账户。

**【例 3-2】**3 月 5 日，福州市侨雄公司向厦门市和永公司销售一批热水壶，开具的增值税专用发票注明价款为 5 000 元，增值税税率为 17%，用银行存款代购货单位垫付运杂费 280 元，产品已经发出，并办妥委托银行收款手续。福州市侨雄公司作会计分录如下：

借：应收账款——厦门市和永公司　　6 130

　贷：主营业务收入　　5 000

　　应交税费——应交增值税(销项税额)　　850

　　银行存款　　280

假设 3 月 10 日，福州市侨雄公司收回款项，则作会计分录如下：

借：银行存款　　6 130

　贷：应收账款——厦门市和永公司　　6 130

## 三、应收账款明细账的登记方法

应收账款明细账是用来记录每个客户各项赊销、还款情况的明细账。为了掌握应收账款的具体情况，企业应按购货单位名称设置应收账款明细账，由会计人员根据记账凭证或所附的原始凭证进行登记，月末结出余额，并与总账进行核对，月末各应收账款明细账的余额合计数应与应收账款总账的余额相等。

**拓展知识**

为了在商业竞争中吸引客户，企业在买卖双方达成交易时通常还附有各种折扣优惠，因此应收账款的入账价值，还需要考虑销售折扣因素的影响。

## 一、销售折扣条件下应收账款入账价值的确认

销售折扣主要包括商业折扣和现金折扣两种形式。

**1．商业折扣条件下应收账款入账价值的确认**

商业折扣是指企业为了促销，在商品销售价格上给予客户的扣除。商业折扣仅仅是确定商品实际价格的手段，通常在交易发生时已经确认，供方按折扣后的金额开票计税，企业应收账款入账价值应按扣除商业折扣以后的实际售价确认。

**2．现金折扣条件下应收账款入账价值的确认**

现金折扣是指债权人为鼓励债务人在规定的期限内尽早付款，而向债务人提供的债务扣除。现金折扣一般用符号"折扣 / 付款期限"表示。例如，符号"2/10，1/20，*n*/30"分别表示买方在 10 天内付款可按售价给予 2%的折扣；在 20 天内付款按售价给予 1%的折扣；在 30 天内付款，则没有折扣。存在现金折扣的情况下，应收账款入账金额的确认有两种方法，一种是总价法，另一种是净价法。目前，在我国会计实务中，现金折扣采用总价法。总价法下，应收账款按销售时发生的收入总额入账，待企业实际发生现金折扣时，作为财务费用处理。

**【例 3-3】**福州市兴隆公司销售一批商品给福州市三山公司，价款 60 000 元，增值税税额为 10 200 元。规定的付款条件为 2/10，1/20，*n*/30。福州市三山公司于 10 天内付款，这时福州市兴隆公司实际收到的金额是多少？

福州市兴隆公司实际收到的金额=60 000+10 200−60 000×2%=69 000（元）

## 二、销售折扣条件下应收账款的核算

**1．商业折扣条件下的核算**

企业发生的应收账款，在有商业折扣的情况下，应按扣除商业折扣后的金额入账。

**【例 3-4】**福州市侨雄公司向三明市南方公司销售一批热水壶，按价目表标明的价格计算价款总额为 8 000 元，购货方享受 10%的商业折扣，适用增值税税率为 17%，以银行存款代垫运杂费 300 元。作会计分录如下：

借：应收账款——三明市南方公司　　　　8 724

　贷：主营业务收入　　　　　　　　　　　7 200

应交税费——应交增值税（销项税额）　　1 224

银行存款　　300

2．现金折扣条件下的核算

企业发生的应收账款，在有现金折扣的情况下，采用总价法入账，发生的现金折扣作为财务费用处理。

【例 3-5】福州市侨雄公司向福州市华夏公司销售一批热水壶，价款为 30 000 元，适用的增值税税率为 17%，该项交易附有现金折扣为 2/10，1/20，n/30。作会计分录如下：

（1）销售业务发生时：

借：应收账款——福州市华夏公司　　35 100

　贷：主营业务收入　　30 000

　　应交税费——应交增值税（销项税额）　　5 100

（2）如果福州市华夏公司在 10 天内付款，可以享受现金折扣 600 元（30 000×2%），那么福州市侨雄公司收款时：

借：银行存款　　34 500

　财务费用　　600

　贷：应收账款——福州市华夏公司　　35 100

（3）如果福州市华夏公司在 20 天后付款，则不享受现金折扣，应支付全部价款 35 100 元，那么福州市侨雄公司收款时：



借：银行存款　　35 100

　贷：应收账款——福州市华夏公司　　35 100

**小知识**

净价法是指将扣减现金折扣后的金额作为实际售价，据以确认应收账款的入账价值。这种方法把客户取得折扣视为正常现象，认为客户一般都会提前付款，而将由于客户超过折扣期而多收入的金额，视为提供信贷获得的理财收入，冲减“财务费用”。

## 任务二　应收票据核算

### 活动一　应收票据取得与收款业务的核算

**工作案例**

#### 一、原始凭证

2013 年 5 月 18 日，福州市实达公司向广州市东方公司销售一批嘉仁空调，增值税专用发票上注明的价款为 15 000 元，增值税税额为 2 550 元，当日收到广州市东方公司签发为期 3 个月的不带息商业承兑汇票一张。原始凭证如图 3-14～图 3-16 所示。

**福建增值税专用发票**

此联不作报销、扣税凭证使用

3659875589　　开票日期：2013 年 5 月 18 日　　No. 12545895

| 购货单位 | 名称：广州市东方公司<br>纳税人识别号：350100254189632<br>地址、电话：广州市法仁路 23 号<br>开户行及账号：工商银行白湖支行 9925418639 | | | | 密码区 | （略） | |
|---|---|---|---|---|---|---|---|
| 货物或应税劳务名称 | 规格型号 | 单位 | 数量 | 单价 | 金额 | 税率 | 税额 |
| 嘉仁空调 | KD155 | 台 | 10 | 1500 | 15 000.00 | 17% | 2 550.00 |
| 合　计 | | | | | ¥15 000.00 | | ¥2 550.00 |
| 价税合计（大写） | ⊗ 壹万柒仟伍佰伍拾元整 | | | | | （小写）¥17 550.00 | |
| 销货单位 | 名称：福州市实达公司<br>纳税人识别号：350185749965842<br>地址、电话：8319752<br>开户行及账号：工商银行黄庄支行 9998235874 | | | | 备注 | | |

第三联　记账联　销货方记账凭证

收款人：　　复核：　　开票人：李玲　　销货单位（章）

图 3-14　专业发票 3

**出　库　单**

出货单位：　　2013 年 5 月 18 日　　No. 32568

| 提货单位或领货部门 | 广州市东方公司 | | 用途或生产单号码 | 销售 | | 发出仓库 | 仓库 |
|---|---|---|---|---|---|---|---|
| 编　号 | 名称及规格 | 单位 | 数量：要数 | 数量：实发 | 单　价 | 金　额 | 备　注 |
| | 嘉仁空调 | 台 | | 10 | | | |
| 合　计 | | | | | | | |

（一）存根联

图 3-15　出库单 3

**商业承兑汇票**　　2

出票日期（大写）　贰零壹叁年伍月壹拾捌日

汇票号码 037856

| 付款人 | 全称 | 广州市东方公司 | 收款人 | 全称 | 福州市实达公司 |
|---|---|---|---|---|---|
| | 账号 | 9925418639 | | 账号 | 9998235874 |
| | 开户银行 | 工商银行白湖支行 | | 开户银行 | 工商银行黄庄支行 |
| 出票金额 | | 人民币（大写）壹万柒仟伍佰伍拾元整 | | | 亿 千 百 十 万 千 百 十 元 角 分<br>¥ 1 7 5 5 0 0 0 |
| 汇票到期日（大写） | | 贰零壹叁年捌月壹拾捌日 | 付款人开户行 | 行号 | 1698 |
| 交易合同号码 | | 07859 | | 地址 | 广州市法仁路 23 号 |
| 本汇票已经承兑，到期无条件支付票款。<br>承兑人签章<br>承兑人日期 2013 年 5 月 18 日 | | | 本汇票已经承兑，到期无条件支付票款。<br>出票人签章 | | |

图 3-16　商业承兑汇票 1

## 二、记账凭证

根据增值税专用发票、出库单和商业承兑汇票，填制记账凭证如图 3-17 所示。

**记 账 凭 证**

2013 年 5 月 18 日　　　　记字第 20 号

| 摘　要 | 总账科目 | 明细科目 | √ | 借方金额 | | | | | | | | | | √ | 贷方金额 | | | | | | | | | |
|---|---|---|---|---|---|---|---|---|---|---|---|---|---|---|---|---|---|---|---|---|---|---|---|---|
| | | | | 千 | 百 | 十 | 万 | 千 | 百 | 十 | 元 | 角 | 分 | | 千 | 百 | 十 | 万 | 千 | 百 | 十 | 元 | 角 | 分 |
| 销售商品，收到不带息商业承兑汇票 | 应收票据 | 广州市东方公司 | | | | | 1 | 7 | 5 | 5 | 0 | 0 | 0 | | | | | | | | | | | |
| | 主营业务收入 | | | | | | | | | | | | | | | | | 1 | 5 | 0 | 0 | 0 | 0 | 0 |
| | 应交税费 | 应交增值税（销项税额） | | | | | | | | | | | | | | | | | 2 | 5 | 5 | 0 | 0 | 0 |
| 合　计 | | | | | | ¥ | 1 | 7 | 5 | 5 | 0 | 0 | 0 | | | | ¥ | 1 | 7 | 5 | 5 | 0 | 0 | 0 |

附单据 3 张

财务主管：　　记账：　　出纳：　　复核：　　制表：林平

图 3-17　记账凭证 7

**活动资料**

2013 年 10 月 3 日，向广州市江贸公司销售一批四喜吸油烟机，增值税专用发票上注明的价款为 35 000 元，增值税税额为 5 950 元，当日收到广州市江贸公司签发为期 2 个月的不带息商业承兑汇票一张。原始凭证如图 3-18～图 3-20 所示。要求：据以编制记账凭证（设上一张记账凭证编号是记字第 15 号）。



**福建增值税专用发票**

（全国统一发票监制章 国家税务局监制）

此联不作报销、扣税凭证使用

9856231478　　开票日期：2013 年 10 月 3 日　　No. 00521459

| 购货单位 | 名称：广州市江贸公司<br>纳税人识别号：350145875256985<br>地址、电话：广州市法海路 69 号<br>开户行及账号：工商银行法海支行 9987458962 | | | | | 密码区 | （略） |
|---|---|---|---|---|---|---|---|
| 货物或应税劳务名称 | 规格型号 | 单位 | 数量 | 单价 | 金　额 | 税率 | 税　额 |
| 四喜吸油烟机 | AC101 | 件 | 70 | 500 | 35 000.00 | 17% | 5 950.00 |
| 合　计 | | | | | ¥35 000.00 | | ¥5 950.00 |
| 价税合计（大写） | ⊗肆万零玖佰伍拾元整 | | | | （小写）¥40 950.00 | | |
| 销货单位 | 名称：福州市达讯公司<br>纳税人识别号：350188549625975<br>地址、电话：8369548<br>开户行及账号：工商银行闽华支行 9985471258 | | | | | 备注 | （福州市达讯公司 350188549625975 发票专用章） |

第三联　记账联　销货方记账凭证

收款人：　　复核：　　开票人：黄成　　销货单位（章）

图 3-18　专用发票 4

## 出　库　单

出货单位：　　　　2013 年 10 月 3 日　　　　No. 85412

| 提货单位或领货部门 | 广州市江贸公司 | | 用途或生产单号码 | 销售 | | 发出仓库 | 仓库 |
|---|---|---|---|---|---|---|---|
| 编　号 | 名称及规格 | 单位 | 数　量 要　数 | 数　量 实　发 | 单　价 | 金　额 | 备　注 |
| | 四喜吸油烟机 | 件 | | 70 | | | |
| 合　计 | | | | | | | |

（一）存根联

图 3-19　出库单 4

## 商业承兑汇票　　2

出票日期（大写）　贰零壹叁年壹拾月零叁日

汇票号码 056394

| 付款人 | 全称 | 广州市江贸公司 | 收款人 | 全称 | 福州市达讯公司 |
|---|---|---|---|---|---|
| | 账号 | 9987458962 | | 账号 | 9985471258 |
| | 开户银行 | 工商银行法海支行 | | 开户银行 | 工商银行闽华支行 |

| 出票金额 | 人民币（大写）肆万零玖佰伍拾元整 | 亿 | 千 | 百 | 十 | 万 | 千 | 百 | 十 | 元 | 角 | 分 |
|---|---|---|---|---|---|---|---|---|---|---|---|---|
| | | | | | ¥ | 4 | 0 | 9 | 5 | 0 | 0 | 0 |

| 汇票到期日（大写） | 贰零壹叁年壹拾贰月零叁日 | 付款人开户行 | 行号 | 9638 |
|---|---|---|---|---|
| 交易合同号码 | 98752 | | 地址 | 广州市法海路 69 号 |
| 本汇票已经承兑，到期无条件支付票款。承兑人签章 承兑人日期 2013 年 10 月 3 日 | | 本汇票请予以承兑于到期日付款。出票人签章 财务专用章 | | |

图 3-20　商业承兑汇票 2

## 基础知识

**1．应收票据的定义**

应收票据是指企业在采用商业汇票结算方式下，因销售商品、提供劳务而收到的商业汇票。

**2．商业汇票的分类**

商业汇票是由出票人签发的，承兑人在指定日期无条件支付确定的金额给收款人或者持票人的票据。根据承兑人的不同，可分为商业承兑汇票和银行承兑汇票；根据是否带息，可分为带息商业汇票和不带息商业汇票。

3．账户设置

为了总括反映和监督企业应收票据的取得和到期收回等情况，企业应设置“应收票据”账户。该账户借方登记收到应收票据的票面金额；贷方登记到期收回、贴现、转让及到期无法收回等情况转出应收票据的票面金额；期末为借方余额，表明企业持有的应收票据的票面金额。该账户应按开出承兑汇票的单位设置明细账，进行明细分类核算。

为了便于管理和分析各种票据具体情况，企业还应设置“应收票据备查簿”，逐笔记录每一笔应收票据的种类、号数和出票日期、票面金额、票面利率、交易合同号和付款人、承兑人到期日等资料。应收票据到期结清票款或退票后，应当在备查簿内逐笔注销。

**4．应收票据取得业务的核算**

企业因销售产品、提供劳务而收到商业汇票时，无论是否带息，都按票据面值借记“应收票据”，贷记“主营业务收入”“应交税费”等账户。

**【例 3-6】**福州市侨雄公司向北京市广发公司销售一批热水壶，开具增值税专用发票，注明产品价款为 36 000 元，增值税税款为 6 120 元，北京市广发公司签发为期 3 个月的不带息商业承兑汇票一张。福州市侨雄公司取得应收票据时，作会计分录如下：

借：应收票据——北京市广发公司　　42 120

　贷：主营业务收入　　36 000

　　应交税费——应交增值税（销项税额）　　6 120

**5．应收票据到期收款的核算**

无息票据到期收款，其到期值仍然是其面值，因此，收款时按面值，借记“银行存款”，贷记“应收票据”账户。若是带息票据到期，则其到期价值为面值加利息，收款时则借记“银行存款”，贷记“应收票据”“财务费用”账户。



**【例 3-7】**承例 3-6，票据到期时，福州市侨雄公司如数收到票款。作会计分录如下：

借：银行存款　　42 120

　贷：应收票据——北京市广发公司　　42 120

## 拓展知识

**1．应收票据到期付款人无力支付的核算**

当票据到期时，如果付款人无力偿付票款时，在采用银行承兑汇票的情况下，不存在收款企业收不回票款的问题；在采用商业承兑汇票的情况下，收款企业应将到期无法收回的票据的票面金额转入“应收账款”账户。

**【例 3-8】**承例 3-6，票据到期时，北京市广发公司无款支付，福州市侨雄公司未收到票款，作会计分录如下：

借：应收账款——北京市广发公司　　42 120

　贷：应收票据——北京市广发公司　　42 120

**2．应收票据转让的核算**

应收票据转让是指持票人因偿还前欠货款等原因，将未到期的商业汇票背书后转让给其他单位或个人的行为。企业将持有的商业汇票转让时，必须背书。背书是持票人在票据背面记载有关事项并签章的一种票据行为。签章人为背书人，背书人对票据的到期付款负连带责任。

【例 3-9】福州市侨雄公司向福州市兴隆公司采购材料，材料价款为 24 000 元，增值税税额为 4 080 元，款项共计 28 080 元，材料已验收入库。企业将一张票面金额为 26 000 元的不带息应收票据背书转让，以偿付福州市兴隆公司货款，同时，差额 2 080 元当即以银行存款支付。作会计分录如下：

借：原材料　　24 000

　　应交税费——应交增值税（进项税额）　　4 080

　　贷：应收票据——福州市兴隆公司　　26 000

　　　　银行存款　　2 080

## 活动二　应收票据贴现的核算

### 工作案例

### 一、原始凭证

2013 年 7 月 5 日，福州市实达公司将持有福州市新华工厂的不带息票据向银行贴现，票据的签发日为 6 月 17 日，到期日为 9 月 15 日，票据面值为 20 000 元，年贴现率为 8%，取得贴现款存入银行。原始凭证如图 3-21、图 3-22 和表 3-1 所示。



**商业承兑汇票**　　2

出票日期（大写）　贰零壹叁年陆月壹拾柒日

汇票号码 038521

| 付款人 | 全称 | 福州市新华工厂 | 收款人 | 全称 | 福州市实达公司 |
|---|---|---|---|---|---|
| | 账号 | 9556674321 | | 账号 | 9998235874 |
| | 开户银行 | 工商银行城门支行 | | 开户银行 | 工商银行黄庄支行 |

| 出票金额 | 人民币（大写）贰万元整 | 亿 | 千 | 百 | 十 | 万 | 千 | 百 | 十 | 元 | 角 | 分 |
|---|---|---|---|---|---|---|---|---|---|---|---|---|
| | | | | | ¥ | 2 | 0 | 0 | 0 | 0 | 0 | 0 |

| 汇票到期日（大写） | 贰零壹叁年玖月壹拾伍日 | 付款人开户行 | 行号 | 3221 |
|---|---|---|---|---|
| 交易合同号码 | 54873 | | 地址 | 福州市新成路 |

| 本汇票已经承兑，到期无条件支付票款。<br>承兑人签章<br>承兑人日期 2013 年 6 月 17 日 | 本汇票请予以承兑于到期日付款。<br>出票人签章 |
|---|---|



图 3-21　商业承兑汇票 3

**贴现凭证**（收账通知）　　**4**

出票日期（大写）贰零壹叁年柒月零伍日　　汇票号码 038521

| 贴现汇票 | 种类 | 商业承兑汇票 | 持票人 | 名称 | 福州市实达公司 |
|---|---|---|---|---|---|
| | 出票日 | 2013 年 7 月 5 日 | | 账号 | 9998235874 |
| | 到票日 | 2013 年 9 月 15 日 | | 开户银行 | 工商银行黄庄支行 |
| 汇票承兑人 | 名称 | 福州市实达公司 | 账号 | 开户银行 | 工商银行黄庄支行 |

| 出票金额 | 人民币（大写）贰万元整 | 百 | 十 | 万 | 千 | 百 | 十 | 元 | 角 | 分 |
|---|---|---|---|---|---|---|---|---|---|---|
| | | | ¥ | 2 | 0 | 0 | 0 | 0 | 0 | 0 |

| 年贴现率 | 8% | 贴现利息 | 千 | 百 | 十 | 元 | 角 | 分 | 实付贴现金额 | 十 | 万 | 千 | 百 | 十 | 元 | 角 | 分 |
|---|---|---|---|---|---|---|---|---|---|---|---|---|---|---|---|---|---|
| | | | ¥ | 3 | 2 | 0 | 0 | 0 | | ¥ | 1 | 9 | 6 | 8 | 0 | 0 | 0 |

| 贴现款项已入单位账户<br>工商银行黄庄支行 2013.07.05 转讫<br>银行签章<br>2013 年 7 月 5 日 | 备注： |
|---|---|

图 3-22　贴现凭证 1

**表 3-1　商业汇票贴现利息计算表 1**　　单位：元

| 票据种类 | 票据号码 | 签发日期 | | 到期日期 | | 贴现日期 | |
|---|---|---|---|---|---|---|---|
| 商业承兑汇票 | 038521 | 2013 年 6 月 17 日 | | 2013 年 9 月 15 日 | | 2013 年 7 月 5 日 | |
| 票据面值 | 20 000 | 年利率 | | 年贴现率 | 8% | 贴现天数 | 72 天 |
| 票据到期值 | 20 000 | | | | | | |
| 贴现利息 | 320 | | | | | | |



## 二、记账凭证

根据贴现凭证和商业汇票贴现利息计算表，填制记账凭证如图 3-23 所示。

**记 账 凭 证**

2013 年 7 月 5 日　　记字第 19 号

| 摘　要 | 总账科目 | 明细科目 | √ | 借方金额（千百十万千百十元角分） | √ | 贷方金额（千百十万千百十元角分） | |
|---|---|---|---|---|---|---|---|
| 企业持未到期的应收票据向银行申请贴现 | 银行存款 | | | 1968000 | | | 附单据 3 张 |
| | 财务费用 | 利息 | | 32000 | | | |
| | 应收票据 | 福州市新华工厂 | | | | 2000000 | |
| 合　计 | | | | ¥2000000 | | ¥2000000 | |

财务主管：　记账：　出纳：　复核：　制表：

图 3-23　记账凭证 8

## 活动资料

2013 年 6 月 20 日，福州市达讯公司将持有福州市尚品公司的不带息票据向银行贴现，票据的签发日为 5 月 6 日，到期日为 8 月 16 日，票据面值为 10 000 元，年贴现率为 8%，取得贴现款存入银行。原始凭证如图 3-24 所示。要求：请据此编制贴现凭证（见图 3-25）、商业汇票贴现利息计算表（见表 3-2）和记账凭证（设上一张记账凭证编号是记字第 26 号）。

**商业承兑汇票** 2

出票日期（大写） 贰零壹叁年伍月零陆日 汇票号码 33842

<table>
<tr><td rowspan="3">付款人</td><td>全称</td><td>福州市尚品公司</td><td rowspan="3">收款人</td><td>全称</td><td colspan="11">福州市达讯公司</td></tr>
<tr><td>账号</td><td>93872455</td><td>账号</td><td colspan="11">9985471258</td></tr>
<tr><td>开户银行</td><td>工商银行鹤林支行</td><td>开户银行</td><td colspan="11">工商银行闽华支行</td></tr>
<tr><td colspan="2" rowspan="2">出票金额</td><td colspan="3" rowspan="2">人民币（大写）壹万元整</td><td>亿</td><td>千</td><td>百</td><td>十</td><td>万</td><td>千</td><td>百</td><td>十</td><td>元</td><td>角</td><td>分</td></tr>
<tr><td></td><td></td><td></td><td>¥</td><td>1</td><td>0</td><td>0</td><td>0</td><td>0</td><td>0</td><td>0</td></tr>
<tr><td colspan="2">汇票到期日（大写）</td><td colspan="2">贰零壹叁年捌月壹拾陆日</td><td rowspan="2">付款人开户行</td><td>行号</td><td colspan="10">8320</td></tr>
<tr><td colspan="2">交易合同号码</td><td colspan="2">23811</td><td>地址</td><td colspan="10">福州市鹤林路</td></tr>
<tr><td colspan="3">本汇票已经承兑，到期无条件支付票款。<br>承兑人签章<br>承兑人日期 2013 年 5 月 6 日</td><td colspan="13">本汇票请予以承兑于到期日付款。<br>出票人签章</td></tr>
</table>

图 3-24 商业承兑汇票 4

**贴现凭证**（收账通知） 4

出票日期（大写） 年 月 日 汇票号码 83741

<table>
<tr><td rowspan="3">贴现汇票</td><td colspan="2">种类</td><td colspan="3"></td><td rowspan="3">持票人</td><td>名称</td><td colspan="8"></td></tr>
<tr><td colspan="2">出票日</td><td colspan="3"></td><td>账号</td><td colspan="8"></td></tr>
<tr><td colspan="2">到票日</td><td colspan="3"></td><td>开户银行</td><td colspan="8"></td></tr>
<tr><td colspan="3">汇票承兑人</td><td>名称</td><td colspan="2"></td><td>账号</td><td colspan="3"></td><td>开户银行</td><td colspan="4"></td></tr>
<tr><td colspan="3" rowspan="2">出票金额</td><td colspan="4" rowspan="2">人民币（大写）</td><td>百</td><td>十</td><td>万</td><td>千</td><td>百</td><td>十</td><td>元</td><td>角</td><td>分</td></tr>
<tr><td></td><td></td><td></td><td></td><td></td><td></td><td></td><td></td><td></td></tr>
<tr><td>年贴现率</td><td>8%</td><td>贴现利息</td><td>千</td><td>百</td><td>十</td><td>元</td><td>角</td><td>分</td><td>实付贴现金额</td><td>十</td><td>万</td><td>千</td><td>百</td><td>十</td><td>元</td><td>角</td><td>分</td></tr>
<tr><td colspan="6">贴现款项已入单位账户<br>银行签章<br>年 月 日</td><td colspan="12">备注：</td></tr>
</table>

图 3-25 贴现凭证 2

表 3-2　商业汇票贴现利息计算表 2

单位：元

| 票据种类 | 票据号码 | 签发日期 | | 到期日期 | | 贴现日期 | |
|---|---|---|---|---|---|---|---|
| 商业承兑汇票 | | | | | | | |
| 票据面值 | | 年利率 | | 年贴现率 | | 贴现天数 | |
| 票据到期值 | | | | | | | |
| 贴现利息 | | | | | | | |

基础知识

## 不带息应收票据贴现的核算

1．贴现的含义

贴现是指企业将尚未到期的票据在背书后转让给银行，银行受理后从票据到期值中扣除按贴现率计算的贴现利息后，将其差额支付给贴现企业的行为。

**2．不带息票据贴现利息和贴现金额的计算**

贴现期限指从贴现日至票据到期日间的时间间隔，可按天数表示，在票据期限以月数表示时，也可按月数表示。按天数表示时，可以采用算头不算尾的方法（从贴现日算起，到期日不算），也可以采用算尾不算头的方法（从贴现日的次日算起，到期日要算）。

贴现利息=票据面值×贴现利率×贴现期限

贴现金额=票据面值–贴现利息



【例 3-10】福州市侨雄公司于 2 月 10 日（当年 2 月份为 28 天）将收到签发承兑日为 1 月 31 日、期限为 90 天、面值为 90 000 元，到期日为 5 月 1 日的福州市佳康工厂的不带息的商业承兑汇票到银行申请贴现，银行规定的年贴现率为 8%。

贴现利息=90 000×8%÷360×80=1 600（元）

贴现金额=90 000–1 600=88 400（元）

**3．不带息应收票据贴现的核算**

企业持未到期的应收票据向银行申请贴现时，应按贴现实际收到的款项金额借记“银行存款”账户，按支付的贴现利息借记“财务费用”账户，按票据面值贷记“应收票据”账户。

【例 3-11】根据例 3-10 的资料，作会计分录如下：

借：银行存款　　88 400

　　财务费用　　1 600

　　贷：应收票据　　90 000

拓展知识

## 一、带息商业汇票贴现的核算

**1．带息票据贴现利息和贴现金额的计算**

贴现利息=票据到期值×贴现利率×贴现期限

贴现所得=票据到期值–贴现利息

其中：

带息票据的到期值=票面价值+到期利息

到期利息=票据面值×票面利率×票据期限

**【例 3-12】**将例 3-10 的票据改为带息的商业承兑汇票，假设票面利率为 10%，其他条件不变。

票据到期利息=90 000×10%×90÷360=2 250（元）

票据到期值=90 000+2 250=92 250（元）

贴现利息=92 250×8%÷360×80=1 640（元）

贴现所得=92 250–1 640=90 610（元）

**2．带息应收票据贴现的核算**

企业持有带息应收票据向银行贴现时，按实际收到的金额，借记“银行存款”账户，按应收票据的账面价值，贷记“应收票据”账户，按其差额，借记或贷记“财务费用”账户。

**【例 3-13】**根据例 3-12 的资料，作会计分录如下：

借：银行存款　　90 610

　贷：应收票据　　90 000

　　　财务费用　　610



## 二、已贴现的商业承兑汇票到期，付款人无力支付的核算

已贴现的票据到期，付款人无力付款，贴现银行要向贴现申请人退票扣款。申请贴现企业收到银行退回的应收票据、支款通知和拒绝付款理由书或付款人未付票款通知书，按应付金额，借记“应收账款”账户，贷记“银行存款”账户。如果贴现申请人银行存款账户余额不足，银行按逾期贷款处理，按应付金额，借记“应收账款”账户，贷记“短期借款”账户。

**【例 3-14】**承例 3-10，假定 5 月 1 日商业承兑汇票到期，福州市佳康工厂财务状况不佳，无力支付票款，贴现银行将票据退还给福州市侨雄公司，同时银行从其账户将 92 250 元划回，福州市侨雄公司作会计分录如下：

借：应收账款——福州市佳康工厂　　92 250

　贷：银行存款　　92 250

如果福州市侨雄公司存款账户只有 50 000 元，则差额 42 250 元银行将作为逾期贷款处理，福州市侨雄公司作会计分录如下：

借：应收账款——福州市佳康工厂　　92 250

　贷：银行存款　　50 000

　　　短期借款　　42 250

# 任务三　预付账款核算

## 工作案例

## 一、原始凭证

2013 年 7 月 16 日，福州市实达公司向广州市万全公司订购空调配件一批，双方合同约定采用预付款方式结算，福州市实达公司预付货款 23 400 元。原始凭证如图 3-26、3-27 所示。

福州市实达公司　**预付款项申请书**

2013 年 7 月 16 日　　No. 98256

| 申请金额：23 400 元 | 批准金额：23 400 元 | 预付方式：电汇 |
|---|---|---|
| 收款单位：广州市万全公司 | 收款单位开户行：工商银行岳峰支行 | 账号：9251023045 |
| 预付内容：<br>购空调配件<br>合同（协议）总金额 23 400 元，已预付＿＿元。<br>合同号：2568 | | |
| 预计到货时间：2013 年 7 月 25 日 | | |
| 批准人：同意 陈浩 | | |

第二联　记账联

财务主管：林铭　　业务负责人：陈锦　　申请人：林勇

图 3-26　预付款项申请书 1

**中国工商银行　电汇凭证**（回单）　　1

委托日期 2013 年 7 月 16 日

| 汇款人 | 全　称 | 福州市实达公司 | 收款人 | 全　称 | 广州市万全公司 | | | | | | | |
|---|---|---|---|---|---|---|---|---|---|---|---|---|
| | 账　号 | 9998235874 | | 账　号 | 9251023045 | | | | | | | |
| | 汇出地点 | 福建省福州市 | | 汇入地点 | 广东省广州市 | | | | | | | |
| 汇出行名称 | | 工商银行黄庄支行 | 汇入行名称 | | 工商银行岳峰支行 | | | | | | | |
| 金额 | 人民币（大写）贰万叁仟肆佰元整 | | | | 十 | 万 | 千 | 百 | 十 | 元 | 角 | 分 |
| | | | | | ¥ | 2 | 3 | 4 | 0 | 0 | 0 | 0 |
| 中国工商银行黄庄支行 2013.07.16 业务清讫<br>汇出行签章 | | | 支付密码 | | | | | | | | | |
| | | | 附加信息及用途：预付款<br>复核：　　记账： | | | | | | | | | |

此联为汇出行给汇款人的回单

图 3-27　电汇凭证

## 二、记账凭证

根据预付款项申请书和电汇凭证，填制记账凭证如图 3-28 所示。

## 记 账 凭 证

2013 年 7 月 16 日　　　　　　　　　　记字第 26 号

| 摘　要 | 总账科目 | 明细科目 | √ | 借方金额 | | | | | | | | | | √ | 贷方金额 | | | | | | | | | |
|---|---|---|---|---|---|---|---|---|---|---|---|---|---|---|---|---|---|---|---|---|---|---|---|---|
| | | | | 千 | 百 | 十 | 万 | 千 | 百 | 十 | 元 | 角 | 分 | | 千 | 百 | 十 | 万 | 千 | 百 | 十 | 元 | 角 | 分 |
| 预付购货款 | 预付账款 | 广州市万全公司 | | | | | 2 | 3 | 4 | 0 | 0 | 0 | 0 | | | | | | | | | | | |
| | 银行存款 | | | | | | | | | | | | | | | | | 2 | 3 | 4 | 0 | 0 | 0 | 0 |
| 合　计 | | | | | | ¥ | 2 | 3 | 4 | 0 | 0 | 0 | 0 | | | | ¥ | 2 | 3 | 4 | 0 | 0 | 0 | 0 |

附单据 2 张

财务主管：　　　记账：　　　出纳：　　　复核：　　　制表：林平

图 3-28　记账凭证 9

### 活动资料

2013 年 9 月 20 日，福州市达讯公司向深圳市天华公司订购一批吸油烟机配件，双方合同约定预付货款 11 700 元。原始凭证如图 3-29、图 3-30 所示。请据以编制记账凭证（设上一张记账凭证编号是记字第 23 号）。

## 福州市达讯公司　预付款项申请书

2013 年 9 月 20 日　　　　　　　　　　No.02368

| 申请金额：11 700 元 | 批准金额：11 700 元 | 预付方式：电汇 |
|---|---|---|
| 收款单位：深圳市天华公司 | 收款单位开户行：工商银行侨北支行 | 账号：959632541 |
| 预付内容：<br>购吸油烟机配件<br>合同（协议）总金额 11 700 元，已预付_____元。<br>合同号：9635 | | |
| 预计到货时间：2013 年 9 月 30 日 | | |
| 批准人：同意 陈洁 | | |

第二联　记账联

财务主管：黄佳　　　　业务负责人：陈明　　　　申请人：黄成

图 3-29　预付款项申请书 2

## 中国工商银行　电汇凭证　（回单）　　　1

委托日期 2013 年 9 月 20 日

| 汇款人 | 全　称 | 福州市达讯公司 | 收款人 | 全　称 | 深圳市天华公司 |
|---|---|---|---|---|---|
| | 账　号 | 9985471258 | | 账　号 | 959632541 |
| | 汇出地点 | 福建省福州市 | | 汇入地点 | 广东省深圳市 |
| 汇出行名称 | | 工商银行闽华支行 | 汇入行名称 | | 工商银行侨北支行 |

| 金额 | 人民币（大写）壹万壹仟柒佰元整 | 十 | 万 | 千 | 百 | 十 | 元 | 角 | 分 |
|---|---|---|---|---|---|---|---|---|---|
| | | ¥ | 1 | 1 | 7 | 0 | 0 | 0 | 0 |

| 工商银行闽华支行 2013.09.30 业务清讫<br>汇出行签章 | 支付密码 |
|---|---|
| | 附加信息及用途：预付款<br>复核：　　　　记账： |

此联为汇出行给汇款人的回单

图 3-30　电汇凭证 2

## 基础知识

1．预付账款的定义

预付账款是指企业按照购货合同规定预付给供应单位的款项。预付账款属于企业一项短期债权，但企业预付性费用支出，不能列为预付账款，如预付一年以内的保险费、报刊费等，应直接计入当期损益，如超过一年的预付性费用支出，应作为长期待摊费用处理。

2．预付账款的核算

为了反映和监督预付货款的支出和结算情况，企业应设置“预付账款”账户。该账户是资产类账户，借方登记企业向供货单位预付、补付的款项；贷方登记收到所购物资的应付金额或退回多付款项；期末借方余额反映企业预付的款项；期末如为贷方余额，反映企业尚未补付的款项。该账户应按供应单位设置明细账，进行明细核算。

企业根据购货合同规定向供货单位预付款项时，借记“预付账款”，贷记“银行存款”账户。对于预付账款不多的企业，可以不设“预付账款”账户，而直接通过“应付账款”账户核算。

【例 3-15】福州市侨雄公司向厦门市天研公司购买一批材料，预付货款 9 360 元，作会计分录如下：

借：预付账款——厦门市天研公司　　9 360
　贷：银行存款　　9 360

3．预付货款收到商品核算



企业收到预购的材料或商品时，按所购材料或商品的实际成本及增值税专用发票上注明的增值税税额借记“原材料”“材料采购”“库存商品”“应交税费——应交增值税（进项税额）”等账户，按预付的款项贷记“预付账款”账户。

【例 3-16】承例 3-15，福州市侨雄公司收到所购的材料，并验收入库，发票上列明的款项为 8 000 元，增值税税额为 1 360 元。

借：原材料　　8 000
　应交税费——应交增值税（进项税额）　　1 360
　贷：预付账款——厦门市天研公司　　9 360

## 拓展知识

1．补付款项核算

企业收到供货方提供的商品或劳务金额超过预付款时，在收到商品或接受劳务时，借记“原材料”“应交税费”等账户，按全额贷记“预付账款”账户；补付货款时，按补付的金额，借记“预付账款”账户，贷记“银行存款”账户。

【例 3-17】承例 3-15，福州市侨雄公司收到所购的材料，并验收入库，假设发票上列明的价款为 10 000 元，增值税税额为 1 700 元，并用银行存款补付剩余的金额。作会计分录如下：

收到材料时：

借：原材料　　10 000

应交税费——应交增值税（进项税额） 1700

贷：预付账款——厦门市天研公司 11700

补付款项时：

借：预付账款——厦门市天研公司 2340

贷：银行存款 2340

**2. 退回多付款项核算**

企业收到供货方提供的商品或劳务金额少于预付款项时，在收到商品或接受劳务时，借记“原材料”“应交税费”等账户，贷记“预付账款”账户；收到退回多预付金额时，借记“银行存款”账户，贷记“预付账款”账户。

**【例 3-18】** 承例 3-15，福州市侨雄公司收到所购的材料，并验收入库，假设实际结算金额发票上列明的款项为 6 000 元，增值税税额为 1 020 元，数日后收到对方退回多付的款项，作会计分录如下：

收到材料时：

借：原材料 6000

应交税费——应交增值税（进项税额） 1020

贷：预付账款——厦门市天研公司 7020

收到退回多付款项时：

借：银行存款 2340

贷：预付账款——厦门市天研公司 2340



# 任务四 其他应收款核算

## 工作案例

## 一、原始凭证

2013 年 4 月 8 日，福州市实达公司向福州市达成公司租入包装物一批，以银行存款支付包装物押金 5 000 元。原始凭证如图 3-31 所示。

**福州市实达公司 付款申请书**

2013 年 4 月 8 日 **No. 98358**

| 付款金额：伍仟元整 | | 付款方式：转账 | 第三联 财务联 |
|---|---|---|---|
| 收款单位：福州市达成公司 | 收款单位开户行：工商银行城北支行 | 账号：95412264741 | |
| 事由：2013 年 4 月 8 日，租入福州市达成公司包装物一批，交押金 5 000.00 元。 | | | |
| 批准人：同意 陈浩 | | | |

财务主管：林铭 业务负责人：陈锦 申请人：林勇

图 3-31 付款申请书

## 二、记账凭证

根据转账支票和付款申请书，填制记账凭证如图 3-32 所示。

**记 账 凭 证**

2013 年 4 月 8 日　　　　　　记字第 18 号

| 摘　要 | 总账科目 | 明细科目 | √ | 借方金额 | | | | | | | | | | √ | 贷方金额 | | | | | | | | | | |
|---|---|---|---|---|---|---|---|---|---|---|---|---|---|---|---|---|---|---|---|---|---|---|---|---|---|
| | | | | 千 | 百 | 十 | 万 | 千 | 百 | 十 | 元 | 角 | 分 | | 千 | 百 | 十 | 万 | 千 | 百 | 十 | 元 | 角 | 分 | |
| 用银行存款支付租入包装物押金 | 其他应收款 | 福州市达成公司 | | | | | | 5 | 0 | 0 | 0 | 0 | 0 | | | | | | | | | | | | 附单据 2 张 |
| | 银行存款 | | | | | | | | | | | | | | | | | | 5 | 0 | 0 | 0 | 0 | 0 | |
| 合　计 | | | | | | | ¥ | 5 | 0 | 0 | 0 | 0 | 0 | | | | | ¥ | 5 | 0 | 0 | 0 | 0 | 0 | |

财务主管：　　　记账：　　　出纳：　　　复核：　　　制表：

图 3-32　记账凭证 10

**活动资料**



福州市达讯公司经理陈强，2013 年 11 月 3 日，因出差至广州，借差旅费 3 500 元，以现金支付。原始凭证如图 3-33 所示。要求：请据以编制记账凭证（设上一张记账凭证编号是记字第 53 号）。

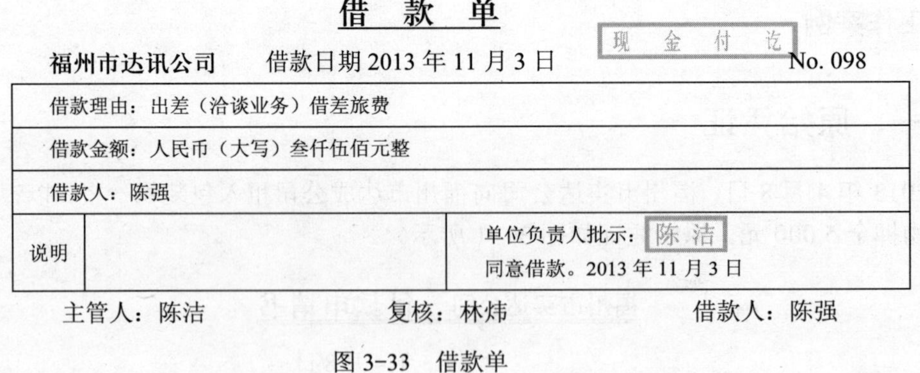

**借　款　单**

现 金 付 讫

福州市达讯公司　　借款日期 2013 年 11 月 3 日　　No. 098

| 借款理由：出差（洽谈业务）借差旅费 | | |
|---|---|---|
| 借款金额：人民币（大写）叁仟伍佰元整 | | |
| 借款人：陈强 | | |
| 说明 | | 单位负责人批示：陈洁<br>同意借款。2013 年 11 月 3 日 |

主管人：陈洁　　　复核：林炜　　　借款人：陈强

图 3-33　借款单

**基础知识**

## 一、其他应收款定义

其他应收款是指企业销售商品、提供劳务以外的其他非营业活动引起的应收、暂付款项。其主要内容包括：应收其他单位和个人的各种赔款、罚款，应收各种垫付款项。

## 二、其他应收款的核算

为了反映和监督其他应收款的发生和结算情况，企业应设置“其他应收款”账户。该账户是资产类账户，借方登记各种其他应收款项的发生；贷方登记其他应收款项的收回。期末借方余额反映企业尚未收回的其他应收款。

**1．备用金的核算**

备用金是付给企业内部各单位或个人作为零星支出以及出差使用的现金等备用款项。其特点是先领后用，用后报销。备用金的核算分为定额备用金制和非定额备用金制。

非定额备用金制，又称借款报账制，是指企业部门或个人需要使用备用金时，按需要逐次借用和报销的制度，这种制度方便灵活，并能减少和控制单位内部和个人对资金的占用。

【例 3-19】采购员林铮因公出差借支差旅费 1 500 元，以现金支付。采购员林铮出差回来报销差旅费 1 350 元，交回现金 150 元。作会计分录如下：

预借差旅费时：

借：其他应收款——林铮　　1 500

　　贷：库存现金　　1 500

报销差旅费时：

借：管理费用　　1 350

　　库存现金　　150

　　贷：其他应收款——林铮　　1 500

**2．存出保证金的核算**

存出保证金是指企业租入有关用品或劳动资料时支付的保证金或押金等。待企业租入的有关用品或劳动资料退还出租单位时，存出保证金如数收回。

【例 3-20】2013 年 9 月 1 日，福州市侨雄公司从福州市天红公司租入包装物一批，以银行存款向出租方支付押金 10 000 元。作会计分录如下：

借：其他应收款——福州市天红公司　　10 000

　　贷：银行存款　　10 000

**拓展知识**

## 一、发生应收的各种赔款、罚款的核算

【例 3-21】福州市侨雄公司职工王忠因工作疏忽，使一批价值为 2 000 元的商品成为废品。按企业制度规定，该职工应按损失金额的 30%赔偿。该批商品回收的材料价值为 1 000 元，其余部分计入管理费用，作会计分录如下：

借：其他应收款——王忠　　600

　　原材料　　1 000

　　管理费用　　400

　　贷：库存商品　　2 000

收到职工赔款，并存入银行时，作会计分录如下：

借：银行存款　　600
　　贷：其他应收款——王忠　　600

## 二、应向职工收取的各种垫付款项的核算

企业发生的应向职工收取的各种垫付款项，如为职工垫付的水电费、应由职工负担的住院费等。垫付时借记“其他应收款”，贷记“银行存款”账户。

【例 3-22】福州市侨雄公司以银行存款代职工陈东垫付应由个人负担的住院医疗费用 500 元。

借：其他应收款——陈东　　500
　　贷：银行存款　　500

## 三、定额备用金制核算

定额备用金制是指企业根据一些部门工作的需要，由财会部门协同有关部门核定备用金定额，规定其用途和报销期限，拨付定额给申请的部门，待该部门实际支出后，凭有效单据向财会部门报销，财会部门根据报销数用现金补足备用金定额制度。这种方法便于企业对备用金的使用进行控制，并可减少财会部门日常的核算工作，一般适用于有经常性费用开支的内部用款单位和个人。

【例 3-23】福州市侨雄公司对总务部门实际定额备用金制度。2013 年 10 月 1 日按核定定额 6 000 元拨付总务科备用金，11 月 16 日总务部门使用备用金后，持单据向财会部门报销零星费用 3 500 元。年末结算后收回总务部门的定额备用金 6 000 元。作会计分录如下：



10 月 1 日支付预借备用金时：

借：其他应收款——备用金（总务部门）　　6 000
　　贷：库存现金　　6 000

11 月 16 日总务部门持单据向财会部门报销零星费用时：

借：管理费用　　3 500
　　贷：库存现金　　3 500

2013 年年末核销收回定额备用金时：

借：库存现金　　6 000
　　贷：其他应收款——备用金（总务部门）　　6 000

# 任务五　坏账核算

### 工作案例

## 一、原始凭证

福州市实达公司 2013 年年末应收账款余额为 2 000 000 元，“坏账准备”账户的余额为贷方 3 500 元，该公司按应收账款余额百分比法计提坏账准备，提取比例为 3‰，原始凭证如

表 3-3 所示。

**表 3-3　福州市实达公司坏账准备计提表 1**

2013 年 12 月 31 日　　　　单位：元

| 项　目 | 账 面 余 额 | 计 提 比 例 | 应计提坏账准备 | 计提前“坏账准备”余额 | 应补提（或冲减）数 |
|---|---|---|---|---|---|
| 应收账款 | 2 000 000 | 3‰ | 6 000 | 3 500 | 2 500 |
| 合　计 | 2 000 000 | | 6 000 | 3 500 | 2 500 |

## 二、记账凭证

根据坏账准备计提表，填制记账凭证如图 3-34 所示。

**记 账 凭 证**

**2013** 年 **12** 月 **31** 日　　　　记字第 **86** 号

| 摘　要 | 总账科目 | 明细科目 | √ | 借方金额 | | | | | | | | | | √ | 贷方金额 | | | | | | | | | |
|---|---|---|---|---|---|---|---|---|---|---|---|---|---|---|---|---|---|---|---|---|---|---|---|---|
| | | | | 千 | 百 | 十 | 万 | 千 | 百 | 十 | 元 | 角 | 分 | | 千 | 百 | 十 | 万 | 千 | 百 | 十 | 元 | 角 | 分 |
| **计提坏账准备** | **资产减值损失** | **计提的坏账准备** | | | | | | *2* | *5* | *0* | *0* | *0* | *0* | | | | | | | | | | | |
| | **坏账准备** | **应收账款** | | | | | | | | | | | | | | | | | *2* | *5* | *0* | *0* | *0* | *0* |
| 合　计 | | | | | | | ¥ | *2* | *5* | *0* | *0* | *0* | *0* | | | | 林 | ¥ | *2* | *5* | *0* | *0* | *0* | *0* |

附单据 *1* 张

财务主管：　　记账：　　出纳：　　复核：　　制表：

图 3-34　记账凭证 11



### 活动资料

福州市达讯公司 2013 年年末应收账款余额为 5 000 000 元，“坏账准备”账户的余额为贷方 8 000 元，该公司采用应收账款余额百分比法计提坏账准备，提取比例为 3‰，原始凭证见表 3-4。要求：请计算应计提的坏账准备并据以编制记账凭证（设上一张记账凭证编号是记字第 67 号）。

**表 3-4　福州市达讯公司坏账准备计提表 2**

2013 年 12 月 31 日　　　　单位：元

| 项　目 | 账 面 余 额 | 计 提 比 例 | 应计提坏账准备 | 计提前“坏账准备”余额 | 应补提（或冲减）数 |
|---|---|---|---|---|---|
| 应收账款 | 5 000 000 | 3‰ | | 8 000 | |
| 合　计 | 5 000 000 | | | 8 000 | |

### 基础知识

## 一、坏账及坏账损失的含义

坏账是指企业无法收回或收回的可能性极小的应收账款。由于发生坏账而产生的损失，称为坏账损失。

## 二、坏账准备的计提范围

坏账准备是企业按一定原则和方法对可能发生的坏账损失而提取的准备资金。按我国有关规定，企业应当定期或在年度终了，对应收款项进行全面检查，对可能发生的坏账损失计提相应的坏账准备。

## 三、坏账准备的核算

### 1．坏账准备的计提方法

现行企业会计准则规定：计提坏账准备的方法一般有个别认定法、应收账款余额百分比法、账龄分析法三种。坏账准备提取方法一经确定，不得随意变更。

（1）个别认定法是指对每一项应收款进行分析，估计可能发生的坏账损失，计提坏账准备的一种方法。

（2）应收账款余额百分比法是根据会计期末应收账款余额的一定比例来估算坏账损失，计提坏账准备的一种方法。应收账款余额百分比法的坏账准备计算公式为

当期应计提的坏账准备=当期应收款项余额×坏账损失率±“坏账准备”账户余额

（3）账龄分析法是根据应收账款入账时间长短来估计坏账损失的方法。

### 2．账户设置

（1）为了反映坏账准备的计提和坏账损失的发生等情况，应设置“坏账准备”账户，用以核算企业提取的坏账准备。企业按规定提取时，记入贷方；发生坏账损失，记入借方；余额通常在贷方，表明已经提取但尚未转销的坏账准备，若余额在借方，则表示坏账损失超过坏账准备的数额。



（2）“资产减值损失”属于损益类科目，核算企业计提各项资产减值准备所形成的损失，企业应按照资产减值损失的项目进行明细核算。期末，将“资产减值损失”科目余额转入“本年利润”科目后无余额。

### 3．计提坏账准备的核算

期末企业应当分析应收款项的可收回性，预计可能发生的坏账损失。采用应收账款余额百分比法计提坏账准备，是根据会计期末应收款项的余额乘以估计的坏账损失率，据此计提坏账准备。

**【例 3-24】**2011 年年末，福州市侨雄公司应收账款余额为 1 000 000 元，提取坏账准备的比例为 3‰，计提前“坏账准备”账户余额为零。作会计分录如下：

2011 年应提取坏账准备=1 000 000×3‰=3 000（元）

借：资产减值损失——计提的坏账准备　　3 000

　　贷：坏账准备　　3 000

### 4. 发生坏账损失核算

坏账损失的核算一般采用备抵法。它是指采用一定方法按期估计坏账损失，形成坏账准备，当有应收款项被确认坏账时，据以冲减坏账准备，同时转销相应的应收款项的方法。

**【例 3-25】**承例 3-24，2012 年 9 月发生福州市安信公司坏账损失 1 800 元，年末应收账

款的余额为 800 000 元，作会计分录如下：

2012 年 9 月发生坏账损失时：

借：坏账准备——应收账款　　1 800

　　贷：应收账款——福州市安信公司　　1 800

2012 年年末计提坏账准备时：

期末应调整计提的坏账准备=800 000×3‰ –（3 000–1 800）=1 200（元）

借：资产减值损失——计提的坏账准备　　1 200

　　贷：坏账准备　　1200

**拓展知识**

## 一、坏账损失确认条件

企业确认坏账时，应遵循财务报告的目标和会计核算的基本原则，具体分析各应收账款的金额的大小、信用期限、债务人的信誉和当时的经营情况等因素。一般来讲，企业的应收账款符合下列条件之一的，应确认为坏账：

（1）因债务单位破产、撤销的，以其破产财产偿债后，仍然无法收回。

（2）因债务人死亡或依法被宣告失踪、死亡，以财产或遗产偿债后，确定不能收回。

（3）涉诉的应收款项，包含败诉或者虽然胜诉但无法执行被裁定终止执行的。

（4）因债务人逾期未履行偿债义务超过 3 年，经查核确实不能收回。



## 二、坏账准备计提的方法

**1．个别认定法**

个别认定法是指对每一项应收款项的实际情况分别估计坏账损失的方法。它的特点一是对坏账准备计提的依据不再是销货总额或赊销总额，而是客户的信用状况和偿还能力；二是计提坏账准备的比率不再是所有的欠款客户都用一个相同的比例，而是信用状况不同其适用的比率也不同。只要调查清楚了每个客户的信用状况和偿还能力，再据此确定每个客户的计提比率和欠款数额，就能核算坏账准备。

**2．账龄分析法**

账龄分析法是指根据顾客欠款时间长短来估计坏账的一种方法。即期末分析每笔应收账款赊欠时间的长短，根据其不同的挂账期间，分别估计坏账金额，欠款时间越长，即账龄越大，客户的信用级别越低，以至偿债能力越差，账款收回的可能性也就越小，估计的坏账损失也应越高。然后加总各组估计金额，即为期末应收账款发生的坏账准备，也即备抵坏账的期末余额。

## 三、收回坏账损失的核算

对于已确认并转销的应收款项以后又收回的，应按实际收到的金额恢复应收账款的账面价值，借记“应收账款”账户，同时增加坏账准备的账面余额，贷记“坏账准备”账户。按实际收到的金额，借记“银行存款”账户，贷记“应收账款”账户。

【例 3-26】承例 3-24、例 3-25，2013 年 6 月，上年已核销的福州市安信公司坏账收回 1 800 元，年末应收账款余额 600 000 元。

13 年 6 月收回坏账损失时：

借：应收账款——福州市安信公司　　1 800

　　贷：坏账准备——应收账款　　1 800

同时：

借：银行存款　　1 800

　　贷：应收账款——福州市安信公司　　1 800

2013 年年末，提取坏账准备时：

按应收款项计算应计提的坏账准备=600 000×3‰=1 800（元）

本期应调整计提的坏账准备=1 800–（2 400+1 800）=–2 400（元）

借：坏账准备——应收账款　　2 400

　　贷：资产减值损失——计提的坏账准备　　2 400

4

# 模块四
## 存货核算

### 【岗位工作情景】

小丽刚到一家食品加工企业从事会计工作，最近公司从外地购进了一批原材料，增值税专用发票上注明材料价款为50 000元，增值税税额为8 500元，运杂费600元，入库前的挑选整理费200元，采购员的差旅费500元。小丽正在思考购进该批原材料的实际成本到底是多少？账务应怎样处理？通过本章的学习，你就能知道这些问题的答案了。

### 【岗位学习目标】

**一、岗位知识目标**

1. 了解存货的概念内容、确认标准及盘存制度。
2. 了解原材料按计划成本计价的核算及存货期末计价的方法。
3. 熟悉收入存货的计量及库存商品、周转材料的核算。
4. 掌握发出存货成本的计价方法、原材料按实际成本计价的核算、存货清查的会计处理方法。

**二、岗位能力目标**

1. 熟练运用加权平均法计算发出存货的成本。
2. 熟练掌握原材料按实际成本计价业务、存货清查一般业务的核算及其记账凭证的填制方法。
3. 掌握原材料按实际成本法计价方法中的“在途物资”“原材料”明细账的正确登记方法。
4. 掌握存货清查的方法。

**三、职业素养目标**

1. 培养学生灵活应用所学知识的意识。
2. 养成耐心细心、不怕烦琐的会计职业品质。
3. 树立利用财务知识提高企业财产管理水平的观念。

# 任务一　存货的计量

## 工作案例

2013 年 12 月 2 日，福州市金牛公司购买甲材料 2 000 千克，每千克 15 元，增值税税率为 17%，另支付运费 1 200 元。资料如图 4-1 所示。要求：计算购进该批甲材料的总成本。

**收　料　单**

来源：**福州市闽瑞工厂**　　2013 年 12 月 2 日　　编号：0921

| 编号 | 名称及规格 | 单位 | 数量 | 单价/元 | 运费/元 | 总成本 |
|---|---|---|---|---|---|---|
| | 甲材料 | 千克 | 2 000 | 15 | 1 200 | 31 200 |
| | | | | | | |
| | 合计 | | | | | |

财务主管：郑伟其　　记账：姜海涛　　验收：杨冰　　制单：廖宇忠

图 4-1　收料单 1

计算过程：

甲材料总成本 =2 000 ×15 +1 200=31 200（元）



## 活动资料

2013 年 12 月 5 日，福州市金牛公司购买丙材料 1 000 千克，每千克 18 元，增值税税率为 17%，另支付运费 900 元。资料如图 4-2 所示。要求：计算购进该批丙材料的总成本。

**收　料　单**

来源：**福州市建发工厂**　　2013 年 12 月 5 日　　编号：0922

| 编号 | 名称及规格 | 单位 | 数量 | 单价/元 | 运费/元 | 总成本 |
|---|---|---|---|---|---|---|
| | 丙材料 | 千克 | 1 000 | 18 | 900 | |
| | | | | | | |
| | 合计 | | | | | |

财务主管：郑伟其　　记账：姜海涛　　验收：杨冰　　制单：廖宇忠

图 4-2　收料单 2

## 基础知识

## 一、存货的含义

存货是指企业在日常活动中持有以备出售的产成品或商品、处在生产过程的在产品、在生产过程或提供劳务过程中耗用的材料或物料等。存货主要包括原材料、周转材料、库存商

品、在产品、自制半成品、产成品、委托代销商品、委托加工物资等。存货最基本的特征是为了出售而不是自用。

## 二、存货的分类

存货是企业流动资产的重要组成部分，种类繁多，为了加强存货管理，提供有用的会计信息，应科学合理地进行存货的分类。

**1．按存货的经济内容分类**

（1）原材料。原材料是指企业在生产过程中经过加工改变形态或性质，并构成产品主要实体的各种原料及主要材料、辅助材料、外购半成品（外购件）、修理用备件、燃料等。

（2）在产品。在产品是指正处于企业某一个生产环节加工的在制品，包括正在各个生产工序加工的产品和已加工完毕但尚未检验或已检验但尚未办理入库手续的产品。

（3）半成品。半成品是指经过一定生产过程但尚未全部完工，可供单独出售或进一步加工的中间产品。半成品又可分为自制半成品和外购半成品。

（4）库存商品。库存商品是指在企业已完成全部生产过程，并已验收入库，符合质量要求，可作为商品对外销售的产品，以及企业外购或委托加工完成验收入库用于销售的各种商品。

（5）周转材料。周转材料是指企业能够多次使用，逐渐转移其价值但仍保持原有形态，不确认为固定资产的材料，如包装物和低值易耗品。

（6）委托代销商品。委托代销商品是指委托其他单位代销的商品。

（7）委托加工物资。委托加工物资是指企业因技术或经济等原因委托外单位代为加工的各种商品。

**2．按存货的存放地点分类**

（1）库存存货。库存存货是指已经运到企业，并已验收入库的各种原材料、库存商品、自制半成品、包装物、低值易耗品等。

（2）在途存货。在途存货包括运入在途存货和运出在途存货。前者是指已经付款，正在运输途中或尚未验收入库的存货，如各种在途物资；后者是指按合同规定已经发出或送出，但尚未确认销售收入的存货，如委托代销商品、分期收款发出商品等。

（3）加工中存货。加工中存货是指企业自行生产加工以及委托外单位加工中的各种存货。如加工中的在产品、委托外单位加工的原材料等。

**3．按存货的来源分类**

按存货的来源分类，存货可分为外购存货、自制存货、委托加工存货、投资转入存货、接受捐赠存货、盘盈存货等。

## 三、存货盘存制度

存货核算的关键是如何正确确定存货的数量和合理选择存货的计价方法，其中，正确确定存货数量是关键。企业存货数量需要通过盘存来确定，常用的存货数量盘存主要有永续盘存制和实地盘存制。

**1．实地盘存制**

实地盘存制也称定期盘存制，是指在存货业务日常核算中，会计人员对各种财产物资的增加数量、金额在有关账簿中进行逐笔登记，但对其减少的数量、金额不登记，期末结账时，通过对全部存货进行实地盘点，以确定期末存货的数量，然后分别乘以各项存货的盘存单价，计算出期末存货的总金额，记入各有关存货账户，倒剂出本期已耗用或已销存货成本的一种盘存制度。其基本计算公式为

期末存货成本=期末实存数×存货单价

本期发出存货成本=期初存货成本+本期收入增加的存货成本−期末存货成本

**2．永续盘存制**

永续盘存制也称账面盘存制，是指通过设置详细的存货明细账，逐笔或逐日记录存货收入、发出的数量、金额，以随时结出结余存货的数量、金额的一种存货盘存制度。其本期发出存货成本按以下公式计算确定：

本期发出存货成本=期初存货成本+本期购货成本−期末存货成本

## 四、存货的计量

为了合理组织存货核算，如实反映存货价值的增减变动情况，正确确定企业成本费用和损益，必须对存货进行正确计价。存货的计价是指购入存货价值的确定、发出存货价值的确定以及期末存货价值的确定。

**1．收入存货的计量**

企业存货在取得时，应当按照成本进行初始计量。存货成本包括采购成本、加工成本和其他成本，存货取得的途径不同，其成本的构成也有所不同。



外购存货成本由下列各项组成：

（1）买价。买价是指企业购入的材料或商品的发票账单上列明的价款，但不包括按规定可以抵扣的增值税。如果外购存货取得的是普通发票，则买价中包含的增值税税额不得扣除，应属于买价的构成内容。如果外购存货属于免税农产品，不能取得增值税专用发票，经批准可将其收购价格的13%作为增值税进项税额抵扣，作为进项税额单独核算，企业应以扣除这部分进项税额后的价款计入购入货物的采购成本。

可如果购货方自己属于小规模纳税企业，其采购货物支付的增值税无论是否在发票账单上列明，一律计入所购货物的采购成本。

（2）采购费用。采购费用包括运杂费、运输途中的合理损耗和入库前挑选整理费用等。这些费用能分清负担对象的，应直接计入存货的采购成本；不能分清负担对象的，应选择合理的分配方法，分配计入有关存货的采购成本。分配方法通常包括所购存货的重量或采购价格的比例进行分配。

（3）相关税费。相关税费包括关税和企业购买、自制或委托加工存货发生的消费税、资源税和不能从销项税额中抵扣的增值税进项税额。

**2．发出存货的计量**

发出存货的计量是指对发出存货成本和每次发出存货后库存存货价值的计算确定。正确计算和确定发出存货的价值，是准确计算当期期末存货成本和当期损益及税金的基础和前提。企业应当根据存货实物流转的方式、管理上的要求和存货的性质等实际情况合理地选择

发出存货的计量方法，以便合理确定当期发出存货的实际成本，对于性质和用途相似的存货，应当采用相同的成本计量方法确定。

企业的存货，可以按实际成本核算，也可以按计划成本核算。如果企业采用计划成本核算的，期末应将发出存货的计划成本调整为实际成本。在实际成本核算方式下，企业发出存货成本的计价方法包括个别计价法、月末一次加权平均法、移动加权平均法、先进先出法等。

（1）个别计价法。个别计价法又称个别认定法、具体辨认法或分批实际法，是通过逐一辨认每一批发出存货和期末存货所属的购进批别或生产批别，分别按其购入或生产时所确定的单位实际成本作为计算各批发出存货和期末存货成本的方法。发出存货实际成本计算公式为

每批存货发出成本=该批存货发出数量×该批存货收入时的实际单位成本

这是一种假设存货的成本流转与实物流转相一致的方法。采用这一方法，一般需具备两个条件：一是存货项目必须是可以辨别认定的；二是必须要有详细的记录，包括每一存货的品种规格、入账时间、单位成本、存放地点等情况。

【例 4-1】方圆公司 1 月份原材料—— A 材料的收、发、存数据资料见表 4-1。

**表 4-1 A 材料收、发、存资料表**

| 日期 | 摘要 | 收入 | | 发出 | | 结存数量/件 |
|---|---|---|---|---|---|---|
| | | 数量/件 | 单位成本/元 | 数量/件 | 单位成本/元 | |
| 1 月 1 日 | 结存 | | | | | 600（单价 10 元） |
| 1 月 6 日 | 购入 | 400 | 11 | | | 1 000 |
| 1 月 16 日 | 发出 | | | 800 | | 200 |
| 1 月 21 日 | 购入 | 600 | 12 | | | 800 |
| 1 月 27 日 | 发出 | | | 400 | | 400 |
| 1 月 31 日 | 购入 | 400 | 15 | | | 800 |

经具体认定，若 1 月 16 日发出的 A 材料中，属于期初结存的有 500 件，属于 1 月 6 日购入的有 300 件，1 月 27 日发出的 A 材料中，属于期初结存的有 100 件，属于 1 月 21 日购入的有 300 件。1 月份 A 材料的发出实际成本和期末结存成本可计算如下：

本月 A 材料发出实际成本=500×10+300×11+100×10+300×12=12 900（元）

月末 A 材料结存成本=100×11+300×12+400×15=10 700（元）

采用个别计价法的成本计算准确、合理，符合实际情况，但应用的前提是必须能够对发出和结存存货的批次进行具体辨认，实际操作上较复杂，难度较大，工作量大；另外，可能出现企业随意选用较高或较低价格的存货以调整当期利润的现象。因此，这种方法适用于容易识别、存货品种数量少、一般不能替代使用的存货，为特定项目专门用途购入或制造的存货，如房产、船舶等贵重物品，能够分清批次，整批进整批出的存货也可以采用这种方法。

（2）月末一次加权平均法。月末一次加权平均法又称全月一次加权平均法，是指在月末以本月期初结存存货数量和本月全部收入存货数量作为权数，去除本月期初结存存货成本和本月全部收入存货成本，计算出存货的加权平均成本，从而确定存货发出成本和期末存货成本的一种方法。计算公式如下：

$$加权平均单位成本=\frac{初期结存存货实际成本+本期收入存货实际成本}{初期结存存货数量+本期收入存货数量}$$

本期发出存货成本=本期发出存货数量×加权平均单位成本

期末结存存货成本=期末结存存货数量×加权平均单位成本

如果计算出存货的加权平均单位成本不是整数，是经过四舍五入得出的，为了保持账面数字之间的平衡关系，可以采用倒挤成本法计算发出存货的成本，即：

期末结存存货成本=期末结存存货数量×加权平均单位成本

本期发出存货成本=期初结存存货实际成本+本期收入存货实际成本 −期末结存存货成本

【例 4-2】以例 4-1 资料为例，采用加权平均法计算 A 材料发出和结存成本，如图 4-3 所示。

**原材料明细账**

名称及规格：A 材料　　　　计量单位：件

| 2013 年 | | 凭证编号 | 摘要 | 收入 | | | 发出 | | | 结存 | | |
|---|---|---|---|---|---|---|---|---|---|---|---|---|
| 月 | 日 | | | 数量 | 单价 | 金额 | 数量 | 单价 | 金额 | 数量 | 单价 | 金额 |
| 1 | 1 | 略 | 期初余额 | | | | | | | 600 | 10 | 6 000 |
| | 6 | | 购入 | 400 | 11 | 4 400 | | | | 1 000 | | |
| | 16 | | 发出 | | | | 800 | | | 200 | | |
| | 21 | | 购入 | 600 | 12 | 7 200 | | | | 800 | | |
| | 27 | | 发出 | | | | 400 | | | 400 | | |
| | 31 | | 购入 | 400 | 15 | 6 000 | | | | 800 | | |
| 1 | 31 | | 本月合计 | 1 400 | | 17 600 | 1 200 | 11.80 | 14 160 | 800 | 11.80 | 9 440 |



图 4-3　明细账 3

采用月末一次加权平均法能简化核算工作，而且在市场价格上涨或下跌时所计算出来的单位成本平均化，对存货成本的分摊较为折中，在永续盘存制和实地盘存制下均可使用。但是，这种方法只有在期末才能计算出加权平均单位成本，从而确定发出存货成本和结存存货成本，平时无法从账簿上反映发出和结存存货的单价和金额，不利于平时加强对存货的管理。因此，这种方法适用于品种少、数量大、收发频繁、价格差异不大的存货计价。

**拓展知识**

## 一、存货的确认

确认一项货物是否属于企业的存货，首先需要符合存货的概念；其次要符合存货确认的两个条件：

**1．该存货包含的经济利益很可能流入企业**

拥有存货的所有权是存货包含的经济利益很可能流入本企业的一个重要标志，只要在盘存日法定所有权属于企业的物品，无论其存放地点在何处，都应作为企业的存货。企业的存货包括：①存放在本企业仓库的存货；②存放在本企业门市部和陈列馆的存货；③购入后不需经过本企业仓库，直接发购货单位或加工单位的存货；④委托其他单位加工或代销的存货；⑤已购入但尚未办理入库手续的在途存货等。如果法定所有权不属于企业的存货，即使存放

在企业，也不能确认为企业的存货，如受托加工来料、受托代销商品，应列为代管物资处理。

**2．该存货的成本能够可靠的计量**

存货作为企业资产的组成部分，要予以确认也必须能够对其成本进行可靠的计量，否则不能确认为存货。如果存货成本不能可靠计量则不能确认为一项存货，如企业的订货合同意向书，由于成本不能可靠计量，则不能确认为一项存货。

## 二、实地盘存制和永续盘存制的优缺点

实地盘存制下，平时只记录存货购进的数量和金额，不记发出的数量，期末必须通过实地盘点确定存货的实际结存数量，并据以计算出期末存货成本和当期发出存货成本，因此也称为“以存计销”或“以存计耗”，倒挤发出成本，优点是简化了存货的日常核算工作，主要缺点是不能随时反映存货收入、发出、结存和溢缺的情况，可能使非正常销售或耗用的存货损失、因差错等原因所引起的短缺，全部挤入耗用或销货成本中，容易掩盖存货管理中存在的问题，不利于正确计算和分析成本。因此，这种盘存制度一般适用于自然损耗大、数量不确定的鲜活商品等。

永续盘存制要求核对存货账面记录，查明账实是否相符以及账实不符的原因，以便加强对各项财产物资的管理，保护财产的安全，也需要对存货进行实地盘点，每年至少对存货进行一次全面盘点。永续盘存制的优点是有利于加强存货管理，在存货明细核算中，能够随时反映出存货的收发存的动态及溢缺情况，有利于正确计算和分析成本。缺点就是日常的会计核算工作较大。由于这种盘存制度手续比较严密，有利于对存货的管理，企业存货一般均采用这一方法。

## 三、收入存货的计量



**1．自制存货成本**

企业自制存货主要是产成品、自制半成品和在产品，有的企业还包括自制原材料、包装物和低值易耗品。企业自制存货按照其制造过程中发生的各项实际支出计价，包括在制造过程中发生直接材料、直接人工和制造费用等各项实际支出。

**2．委托加工存货成本**

委托外单位加工完成的存货，应以实际耗用的原材料或者半成品的成本，支付的加工费、往返运输费、装卸费、保险费及按规定应计入成本的税金，作为实际成本。

**3．投资者投入存货成本**

投资者投入存货，应按照投资合同或协议约定的价值作为实际成本，但合同或协议约定价值不公允的除外，在合同或协议约定的价值不公允的情况下，以该项存货的公允价值作为其入账价值。

**4．接受捐赠存货成本**

（1）捐赠方提供了有关凭据（如发票、报关单、有关协议）的，按凭据上标明的金额加上应支付的相关税费，作为实际成本。

（2）捐赠方没有提供有关凭据的，应参照同类或类似存货的市场价格估计的金额，加上应支付的相关税费，作为实际成本。

**5．盘盈存货成本**

按其重置成本计价入账。

## 四、发出存货的计量

**1．先进先出法**

先进先出法是假定先购进的存货先发出或先收到的存货先耗用，并根据这种假定的成本流程对发出存货和期末存货进行计价的方法。具体做法是：接收有关存货时，逐笔登记每一批存货的数量、单价和金额；发出存货时，按照先入库的存货先出库的原则计价，逐笔登记存货的发出和结存金额。

【例 4-3】以例 4-1 资料为例，采用先进先出法计算 A 材料发出和结存成本，见图 4-4 所示。

**原材料明细账**

名称及规格：A 材料　　　　单位：元

| ××年 | | 凭证编号 | 摘要 | 收入 | | | 发出 | | | 结存 | | |
|---|---|---|---|---|---|---|---|---|---|---|---|---|
| 月 | 日 | | | 数量/件 | 单价 | 金额 | 数量/件 | 单价 | 金额 | 数量/件 | 单价 | 金额 |
| 1 | 1 | 略 | 期初余额 | | | | | | | 600 | 10 | 6 000 |
| | 6 | | 购入 | 400 | 11 | 4 400 | | | | 600<br>400 | 10<br>11 | 6 000<br>4 400 |
| | 16 | | 发出 | | | | 600<br>200 | 10<br>11 | 6 000<br>2 200 | 200 | 11 | 2 200 |
| | 21 | | 购入 | 600 | 12 | 7 200 | | | | 200<br>600 | 11<br>12 | 2 200<br>7 200 |
| | 27 | | 发出 | | | | 200<br>200 | 11<br>12 | 2 200<br>2 400 | 400 | 12 | 4 800 |
| | 31 | | 购入 | 400 | 15 | 6 000 | | | | 400<br>400 | 12<br>15 | 4 800<br>6 000 |
| 1 | 31 | | 本月合计 | 1 400 | | 17 600 | 1 200 | | 12 800 | 400<br>400 | 12<br>15 | 10 800 |

图 4-4　明细账 4



采用先进先出法，能随时结转成本，存货的成本是按最近的购货价格确定，期末存货成本比较接近于现行的市场价值，企业不能随意挑选存货计价以调整当期利润，无论在永续盘存制和实地盘存制下均可使用。但是，该种方法在存货进出频繁、单价经常变动的情况下，企业计价的工作量较大；另外，当物价上涨时，用早期较低的成本与现行收入相配比，会高估期末存货的价值和当期利润；反之，则会低估期末存货的价值和当期利润。这种方法适用于价格浮动不大的企业。

**2．移动加权平均法**

移动加权平均法是指每次收到存货后，立即根据库存存货的数量和总成本，计算出新平均单位成本，从而确定发出存货实际成本的一种方法。移动加权平均法与全月一次加权平均法的计算原理基本相同，区别是要求在每次收入存货时重新计算加权平均单位成本。具体计算公式如下：

$$\text{移动加权平均单位成本}=\frac{\text{本次存货入库前结存存货实际成本}+\text{本次收入存货实际成本}}{\text{本次存货入库前结存存货数量}+\text{本次收入存货数量}}$$

$$\text{发出存货成本}=\text{本次发出存货数量}\times\text{移动加权平均单位成本}$$

$$\text{期末结存存货成本}=\text{期末结存存货数量}\times\text{移动加权平均单位成本（期末存货单位成本）}$$

【例 4-4】以例 4-1 资料为例，采用移动加权平均法计算 A 材料发出和结存成本。如图 4-5 所示。

**原材料明细分类账**

名称及规格：A 材料　　　　　　　　　　　　　　　　　　　　　　　　　　单位：元

| ××年 | | 凭证编号 | 摘要 | 收入 | | | 发出 | | | 结存 | | |
|---|---|---|---|---|---|---|---|---|---|---|---|---|
| 月 | 日 | | | 数量/件 | 单价 | 金额 | 数量/件 | 单价 | 金额 | 数量/件 | 单价 | 金额 |
| 1 | 1 | 略 | 期初余额 | | | | | | | 600 | 10 | 6 000 |
| | 6 | | 购入 | 400 | 11 | 4 400 | | | | 1 000 | 10.40 | 1 040 |
| | 16 | | 发出 | | | | 800 | 10.40 | 8 320 | 200 | 10.40 | 2 080 |
| | 21 | | 购入 | 600 | 12 | 7 200 | | | | 800 | 11.60 | 9 280 |
| | 27 | | 发出 | | | | 400 | 11.60 | 4 640 | 400 | 11.60 | 4 640 |
| | 31 | | 购入 | 400 | 15 | 6 000 | | | | 800 | 13.30 | 10 640 |
| 1 | 31 | | 本月合计 | 1 400 | | 17 600 | 1 200 | | 12 960 | 800 | 13.30 | 10 640 |

图 4-5　明细账 5

移动加权平均法仅适用于永续盘存制。采用移动加权平均法可以随时转账，平时可以取得存货的发出金额和结存金额，便于加强存货的日常管理；可以把存货的计价工作分散在平时进行，减轻了月末工作；计算的加权平均单位成本以及发出和结存存货的成本较客观，企业亦不能任意挑选存货成本以调整当期利润。但是，由于每次收入存货都要重新计算一次加权平均单位成本，计算工作量较大。因此，这种方法适用于发出次数不多的存货的计价。

# 任务二　原材料的核算

## 活动一　原材料购进的核算



### 工作案例

### 一、原始凭证

2013 年 12 月 3 日，福州市金牛公司购入甲材料 2 000 千克，每千克 15 元，增值税税额 5 100 元。支付运费 1 000 元，增值税税额 110 元，款未付，材料已验收入库。原始凭证如图 4-6～图 4-8 所示。

**福建省增值税专用发票**

发票联

3500012432　　　　开票日期：2013 年 12 月 3 日　　　　**No. 00812135**

| 购货单位 | 名称：福州市金牛公司<br>纳税人识别号：3501011013381<br>地址、电话：<br>开户行及账号：工商银行洪山支行 241100121236064001 | | | | 密码区 | | | 第二联 发票联 购货方记账凭证 |
|---|---|---|---|---|---|---|---|---|
| 货物或应税劳务名称 | 规格型号 | 单位千克 | 数量 | 单价 | 金额 | 税率 | 税额 | |
| 甲材料 | | | 2 000 | 15.00 | 30 000.00 | 17% | 5 100.00 | |
| 合　计 | | | | | ¥30 000.00 | | ¥5 100.00 | |
| 价税合计（大写） | ⊗叁万伍仟壹佰元整 | | | | （小写）¥35 100.00 | | | |

收款人：　　　复核：　　　开票人：李玥　　　销货单位（章）

图 4-6　专用发票 5

## 货物运输业增值税专用发票

发票联

3500124320　　开票日期：2013 年 12 月 3 日　　No. 01706223

| 承运人及纳税人识别号 | 福州市盛辉物流有限公司<br>350100660396709 | | | | 密码区 | | |
|---|---|---|---|---|---|---|---|
| 实际受票方及纳税人识别号 | 福州市瑞闽工厂<br>350111751387517 | | | | | | |
| 收货人及纳税人识别码 | 福州市金牛公司<br>3501011013381 | | | | | | |
| 起运地、经由、到达地 | 福州——福州 | | | | | | |
| 费用项目及金额 | 费用项目<br>运费 | 金额<br>1 000.00 | | | 运输货物信息 | | |
| 合计金额 | 1 000.00 | 税率 | 11% | 税额 | 110.00 | 机器编号 | 499900403097 |
| 价税合计（大写） | ⊗壹仟壹佰壹拾元整 | | （小写）¥1 110.00 | | | | |
| 车种车号 | 闽 A2565842 | 车船吨位 | 18 吨 | | 备注 | 福州市盛辉物流有限公司<br>350102778847285<br>发票专用章 | |
| 主管税务机关及代码 | 福州市晋安区国家税务局鼓楼税务分局<br>135011133 | | | | | | |

第三联 发票联 受票方记账凭证

收款人：李玥　　复核：王丽　　开票人：李玥　　承运人：（章）

图 4-7　专用发票 6

## 收　料　单

来源：**福州市闽瑞工厂**　　2013 年 12 月 3 日　　编号：0921

| 编号 | 名称及规格 | 单位 | 数量 | 单价 | 运费 | 总成本 |
|---|---|---|---|---|---|---|
| | 甲材料 | 千克 | 2 000 | 15 | 1 000.00 | 31 000.00 |
| | | | | | | |
| | 合计 | | | | | |

财务主管：郑伟其　　记账：姜海涛　　验收：杨冰　　制单：廖宇忠

图 4-8　收料单 3

# 二、记账凭证

根据上述原始凭证，填制记账凭证如图 4-9 所示。

## 记 账 凭 证

***2013*** 年 ***12*** 月 ***3*** 日　　记字第 ***1*** 号

| 摘　要 | 总账科目 | 明细科目 | √ | 借方金额 | | | | | | | | | | √ | 贷方金额 | | | | | | | | | |
|---|---|---|---|---|---|---|---|---|---|---|---|---|---|---|---|---|---|---|---|---|---|---|---|---|
| | | | | 千 | 百 | 十 | 万 | 千 | 百 | 十 | 元 | 角 | 分 | | 千 | 百 | 十 | 万 | 千 | 百 | 十 | 元 | 角 | 分 |
| 购料入库 | 原材料 | 甲材料 | | | | | 3 | 1 | 0 | 0 | 0 | 0 | 0 | | | | | | | | | | | |
| | 应交税费 | 应交增值税（进项税额） | | | | | | 5 | 2 | 1 | 0 | 0 | 0 | | | | | | | | | | | |
| | 应付账款 | 福州市闽瑞工厂 | | | | | | | | | | | | | | | | 3 | 6 | 2 | 1 | 0 | 0 | 0 |
| | | | | | | | | | | | | | | | | | | | | | | | | |
| | | | | | | | | | | | | | | | | | | | | | | | | |
| | | | | | | | | | | | | | | | | | | | | | | | | |
| | | | | | | | | | | | | | | | | | | | | | | | | |
| 合　计 | | | | | | ¥ | 3 | 6 | 2 | 1 | 0 | 0 | 0 | | | | ¥ | 3 | 6 | 2 | 1 | 0 | 0 | 0 |

附单据 ***3*** 张

财务主管：陈虹　　记账：李玲　　出纳：李敏　　复核：王涛　　制表：李玲

图 4-9　记账凭证 12

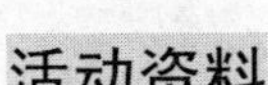

活动资料

福州市金牛公司 2013 年 12 月 5 日，购入丙材料 4 500 千克，每千克 10 元，增值税税额 7 650 元，支付运费 2 250 元，增值税税额 247.50 元，款项已通过转账支付，材料已验收入库。要求：请据以编制记账凭证。原始凭证如图 4-10～图 4-14 所示。

**福建省增值税专用发票**

发票联



3500012432　　开票日期：2013 年 12 月 5 日　　No. 00812135

| 购货单位 | 名称：福州市金牛公司<br>纳税人识别号：3501011013381<br>地址、电话：<br>开户行及账号：工商银行洪山支行 241100121236064001 | | | | | 密码区 | |
|---|---|---|---|---|---|---|---|
| 货物或应税劳务名称 | 规格型号 | 单位千克 | 数量 | 单价 | 金额 | 税率 | 税额 |
| 丙材料 | | | 4 500 | 10.00 | 45 000.00 | 17% | 7 650.00 |
| 合　计 | | | | | ¥45 000.00 | 17% | ¥7 650.00 |
| 价税合计（大写） | ⊗伍万贰仟陆佰伍拾元整 | | | | | | （小写）¥52 650.00 |
| 销货单位 | 名称：福州市闽瑞工厂<br>纳税人识别号：350102778847285<br>地址、电话：87568896<br>开户行及账号：工商银行金山支行 241100121569062231 | | | | | 备注 | 福州市闽瑞工厂 350102778847285 发票专用章 |

收款人：　　复核：　　开票人：李玥　　销货单位（章）

第二联　发票联　购货方记账凭证

图 4-10　专用发票 7

**货物运输业增值税专用发票**

此联不作报销、扣税凭证使用



3500124320　　开票日期：2013 年 12 月 5 日　　No. 01706223

| 承运人及纳税人识别号 | 福州市盛辉物流有限公司<br>350100660396709 | | | 密码区 | |
|---|---|---|---|---|---|
| 实际受票方及纳税人识别号 | 福州市瑞闽工厂<br>350111751387517 | | | | |
| 收货人及纳税人识别码 | 福州市金牛公司<br>3501011013381 | | | | |
| 起运地、经由、到达地 | 福州—福州 | | | | |
| 费用项目及金额 | 费用项目：运费 | 金额：2 250.00 | | 运输货物信息 | |
| 合计金额 | 2 250.00 | 税率 11% | 税额 247.50 | 机器编号 | 499900403097 |
| 价税合计（大写） | ⊗贰仟肆佰玖拾柒元伍角整 | | （小写）¥2 497.50 | | |
| 车种车号 | 闽 A2565759 | 车船吨位 | 20 吨 | 备注 | 福州市盛辉物流有限公司 350102778847285 发票专用章 |
| 主管税务机关及代码 | 福州市晋安区国家税务局鼓楼税务分局<br>135011133 | | | | |

收款人：李玥　　复核：王丽　　开票人：李玥　　承运人：（章）

第二联　记账联　承运人记账凭证

图 4-11　专用发票 8

中国工商银行（闽）

转账支票存根

$\frac{B}{0}\frac{J}{2}$ 2302

附加信息

出票日期 2013 年 12 月 5 日

| 收款人：福州市闽瑞工厂 |
|---|
| 金额：¥55 147.50 |
| 用途：支付货款 |

单位主管： 会计：张玲

图 4-12 转账支票存根 3

## 中国工商银行进账单（回单） 1

2013 年 12 月 5 日

| 出票人 | 全 称 | 福州市金牛公司 | 收款人 | 全 称 | 福州市闽瑞工厂 | | | | | | | | | |
|---|---|---|---|---|---|---|---|---|---|---|---|---|---|---|
| | 账 号 | 24110012123606 4001 | | 账 号 | 24110012156906 2231 | | | | | | | | | |
| | 开户银行 | 工商银行洪山支行 | | 开户银行 | 工商银行金山支行 | | | | | | | | | |
| 金额 | 人民币（大写）：伍万伍仟壹佰肆拾柒元伍角整 | | | | 亿 | 千 | 百 | 十 | 万 | 千 | 百 | 十 | 元 | 角 | 分 |
| | | | | | | | | ¥ | 5 | 5 | 1 | 4 | 7 | 5 | 0 |
| 票据种类 | 转支 | 票据张数 | 1 | | | | | | | | | | | | |
| 票据张数 | 37851026 | | | | | | | | | | | | | | |
| 复核： | 记账： | | | | | | | | | | | | | | |

中国工商银行海西支行 ★2010.12.5★ 业务清讫

此联是收款人开户银行交给收款人的回单

图 4-13 进账单 4

## 收 料 单

来源：福州市闽瑞工厂 2013 年 12 月 5 日 编号：0921

| 编号 | 名称及规格 | 单位 | 数量 | 单价 | 运费 | 总成本 |
|---|---|---|---|---|---|---|
| | 甲材料 | 千克 | 4 500 | | | |
| | | | | | | |
| | 合计 | | | | | |

财务主管：郑伟其 记账：姜海涛 验收：杨冰 制单：廖宇忠

图 4-14 收料单 4



基础知识

## 一、原材料的概念

原材料是指企业在生产过程中经过加工改变其形态或性质并构成产品主要实体的各种原料、主要材料和外购半成品，以及购入的不构成产品实体但有助于产品形成的辅助材料。

## 二、原材料的分类

原材料是企业产品生产的一项重要存货，其品种、规格较多，收发频繁，为加强对原材料的管理和核算，应当对原材料进行科学分类。

**1．按经济内容分类**

（1）原料及主要材料，是指直接用于产品制造，经过加工构成产品主要实体的各种原料和材料。如纺纱用的棉花、炼铁用的矿石等。

（2）辅助材料，是指不构成产品的主要实体，但直接用于产品生产有助于产品形成的各种材料。

（3）外购半成品，是指从外部购入，需要经过本企业进一步加工或装配的已完成一定生产步骤的半成品。如果外购半成品数量不大时，也可以并入原料及主要材料。

（4）修理用备件（备品备件），是指为修理本企业的机器设备等从外部购入的专用零部件。

（5）包装材料，是指用于包装企业产品使用的，除包装物以外的各种包装材料，如包装纸、包装绳、铁丝等。企业经营过程中周转使用的包装容器则列为周转材料。

（6）燃料，是指在工艺技术过程中用于燃烧取得热能的各种材料，包括各种固体，液体和气体燃料。

**2．按存放地点分类**

（1）在途材料，是指货款已经支付但尚未验收入库或正在运输途中的各种材料。

（2）库存材料，是指已经运抵企业并验收入库的各种材料。

（3）委托加工材料，是指委托其他单位加工尚未验收入库或正处在加工中的各种材料。



## 三、原材料按实际成本计价的核算

原材料的日常核算分为按实际成本核算和按计划成本核算两种方法，企业可以根据自身生产经营特点及管理要求，自行决定采用哪一种核算方法。按实际成本计价核算，是指材料的收入、发出、结存的总分类核算和明细分类核算，均按实际成本计价。

**1．账户设置**

（1）“原材料”账户。该账户用于核算企业收入、发出、结存的各种材料的实际成本。该账户借方登记验收入库的各种材料的实际成本；贷方登记发出各种材料的实际成本；期末借方余额反映企业库存各种材料的实际成本。该账户应按材料的保管地点（仓库）、材料的类别、品种和规格进行明细分类核算。

（2）“在途物资”账户。该账户用于核算企业购入但尚未到达或到达但尚未验收入库的各种材料、商品等物资的实际成本。该账户借方登记已付款或已开出承兑商业汇票的材料、商品的实际成本；贷方登记已验收入库材料、商品的实际成本；期末借方余额反映企业已经购进但尚未到达企业或虽已到达但尚未验收入库的各种材料、商品物资的实际成本。该账户按供应单位和物资品种进行明细核算。

**2．原材料购进的核算**

外购材料，由于结算方式、交接货方式和采购地点的不同，材料入库和货款的支付在时间上不一定完全同步，其账务处理也有所不同。

（1）单货同到。企业购入材料货款已经支付或开出承兑商业汇票，同时材料收到，并验收入库的，应根据发票账单和收料单等确定的材料成本，借记“原材料”账户，根据取得的增值税专用发票上注明的增值税税额（可以抵扣的增值税税额），借记“应交税费——应交增值税（进项税额）”账户，按照实际支付的款项或根据已开出承兑商业汇票的面值，贷记“银行存款”“其他货币资金”“应付票据”等账户。

【例 4-5】福州市宏泰公司是增值税一般纳税人（下同），2013 年 12 月 4 日从黄河公司购入 A 材料一批，增值税专用发票上注明价款 84 000 元，增值税税额 14 280 元，黄河公司代垫运费 500 元（运费按 7%计算可抵扣进项税额），发票及有关结算凭证已收到，材料已验收入库，价税款当即以银行存款支付。

A 材料入账价值=84 000+500×（1−7%）=84 465（元）

增值税进项税额=14 280+500×7%=14 315（元）

借：原材料——A 材料　　84 465

　　应交税费——应交增值税（进项税额）　　14 315

　　贷：银行存款　　98 780

（2）单到货未到。单到货未到是指企业购入材料，其发票账单已到，先付款或开出承兑商业汇票，但货物尚未到达。应根据结算凭证、发票账单等，按购进材料的实际成本借记“在途物资”账户，按可以抵扣的增值税进项税额，借记“应交税费——应交增值税（进项税额）”账户，按实际支付的款项或根据已开出承兑商业汇票的面值，贷记“银行存款”“其他货币资金”或“应付票据”等账户；待材料到达验收入库后，再根据收料单，借记“原材料”账户，贷记“在途物资”账户。



【例 4-6】福州市宏泰公司 2013 年 12 月 8 日从黄山公司购入 B 材料一批，价款 36 000 元，增值税税额 6 120 元，发生外地运杂费共计 4 000 元（其中运输费 3 000 元），全部款项当即交付一张已承兑的银行承兑汇票给黄山公司，材料尚未运到。福州市宏泰公司根据有关凭证在付款时的账务处理为：

B 材料入账价值=36 000+4 000−3 000×7%=39 790（元）

增值税进项税额=6 120+3 000×7%=6 330（元）

借：在途物资——黄山公司　　39 790

　　应交税费——应交增值税（进项税额）　　6 330

　　贷：应付票据——黄山公司　　46 120

【例 4-7】接例 4-6，2013 年 12 月 12 日该材料运到，经验收无误全部入库，根据“收料单”，其账务处理为：

借：原材料——B 材料　　39 790

　　贷：在途物资——黄山公司　　39 790

（3）货到单未到。货到单未到是指企业所购货物已先到达并验收入库，但发票账单尚未到达。这种情况是货物运输时间快于凭证传递时间所造成的，由于一般在短时间内发票账单就可能达到，为了简化核算手续，在月份内发生的，可以暂不进行总分类核算，只在明细账上登记材料数量，待发票账单到达并支付货款时，再视同单货同到方式进行账务处理。月末，对于那些结算凭证和发票账单仍尚未到达的入库材料，应按材料的合同价格或计划成本计

价，暂估入账，借记“原材料”账户，贷记“应付账款——暂估应付账款”账户，下月月初，用红字作同样的记账凭证，予以冲回，以便下月（或以后月份）收到凭证账单付款或开出承兑商业汇票时，按正常程序处理。

【例 4-8】福州市宏泰公司 2012 年 12 月 27 日从北方公司购入一批 A 材料，A 材料已运到并验收入库，共计 5 000 千克，但发票账单未到，货款未付。

收到 A 材料验收入库时，暂不进行账务处理，只在原材料明细账上登记数量即可。

【例 4-9】接例 4-8，2012 年 12 月 31 日，该批已入库的 A 材料的发票账单仍然未到，货款未付。暂按每千克 50 元估价入账，公司账务处理为：

借：原材料——A 材料　　250 000

　　贷：应付账款——暂估应付账款　　250 000

次年 1 月 1 日，用红字冲销上月的暂估入账记录：

借：原材料——A 材料　　250 000

　　贷：应付账款——暂估应付账款　　250 000

【例 4-10】2013 年 1 月 5 日，福州市宏泰公司收到 2012 年 12 月 27 日已入库的 A 材料发票账单，发票上列明货款 260 000 元，增值税税额 44 200 元，代垫运费单据标明运费 2 000 元，装卸费 300 元，款项共计 306 500 元，当即开出转账支票支付货款。

A 材料入账价值=260 000+2 000×（1−7%）+300=262 160（元）

增值税进项税额=44 200+2 000×7%=44 340（元）

借：原材料——A 材料　　262 160

　　应交税费——应交增值税（进项税额）　　44 340

　　贷：银行存款　　306 500

**3．原材料明细分类核算**

材料的明细分类核算包括数量核算和金额核算两部分。材料收发、库存的数量核算，由仓库保管人员负责，而金额核算由企业财会人员负责。根据这一要求，材料的明细分类核算通常有以下两种形式：

（1）“两套账”形式。也称为“账卡分设”，即企业的仓库和财会部门各自设置一套材料账簿进行材料的明细分类核算。仓库设置“材料卡片”核算各种材料收发结存的数量。材料卡片根据品种规格设置，并按材料类别和编号顺序排列，或按类别装订成活页账，以便保管。财会部门设置材料明细账，核算各种材料收发结存数量和金额。财会部门设置的材料明细账，应采用数量金额式明细账，按材料品种、规格设置，其收入栏根据收料凭证序时逐笔登记；发出栏中的数量可根据发料凭证序时逐笔登记，但单价和金额应根据发出材料计价方法来加以确定，进行登记。

这种设置方法的优点是：材料仓库保管部门和财会部门账务之间可以相互核对，相互制约。一般每个月核对一次，以便起到加强企业的原材料的核算和管理作用。缺点是工作量大并有一定的重复性。

（2）“一套账”形式，也称“账卡合一”，即将仓库按材料的品种、规格设置的卡片与财会部门设置的材料分类账合并为一套数量金额式的“材料明细账”。这套账平时放在仓库，由仓库管理员根据收发凭证序时逐笔登记收、发数量并逐日结出结存数；财会部门的材料会计定期到仓库进行稽核、收单，并在材料收发凭证上标价以及在材料明细账上登记金额。

**拓展知识**

## 一、原材料购进溢余、短缺的核算

### 1. 购进溢余

造成购进溢余（入库数量比购买数量多）的原因主要有自然升溢和供货方多发货等。发生购进溢余，在查明原因批准处理前，借记“原材料”账户，贷记“待处理财产损溢——待处理流动资产损溢”账户，查明原因批准处理时，再根据发生溢余的原因和处理意见进行相应处理。

（1）属于自然升溢造成的，应冲减管理费用，借记“待处理财产损溢——待处理流动资产损溢”账户，贷记“管理费用”账户。

【例 4-11】2013 年 12 月 15 日，福州市宏泰公司从泰山公司购入一批 B 材料 4 000 千克，每千克 50 元，贷款 200 000 元，增值税税额 34 000 元，款项以银行存款支付。12 月 18 日实际验收入库时，A 材料数量为 4 040 千克。

购入 B 材料并支付货款时：

借：在途物资——泰山公司　　200 000
　　应交税费——应交增值税（进项税额）　　34 000
　　贷：银行存款　　234 000



B 材料验收入库，发现溢余 40 千克时：

借：原材料——B 材料　　202 000
　　贷：在途物资——泰山公司　　200 000
　　　　待处理财产损溢——待处理流动资产损溢　　2 000

若查明原因属于自然升溢时：

借：待处理财产损溢——待处理流动资产损溢　　2 000
　　贷：管理费用　　2 000

（2）属于供货方多发货，应及时与供货单位联系，作退货或补购进处理。

【例 4-12】接 4-11 例若经查溢余属于供方多发，补作购进。

借：待处理财产损溢——待处理流动资产损溢　　2 000
　　应交税费——应交增值税（进项税额）　　340
　　贷：应付账款——泰山公司　　2 340

【例 4-13】接例 4-11 若经查溢余属于供方多发，同意退货处理。

借：待处理财产损溢——待处理流动资产损溢　　2 000
　　贷：原材料——B 材料　　2 000

### 2. 购进短缺和毁损

造成购进短缺（实收数量少于应收数量）和毁损的原因主要有自然损耗、供方少发、自

然灾害和运输部门责任造成等。发生短缺和毁损的原材料在查明原因批准处理前，先转入“待处理财产损溢——待处理流动资产损溢”账户，查明原因、分清责任批准处理时，再根据发生短缺、毁损的原因和处理意见进行相应处理。

（1）属于定额内合理的途中损耗，应当计入当次购入的实收材料的采购成本，借记“原材料”账户，贷记“待处理财产损溢——待处理流动资产损溢”账户。

**【例 4-14】**2013 年 12 月 20 日，福州市宏泰公司向泰山公司购入一批 A 材料 1 000 千克，每千克 50 元，货款 50 000 元，增值税税额 8 500 元，款项以银行存款支付。12 月 24 日验收入库时发现短缺 20 千克。

购入 A 材料并支付货款时：

借：在途物资——泰山公司　　50 000
　　应交税费——应交增值税（进项税额）　　8 500
　　贷：银行存款　　58 500

A 材料验收入库，发现短缺 20 千克时：

借：原材料——A 材料　　49 000
　　待处理财产损溢——待处理流动资产损溢　　1 000
　　贷：在途物资——泰山公司　　50 000

若经查明原因属于自然损耗造成时：

借：原材料——A 材料　　1 000
　　贷：待处理财产损溢——待处理流动资产损溢　　1 000

（2）属于供货单位少发的，应分清两种情况：一是货款尚未支付的，应按短缺数量计算拒付金额并填写拒付理由书，向银行办理拒付手续，部分拒付后，按实际支付的购货款项，进行正常的外购材料业务处理；二是货款已经支付，验收发现短缺并查明是由于供货单位少发货，应及时与供货单位联系，要求供货单位补货或退货款处理，并通过“应付账款”账户核算。

**【例 4-15】**接例 4-14 经查明原因短缺系供货单位少发货，同意退货款处理。

借：应付账款——泰山公司　　1 170
　　应交税费——应交增值税（进项税额）　　170（红字）
　　贷：待处理财产损溢——待处理流动资产损溢　　1 000

**【例 4-16】**接例 4-14 经查明原因短缺系供货单位少发货，要求供货单位补货。

借：原材料——A 材料　　1 000
　　贷：待处理财产损溢——待处理流动资产损溢　　1 000

（3）属于运输单位造成的短缺或毁损，应通过原供货单位向运输单位提出赔偿要求，交其赔偿款从“待处理财产损溢”账户转入“其他应收款”账户核算。

**【例 4-17】**接例 4-14，经查明原因短缺系运输单位责任造成，应由其赔偿，款未收。

借：其他应收款——运输单位　　1 170
　　贷：待处理财产损溢——待处理流动资产损溢　　1 000
　　　　应交税费——应交增值税（进项税额转出）　　170

（4）属自然灾害造成的短缺和毁损，扣除过失人或保险公司赔偿和残料后的净损失，从

“待处理财产损溢”账户转入“营业外支出——非常损失”账户。

【例 4-18】2013 年 12 月 25 日，福州市宏泰公司向北方公司购入一批 B 材料 1 200 千克，每千克 50 元，货款 60 000 元，增值税税额 10 200 元，款项以银行存款支付。现收到材料，经查验发现短缺 600 千克，原因待查。

购入 B 材料并支付货款时：

借：在途物资——北方公司　60 000
　　应交税费——应交增值税（进项税额）　10 200
　　贷：银行存款　70 200

B 材料验收入库，发现 B 材料毁损 600 公斤，原因待查时：

借：原材料——B 材料　30 000
　　待处理财产损溢——待处理流动资产损溢　30 000
　　贷：在途物资——北方公司　60 000

若经查明原因 B 材料毁损的原因是由于公司运输途中发生意外事故导致，经与保险公司联系，保险公司同意按材料买价的 70%赔偿，回收残料作价 1 000 元。

借：其他应收款——保险公司　21 000
　　原材料　1 000
　　营业外支出——非常损失　13 100
　　贷：待处理财产损溢——待处理流动资产损溢　30 000
　　　　应交税费——应交增值税（进项税额转出）　5 100



## 二、小规模纳税人购进的核算

小规模纳税人购入材料物资，无论是否取得增值税专用发票，支付的货款和增值税税额均应直接计入有关材料物资的成本。

【例 4-19】某企业系小规模纳税人，本月购入甲材料一批，取得增值税专用发票上注明货款 10 000 元，增值税税额 1 700 元，支付运杂费 800 元。材料已验收入库，价税款以银行存款支付。

借：原材料——甲材料　11 700
　　贷：银行存款　11 700

# 活动二　原材料发出的核算

### 工作案例

## 一、原始凭证

福州市宏泰公司 2013 年 12 月，根据发料凭证，汇总编制“发料凭证汇总表”见表 4-2。

表 4-2　发料凭证汇总表 1

2013 年 12 月　　　　　　　　　　　　　　　　　　单位：元

| 类别 / 用途 | 原料及主要材料 | 辅助材料 | 修理用备件 | 燃料 | 合计 |
|---|---|---|---|---|---|
| 车间生产产品领用 | 72 300 | 23 600 | | 52 300 | 148 200 |
| 辅助生产车间领用 | 63 900 | | | | 63 900 |
| 车间一般性消耗 | | 3 000 | 2 900 | | 5 900 |
| 厂部管理部门领用 | | 5 000 | 4 600 | | 9 600 |
| 对外销售 | 8 900 | | | | 8 900 |
| 合计 | 145 100 | 31 600 | 7 500 | 52 300 | 236 500 |

## 二、记账凭证

依据原始凭证，编制记账凭证如图 4-15 所示。

**记账凭证**

*2013* 年 *12* 月 *31* 日　　　　　　　　　　　　　　记字第 *3 1/2* 号

| 摘要 | 总账科目 | 明细科目 | √ | 借方金额 | | | | | | | | | | √ | 贷方金额 | | | | | | | | | |
|---|---|---|---|---|---|---|---|---|---|---|---|---|---|---|---|---|---|---|---|---|---|---|---|---|
| | | | | 千 | 百 | 十 | 万 | 千 | 百 | 十 | 元 | 角 | 分 | | 千 | 百 | 十 | 万 | 千 | 百 | 十 | 元 | 角 | 分 |
| 发出原材料 | 生产成本 | 基本生产成本 | | | | 1 | 4 | 8 | 2 | 0 | 0 | 0 | 0 | | | | | | | | | | | |
| | 实收资本 | 辅助生产成本 | | | | | 6 | 3 | 9 | 0 | 0 | 0 | 0 | | | | | | | | | | | |
| | 制造费用 | | | | | | | 5 | 9 | 0 | 0 | 0 | 0 | | | | | | | | | | | |
| | 管理费用 | | | | | | | 9 | 6 | 0 | 0 | 0 | 0 | | | | | | | | | | | |
| | 其他业务成本 | | | | | | | 8 | 9 | 0 | 0 | 0 | 0 | | | | | | | | | | | |
| | 原材料 | 原料及主要材料 | | | | | | | | | | | | | | | 1 | 4 | 5 | 1 | 0 | 0 | 0 | 0 |
| | | 辅助材料 | | | | | | | | | | | | | | | | 3 | 1 | 6 | 0 | 0 | 0 | 0 |
| 合计 | | | | | ¥ | 2 | 3 | 6 | 5 | 0 | 0 | 0 | 0 | | | ¥ | 1 | 7 | 6 | 7 | 0 | 0 | 0 | 0 |

附单据 *1* 张

财务主管：陈虹　　记账：李玲　　出纳：李敏　　复核：王涛　　制表：李玲

a）

**记账凭证**

*2013* 年 *12* 月 *31* 日　　　　　　　　　　　　　　记字第 *3 2/2* 号

| 摘要 | 总账科目 | 明细科目 | √ | 借方金额 | | | | | | | | | | √ | 贷方金额 | | | | | | | | | |
|---|---|---|---|---|---|---|---|---|---|---|---|---|---|---|---|---|---|---|---|---|---|---|---|---|
| | | | | 千 | 百 | 十 | 万 | 千 | 百 | 十 | 元 | 角 | 分 | | 千 | 百 | 十 | 万 | 千 | 百 | 十 | 元 | 角 | 分 |
| 发出原材料 | 原材料 | 修理用备件 | | | | | | | | | | | | | | | | | 7 | 5 | 0 | 0 | 0 | 0 |
| | | 燃料 | | | | | | | | | | | | | | | | 5 | 2 | 3 | 0 | 0 | 0 | 0 |
| 合计 | | | | | ¥ | 2 | 3 | 6 | 5 | 0 | 0 | 0 | 0 | | | ¥ | 2 | 3 | 6 | 5 | 0 | 0 | 0 | 0 |

附单据 *1* 张

财务主管：陈虹　　记账：李玲　　出纳：李敏　　复核：王涛　　制表：李玲

b）

图 4-15　记账凭证 13

## 活动资料

福州市宏泰公司 2013 年 12 月，根据发料凭证，汇总编制“发料凭证汇总表”如表 4-3 所示。要求：请根据发料凭证汇总表编制记账凭证。

表 4-3 发料凭证汇总表 2

2013 年 12 月　　　　单位：元

| 类别<br>用途 | 原料及主要材料 | 辅助材料 | 修理用备件 | 燃料 | 合计 |
|---|---|---|---|---|---|
| 车间生产产品领用 | 108 000 | 63 000 | | 57 800 | 228 800 |
| 辅助生产车间领用 | 59 600 | | | | 59 600 |
| 车间一般性消耗 | | 4 000 | 1 800 | | 5 800 |
| 厂部管理部门领用 | | 3 000 | 3 600 | | 6 600 |
| 对外销售 | 6 500 | | | | 6 500 |
| 合计 | 174 100 | 70 000 | 5 400 | 57 800 | 307 300 |

## 基础知识

### 一、原材料发出的核算

企业发出的材料不管其用途如何，均应办理必要的手续和填制发料凭证，可由于企业生产经营过程中领用材料的业务频繁，为了简化材料的日常核算工作，平时一般只是根据发料凭证在材料明细账上登记发出材料的数量，以及时反映各种材料的购进、发出及结存的数量情况，不直接根据发料凭证填制记账凭证，而是在月末再根据按实际成本计价的发料凭证，按领用部门和用途进行归类汇总，编制“发料凭证汇总表”，据以编制记账凭证，一次性登记材料总账。



发出材料应根据不同用途借记有关账户，贷记“原材料”账户。借方账户根据领用材料的用途主要包括：生产产品领用的应记入“生产成本——基本生产成本”账户；用于辅助生产领用的应记入“生产成本——辅助生产成本”账户；车间管理及一般消耗领用的应记入“制造费用”账户；厂部管理部门领用的应记入“管理费用”账户；专设销售机构领用的应记入“销售费用”账户；对外销售的记入“其他业务成本”账户；对外投资的记入“长期股权投资”账户；自行研究、开发无形资产领用的记入“研发支出”账户；用于职工集体福利的记入“应付职工薪酬”账户等。

【例 4-20】福州市宏泰公司 2013 年 12 月，根据发料凭证，汇总编制“发料凭证汇总表”见表 4-4。

表 4-4 发料凭证汇总表 3

2013 年 12 月　　　　单位：元

| 类别<br>用途 | 原料及主要材料 | 辅助材料 | 修理用备件 | 燃料 | 合计 |
|---|---|---|---|---|---|
| 车间生产产品领用 | 160 000 | 30 000 | | 60 000 | 250 000 |
| 辅助生产车间领用 | 21 000 | 2 500 | | | 23 500 |
| 车间一般性消耗 | | 1 000 | 3 500 | | 4 500 |
| 厂部管理部门领用 | | 10 000 | 3 000 | | 13 000 |
| 对外销售 | 5 000 | | | | 5 000 |
| 合计 | 186 000 | 43 500 | 6 500 | 60 000 | 296 000 |

根据发料凭证汇总表，公司发出材料的账务处理如下：

借：生产成本——基本生产成本　　250 000
　　　　　　——辅助生产成本　　23 500
　　制造费用　　4 500
　　管理费用　　13 000
　　其他业务成本　　5 000
　　贷：原材料——原料及主要材料　　186 000
　　　　　　　——辅助材料　　43 500
　　　　　　　——修理用备件　　6 500
　　　　　　　——燃料　　60 000

## 二、原材料按计划成本计价的核算

原材料按计划成本核算的特点是：所有材料收发凭证按预先确定的计划成本计价，总账及明细分类账按计划成本登记；材料的实际成本与计划成本的差异，通过“材料成本差异”账户核算。月份终了，通过分配材料成本差异，将发出材料的计划成本调整为实际成本。

**1．账户设置**

（1）“原材料”账户。该账户用来核算企业库存的各种材料的计划成本。借方登记增加的原材料的计划成本；贷方登记发出原材料的计划成本；期末借方余额反映企业期末库存原材料的计划成本。该账户应按材料的保管地点（仓库）、材料的类别、品种和规格进行明细分类核算。

（2）“材料采购”账户。该账户核算企业采用计划成本进行日常核算而购入各种材料、商品等物资的采购成本。借方登记购入物资的实际成本和结转实际成本小于计划成本的节约差异；贷方登记验收入库物资的计划成本和结转实际成本大于计划成本的超支差异；期末余额在借方，反映企业已经购进但尚未到达企业或虽已到达但尚未验收入库的各种材料、商品物资的采购成本。该账户应按供应单位和材料、物资品种进行明细核算。

（3）“材料成本差异”账户。该账户核算企业采用计划成本进行材料日常核算的材料实际成本与计划成本的差异。它是材料、物资类账户的调整账户，借方登记入库各种材料、商品物资实际成本大于计划成本的差异（超支差）；贷方登记入库各种材料、商品物资实际成本小于计划成本的差异（节约差）及发出材料、物资应负担的差异。该账户期末若为借方余额反映库存材料、物资的超支差异，若为贷方余额则反映库存材料、物资的节约差异。该账户按照类别或品种进行明细核算。

**2．原材料购进的核算**

（1）单货同到。企业支付货款，同时办理材料验收入库手续后，会计部门应根据银行结算凭证、发票账单等按材料实际采购成本借记“材料采购”账户，根据取得的增值税专用发票上注明的增值税税额（可以抵扣的增值税税额），借记“应交税费——应交增值税（进项税额）”账户，按价税合计金额，贷记“银行存款”“应付票据”“其他货币资金”等账户；然后根据验收入库材料的计划成本，借记“原材料”账户，贷记“材料采购”账户；同时结转验收入库材料实际成本与计划成本的差异，如为实际成本大于计划成本的超支差异，借记

“材料成本差异”账户，贷记“材料采购”账户，如为实际成本小于计划成本的节约差异，借记“材料采购”账户，贷记“材料成本差异”账户。

【例 4-21】福州市宏泰公司从南方工厂购入一批 A 材料，货款 120 000 元，增值税税额 20 400 元，南方工厂代垫运杂费 6 000 元，发票账单已到。款项以银行存款支付，材料已验收入库，计划成本为 124 000 元。

按实际价支付货款时：

借：材料采购——A 材料　　125 580

　　应交税费——应交增值税（进项税额）　　20 820

　　贷：银行存款　　146 400

材料验收入库时：

借：原材料——A 材料　　124 000

　　贷：材料采购——A 材料　　124 000

同时结转入库材料成本差异

借：材料成本差异——原材料（A 材料）　　1 580

　　贷：材料采购——A 材料　　1 580

（2）单到货未到。这种情况下，企业购入材料支付价税款，应借记“材料采购”“应交税费——应交增值税（进项税额）”账户，贷记“银行存款”等账户；待以后材料验收入库，再作按计划成本验收入库及结转材料成本差异的账务处理。若到月末材料仍未收到，则“材料采购”账户有借方余额，表现为在途材料的实际成本。



【例 4-22】福州市宏泰公司采用汇兑结算方式购入 B 材料一批，货款 100 000 元，增值税税额 17 000 元，发票账单已收到，材料尚未入库。计划成本 104 000 元。账务处理为：

借：材料采购——B 材料　　100 000

　　应交税费——应交增值税（进项税额）　　17 000

　　贷：银行存款　　117 000

待企业收到材料并验收入库时，按 104 000 计划成本结转记入“原材料”账户，并结转材料成本差异。

借：原材料——B 材料　　104 000

　　贷：材料采购——B 材料　　100 000

　　　　材料成本差异——原材料（B 材料）　　4 000

（3）货到单未到。这种情况的处理与实际成本法相类似，即业务发生后月内暂不进行总分类账务处理，只在明细账上登记材料数量，等到发票账单到达后，再按凭证材料同时到达的情况处理；若月末仍未收到发票账单，则按材料的计划成本暂估入账，借记“原材料”账户，贷记“应付账款——暂估应付账款”账户；下月初，用红字将暂估价冲销，待收到发票账单再作相应的账务处理。

### 3. 原材料发出的核算

为了简化材料发出日常核算工作，企业可以于月末编制“发料凭证汇总表”，据以进行发出材料的总分类核算。在按计划成本计价的方法下，原材料发出的总分类核算包括以下两个方面内容：

（1）结转发出材料的计划成本。根据“材料发出汇总表”中材料的计划成本，按发出材

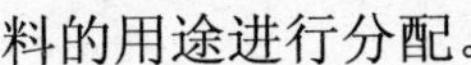

料的用途进行分配。

（2）结转本月发出材料应分配的成本差异。由于成本核算最终要以实际成本反映，故在月末需要将材料成本差异在发出材料与库存材料之间进行分配，发出材料的成本差异额是根据发出材料的计划成本和材料成本差异率计算确定的，分配去向与材料计划成本发出的去向一致。结转发出材料成本差异额，无论是超支额还是节约额，都是材料成本差异的减少，因此，结转发出材料的成本差异一般都记入“材料成本差异”账户的贷方，结转发出材料的超支差异用蓝字登记，节约差异用红字登记。

月终应将发出材料的计划成本调整为实际成本。

$$\text{材料成本差异率}=\frac{\text{月初结存材料成本差异}+\text{本月收入材料成本差异}}{\text{月初结存材料计划成本}+\text{本月收入材料计划成本}}\times 100\%$$

发出材料应负担的成本差异=发出材料的计划成本×本月材料成本差异率

发出材料的实际成本=发出材料的计划成本+发出材料应负担的成本差异

结存材料应负担的成本差异=结存材料的计划成本×本月材料成本差异率

结存材料的实际成本=结存材料的计划成本+结存材料应负担的成本差异

发出材料应负担的成本差异，也可以按上月的材料成本差异率计算。一般只有在物价较为稳定，各月材料成本差异变动幅度不大的情况下，才可以按上月材料成本差异率计算结转成本差异。但计算方法一经确定，就不得任意改变。

$$\text{上月材料成本差异率}=\frac{\text{月初结存材料的成本差异}}{\text{月初结存材料的计划成本}}\times 100\%$$



【例 4-23】福州市宏泰公司 2013 年 12 月初结存 A 材料的计划成本为 66 000 元，材料成本差异为借方余额 2 000 元，本月购进 A 材料的实际成本 130 000 元，计划成本 134 000 元，本月发出材料和计划成本为 100 000 元。

本月购进材料的材料成本差异=130 000−134 000=−4 000（元）

$$\text{材料成本差异率}=\frac{2\,000-4\,000}{66\,000+134\,000}\times 100\%=-1\%$$

发出材料应负担的成本差异=10 0000×（−1%）=−1000（元）

发出材料的实际成本=100 000−1 000=99 000（元）

【例 4-24】若福州市宏泰公司对 A 材料采用计划成本计价，12 月 31 日，宏泰公司根据当月发料单编制“发料凭证汇总表”，见表 4-5。

表 4-5 发料凭证汇总表 4

2013 年 12 月　　　　单位：元

| 账　户 | A 材料 | | |
|---|---|---|---|
| | 计划成本 | 差异率 | 差异额 |
| 生产成本—— 基本生产成本 | 80 000 | | −800 |
| 生产成本——辅助生产成本 | 12 000 | | −120 |
| 制造费用 | 5 000 | | −50 |
| 管理费用 | 2 000 | | −20 |
| 销售费用 | 1 000 | | −10 |
| 合　计 | 100 000 | −1% | −1 000 |

结转发出材料计划成本：

借：生产成本——基本生产成本　　80000
　　　　　　——辅助生产成本　　12 000
　　制造费用　　5000
　　管理费用　　2000
　　销售费用　　1000
　　贷：原材料——A 材料　　100000

结转发出材料应负担的材料成本差异：

借：生产成本——基本生产成本　　800（红字）
　　　　　　——辅助生产成本　　120（红字）
　　制造费用　　50（红字）
　　管理费用　　20（红字）
　　销售费用　　10（红字）
　　贷：材料成本差异——原材料（A 材料）　　1 000（红字）

**4．原材料明细分类核算**

采用计划成本计价核算材料，应对库存原材料、材料采购、材料成本差异分别进行明细分类核算。

（1）原材料明细账。在计划成本计价下，原材料的明细核算与按实际成本计价的明细核算基本相同，由仓库管理人员和财会部门的材料核算员配合进行。所不同的是"账卡合一"的明细账和材料二级分类核算都是按计划成本计价反映的，在明细账的登记上由于计划价格是一个单一的价格，所以该账户平时只需要登记材料收入、发出的数量，不登记金额。结存栏设数量、金额栏，但金额只需在期末结账时计算登记。其格式如图 4-16 所示。

**材料明细账**

材料类别：　　　　　　　　　　　　存放地点：
材料编号：　　　　　　　　　　　　最高储备量：
材料名称规格：A 材料　　　　　　　最低储备量：
计量单位：千克　　　　　　　　　　单价：计划单价 5 元/千克

| 2013 年 | | 凭证编号 | 摘要 | 收入 | | | 发出 | | | 结存 | | |
|---|---|---|---|---|---|---|---|---|---|---|---|---|
| 月 | 日 | | | 数量 | 单价 | 金额 | 数量 | 单价 | 金额 | 数量 | 单价 | 金额 |
| 12 | 1 | | 期初余额 | | | | | | | 13 200 | | 66 000 |
| | 6 | | 购入 | 12 200 | | | | | | 25 400 | | |
| | 15 | | 领用 | | | | 8 000 | | | 17 400 | | |
| | 24 | | 购入 | 14 600 | | | | | | 32 000 | | |
| | 30 | | 领用 | | | | 12 000 | | | 20 000 | | |
| | 31 | | 本月合计 | 26 800 | | | 20 000 | | | 20 000 | | 100 000 |

图 4-16　明细账 6

（2）材料采购明细账。材料采购明细账是用来提供外购材料的实际成本与计划成本的详细核算资料的。材料采购明细账可按材料的大类，如原材料、低值易耗品等设置，若材料储备量较大，材料费用在产品成本中所占比重也较大，可按材料类别或品种设置。材料采购明细账一般采用横线登记法进行登记。借方根据记账凭证及所附发票、运杂费账单等序时逐笔登记材料采购实际成本，贷方根据记账凭证及所附收料凭证按借方记录的同批材料的同一行登记转出金额。月末，本账户借方余额，即尚未验收入库的在途材料的实际成本。材料采购明细账一般格式如图 4-17 所示。

**材料采购明细账**

明细科目：原材料　　　　　　　　　　　　　　　　　　　　　　　单位：元

| 2013 年 | | 凭证号数 | 发票账单 | 供应单位或采购员姓名 | 摘要 | 借方（实际成本） | | | | 2013 年 | | 凭证号数 | 收料单号 | 摘要 | 贷方 | | | |
|---|---|---|---|---|---|---|---|---|---|---|---|---|---|---|---|---|---|---|
| 月 | 日 | | | | | 买价 | 运杂费 | 其他 | 合计 | 月 | 日 | | | | 计划成本 | 成本差异 | | 合计 |
| 12 | 3 | 略 | 略 | 黄山公司 | 购入 | 600 00 | | | 60 000 | 12 | 6 | 略 | 略 | 入库 | 61 000 | −1 000 | | 60 000 |
| | 21 | | | 北方公司 | 购入 | 68 000 | 2 000 | | 7 0000 | | 24 | | | 入库 | 73 000 | −3 000 | | 70 000 |
| | 31 | | | | 本月合计 | 128 000 | 2 000 | | 130 000 | | | | | 本月合计 | 134 000 | −4 000 | | 130 000 |

图 4-17　明细账 7



（3）材料成本差异明细账。为了计算各种材料成本差异率，反映各种材料实际发生的成本差异，将发出材料的计划成本调整为实际成本，应进行材料成本差异的明细分类核算。材料成本差异明细账设置要与材料采购明细账设置口径一致，一般也是按材料账户、材料类别或品种设置明细账。收入材料超支差异记入“材料成本差异”明细账的借方，节约差异记入“材料成本差异”明细账的贷方；发出材料应负担的成本差异均从“材料成本差异”明细账的贷方转出，超支差用蓝字，节约差用红字。材料成本差异明细账的一般格式如图 4-18 所示。

**材料成本差异明细账**

明细科目：原材料　　　　　　　　　　　　　　　　　　　　　　　单位：元

| 2013 年 | | 凭证编号 | 摘要 | 收入 | | | 发出 | | | 结存 | | |
|---|---|---|---|---|---|---|---|---|---|---|---|---|
| 月 | 日 | | | 计划成本 | 借方差额（超支） | 贷方差额（节约） | 差异率 | 计划成本 | 成本差异 | 计划成本 | 借方差额（超支） | 贷方差额（节约） |
| 12 | 1 | | 期初余额 | | | | | | | 66 000 | 2 000 | |
| | 6 | 略 | 购入 | 61 000 | | 1 000 | | | | 127 000 | 1 000 | |
| | 24 | | 购入 | 73 000 | | 3 000 | | | | 200 000 | | 2 000 |
| | 31 | | 领用 | | | | −1% | 100 000 | −1 000 | 100 000 | | 1 000 |
| | 31 | | 本月合计 | 134 000 | | 4 000 | −1% | 100 000 | −1 000 | 100 000 | | 1 000 |

图 4-18　明细账 8

## 三、材料发出特殊业务的核算

企业购入材料因非生产经营而发出时，会涉及增值税的处理。当用于在建工程和职工生活福利的，属购进货物改变用途，如为一般纳税人的企业，应按使用材料的规定税率，将所用材料的进项税额转出，连同材料价值，借记“在建工程”“应付职工薪酬”等账户，贷记“原材料”和“应交税费——应交增值税（进项税额转出）”账户；当材料用于对外投资时，要按投资确认的价值计算增值税的销项税额，连同材料款，借记“长期股权投资”账户，贷记“原材料”和“应交税费——应交增值税（销项税额）”账户。

# 任务三　周转材料的核算

### 工作案例

## 一、原始凭证

2013 年 12 月 13 日，福州市金牛公司购入 10 张塑料椅，单价 50 元，金额 500 元；5 个垃圾桶，单价 20 元，金额 100 元。货物已验收入库，款项以现金付讫。原始凭证如图 4-19 和图 4-20 所示。

**福州市台江沿滨百货商场商业零售普通发票**

（印章：闽福州市 国家税务局监制）

发　票　联　135010456789

客户：福州市金牛公司　　2013 年 12 月 13 日　　国税 **No. 10145234**

| 品　名 | 规格 | 单位 | 数量 | 单价 | 金额 百 | 十 | 元 | 角 | 分 |
|---|---|---|---|---|---|---|---|---|---|
| 塑料椅 |  | 张 | 10 | 50 | 5 | 0 | 0 | 0 | 0 |
| 垃圾桶 | 大号 | 个 | 5 | 20 | 1 | 0 | 0 | 0 | 0 |
|  |  |  |  |  |  |  |  |  |  |
| 合计人民币（大写）陆佰零拾零元零角零分 |  |  |  |  | 6 | 0 | 0 | 0 | 0 |

第二联　发票联

（印章：福州市台江沿滨百货商场 财务专用章）（印章：现金付讫）

企业盖章：　　财务：　　复核：　　填票：包玲

图 4-19　普通发票 2

**入　库　单**

存货类别：低值易耗品　　2013 年 12 月 13 日　　编号：0832

| 编　号 | 名称及规格 | 单　位 | 数　量 | 单　价 | 运　费 | 总 成 本 |
|---|---|---|---|---|---|---|
| 1 | 塑料椅 | 张 | 10 | 50 |  | 500 |
| 2 | 垃圾桶 | 个 | 2 | 20 |  | 100 |
|  | 合计 |  |  |  |  | 600 |

财务主管：郑伟其　　记账：姜海涛　　验收：杨冰　　制单：廖静

图 4-20　入库单 1

## 二、记账凭证

根据上述原始凭证，编制记账凭证如图 4-21 所示。

**记 账 凭 证**

*2013* 年 *12* 月 *13* 日　　　　记字第 *2* 号

| 摘　要 | 总账科目 | 明细科目 | √ | 借方金额 | | | | | | | | | | √ | 贷方金额 | | | | | | | | | 附单据 *2* 张 |
|---|---|---|---|---|---|---|---|---|---|---|---|---|---|---|---|---|---|---|---|---|---|---|---|---|
| | | | | 千 | 百 | 十 | 万 | 千 | 百 | 十 | 元 | 角 | 分 | | 千 | 百 | 十 | 万 | 千 | 百 | 十 | 元 | 角 | 分 |
| 购塑料椅等 | 周转材料 | 低值易耗品 | | | | | | | *6* | *0* | *0* | *0* | *0* | | | | | | | | | | | |
| | 库存现金 | | | | | | | | | | | | | | | | | | | *6* | *0* | *0* | *0* | *0* |
| | | | | | | | | | | | | | | | | | | | | | | | | |
| 合　计 | | | | | | | | ¥ | *6* | *0* | *0* | *0* | *0* | | | | | | ¥ | *6* | *0* | *0* | *0* | *0* |

财务主管：李绵　　记账：　　出纳：　　复核：　　制表：姜海涛

图 4-21　记账凭证 14

**活动资料**

2013 年 12 月 14 日，福州市金牛公司购入 1 个文件柜，单价 350 元，金额 350 元；1 个装订机，单价 300 元，金额 300 元。货物已验收入库，款项以现金付讫。原始凭证见图 4-22 和图 4-23 所示。

要求：根据原始凭证编制记账凭证。

**福州市台江利民百货商场商业零售普通发票**

闽福州市 国家税务局监制

发　票　联　135010456799

客户：福州市金牛公司　　2013 年 12 月 18 日　　国税 **No. 10145534**

| 品　名 | 规格 | 单位 | 数量 | 单价 | 金额 | | | | | 第二联 发票联 |
|---|---|---|---|---|---|---|---|---|---|---|
| | | | | | 百 | 十 | 元 | 角 | 分 | |
| 文件柜 | | 个 | 1 | 350 | 3 | 5 | 0 | 0 | 0 | |
| 装订机 | | 台 | 1 | 300 | 3 | 0 | 0 | 0 | 0 | |
| | | | | | | | | | | |
| | | | | | | | | | | |
| 合计人民币（大写）陆佰伍拾零元零角零分 | | | | | 6 | 5 | 0 | 0 | 0 | |

福州市台江利民百货商场 财务专用章　　现金付讫

企业盖章：　　财务：　　复核：　　填票：董燕

图 4-22　普通发票 3

**入 库 单**

存货类别：低值易耗品　　2013 年 12 月 18 日　　编号：0833

| 编号 | 名称及规格 | 单位 | 数量 | 单价 | 运费 | 总成本 |
|---|---|---|---|---|---|---|
| 1 | 文件柜 | 个 | 1 | 350 | | 350 |
| 2 | 装订机 | 台 | 1 | 300 | | 300 |
| | 合计 | | | | | 650 |

财务主管：郑伟其　　记账：姜海涛　　验收：杨冰　　制单：廖静

图 4-23　入库单 2

基础知识

## 一、低值易耗品概述

**1．低值易耗品的概念和内容**

低值易耗品是指不能作为固定资产的各种用具物品，如工具、管理用具、玻璃器皿、劳动保护用品及生产经营过程中周转使用的包装容器等。低值易耗品的低值和易耗是相对固定资产而言的，不符合固定资产条件的劳动资料就可以确认为低值易耗品，在经营过程中多次使用但不改变原有实物形态，其价值随着使用逐渐转移到有关的成本、费用中去。低值易耗品按用途不同可分为以下几大类：

（1）一般工具。一般工具是指生产中常用的工具，如量具、夹具、刀具和装配工具等。

（2）专用工具。专用工具是指专门用于某一特定工序使用的工具，如专用模具等。

（3）替换设备。替换设备是指容易磨损或为制造不同产品需要替换使用的各种设备，如钢铁厂轧钢用的钢辊、浇注钢锭用的钢锭模等。

（4）管理用具。管理用具是指管理上使用的各种家具、办公用品等。

（5）劳动保护用品。劳动保护用品是指为了安全生产而发给工人作为劳动保护用的工作服、工作鞋、专用手套等。

（6）其他周转材料。其他周转材料是指不属于上述各类的其他低值易耗品。

**2．低值易耗品核算的账户**



为了反映低值易耗品的增减变化及其结存情况，企业应设置“周转材料——低值易耗品”账户进行核算，该账户的借方登记低值易耗品的增加，贷方登记低值易耗品的减少及摊销，期末余额在借方，反映企业在库低值易耗品的成本和在用低值易耗品摊余价值。“周转材料——低值易耗品”账户应按其种类，分别设“在库”“在用”和“摊销”进行数量和金额明细分类核算。采用计划成本计价核算的企业，低值易耗品实际成本与计划成本差异的形成及分摊，应设置“材料成本差异——低值易耗品”账户进行核算。

**3．低值易耗品摊销的方法**

低值易耗品领用后到报废前，可以多次参加生产经营活动，其价值的损耗应按规定进行分摊，摊销方法一般有一次摊销法、分次摊销法和五五摊销法。

（1）一次摊销法。一次摊销法是指在领用低值易耗品时将其全部价值一次计入成本费用的方法。这种方法比较简便易行，但低值易耗品的价值虽然一次转为成本费用，而它的实物形态并未随其价值转移而消失，这样势必发生账外资产，不利于实物管理，而且价值一次结转也影响成本费用的均衡性。所以，这种方法适用于一次领用数量不多，单位价值较低，使用期限较短或者容易被损坏的低值易耗品。

（2）分次摊销法。分次摊销法是指从领用低值易耗品开始时，根据低值易耗品成本和预计使用期限（次数），将低值易耗品的成本分次（分期）摊销计入成本、费用的方法。这种方法克服了一次摊销法各期成本费用负担不均衡的缺点，适用于单位价值较高，使用时间较长，一次领用数量较多的低值易耗品。

（3）五五摊销法。五五摊销法是指低值易耗品在第一次领用时，先摊销其成本的50%，在报废时再摊销其成本的50%的方法，即低值易耗品分两次各按50%进行摊销。这种方法有利于加强对低值易耗品实物的控制和管理。适用于各月领用、报废比较均衡的低值易耗品的摊销。

## 二、低值易耗品的核算

低值易耗品可以按实际成本计价核算，也可以按计划成本计价核算，本书介绍按实际成本计价核算。

**1．低值易耗品取得的核算**

企业购入、自制、委托外单位加工并已验收入库的低值易耗品的实际成本构成、收入的核算等均可比照“原材料”的相关规定进行核算。这里主要介绍领用低值易耗品的核算。

**2．低值易耗品领用及摊销的核算**

采用一次摊销法，在领用时，将其全部价值计入有关的成本费用，借记“制造费用”“管理费用”“销售费用”等有关账户，贷记“周转材料——低值易耗品（在库）”账户。

【例4-25】2012年12月24日宏泰公司生产车间领用专用工具一批，实际成本2 000元，厂部领用办公桌一张，实际成本500元。

借：制造费用　　2 000

　　管理费用　　500

　　贷：周转材料——低值易耗品（在库）　　2 500

低值易耗品报废时，将报废低值易耗品的残料价值作为当月低值易耗品摊销额的减少，冲减有关成本费用，借记“原材料”账户，贷记“制造费用”“管理费用”“销售费用”等账户。

【例4-26】接例4-25，假设2013年3月31日，宏泰公司生产车间报废该批专用工具，收回残料价值500元。

借：原材料　　500

　　贷：制造费用　　500

## 三、包装物的概念和内容

包装物是指企业在生产经营活动中为了包装本企业的产品或商品而储备的各种包装容器，如桶、箱、瓶、坛、袋等。具体包括：

（1）生产过程中用于包装产品作为产品组成部分的包装物。

（2）随同商品、产品出售而单独计价的包装物。

（3）随同商品、产品出售不单独计价的包装物。

（4）出租或出借给购买单位使用的包装物。

## 四、包装物摊销的方法

包装物在周转使用中，其价值也会因磨损而逐渐消失，因此，需采用一定的方法将其摊销的价值，记入有关成本或费用账户，包装物的摊销可采用一次推销法和五五推销法。

一次摊销法是指包装物在领用时将其全部价值计入相关资产的成本或者当期损益。一次摊销法通常用于生产领用的包装物和随同产品出售包装物。数量不多、金额较小，且业务不频繁的出租、出借包装物，也可采用一次摊销法，结转包装物成本。

五五摊销法是指在出租或出借包装物发出时，先摊销其成本的一半，在报废时再摊销其成本的另一半，它适用于各期领用与报废数额比较均衡的包装物。

## 五、包装物的核算

### （一）账户设置

为了反映包装物的增减变化及期末结存等情况，企业应设置“周转材料——包装物”账户进行核算。该账户的借方登记外购、自制及委托加工收回包装物的实际成本；贷方登记生产领用、出售、出租、出借包装物的实际成本；期末余额在借方，反映企业在库包装物的成本和在用包装物的摊余价值。

### （二）取得包装物的核算

包装物可以按实际成本计价核算，也可以按计划成本计价核算，企业购入、自制、委托外单位加工并已验收入库的包装物的实际成本构成、收入各种包装物的核算等均与原材料相同，可以比照“原材料”账户的相关规定进行核算。



### （三）生产领用包装物的核算

生产过程中领用的包装物，多数属于内包装，用于包装产品后，就构成了该产品的组成部分，因此，这种包装物一般不单独计价，应将包装物的成本计入产品的生产成本，随同产品销售不再收回。

**【例 4-27】** 2013 年 12 月 10 日，宏泰公司基本生产车间为生产甲产品，领用包装纸箱一批，实际成本 2 000 元。

借：生产成本——基本生产成本（甲产品）　　2 000

　　贷：周转材料——包装物（在库）　　2 000

### （四）随商品出售包装物的核算

1. 随商品出售，单独计价

随商品出售单独计价的包装物，实际上就是出售包装物，其账务处理与出售材料相同。

**【例 4-28】** 2013 年 12 月 15 日，宏泰公司在销售乙产品时，随同产品出售单独计价的包装物一批，其售价为 9 000 元，增值税税额为 1 530 元，已通过银行收讫，该批包装物实际成本为 8 200 元。该包装物采用一次摊销法。

取得出售包装物收入时：

借：银行存款　　10 530
　　贷：其他业务收入　　9 000
　　　　应交税费——应交增值税（销项税额）　　1 530

结转出售包装物的成本时：

借：其他业务成本　　8 200
　　贷：周转材料——包装物（在库）　　8 200

**2．随商品出售，不单独计价**

随商品出售不单独计价的包装物，其发出的目的是为了确保商品的质量或提供较好的销售服务，也是一种促销手段，因此，应将这部分包装物的成本作为企业的“销售费用”处理。

**【例 4-29】**2013 年 12 月 18 日，宏泰公司为销售商品领用一批包装物，其实际成本 3 600 元。该包装物随同商品销售但不单独计价。该包装物采用一次摊销法。

借：销售费用　　3 600
　　贷：周转材料——包装物（在库）　　3 600

### （五）包装物出租、出借的核算

包装物出租或出借给客户，并要求客户用完后按期归还。出租、出借包装物在长期使用时，其价值逐渐减少，可视其价值的大小采用一次摊销法或五五推销法摊销其成本。

**1．发出包装物**

出租包装物是销货单位提供的一种有偿服务，要求客户支付租金，取得租金收入，企业领用包装物出租时，应按实际发出的包装物所应摊销的价值借记“其他业务成本”账户，贷记“周转材料——包装物”账户。出借包装物是销货单位为销售商品向购货单位提供的一种无偿服务，不收取费用，没有业务收入，所以应按实际发出的出借包装物所应摊销的价值借记“销售费用”账户。



**【例 4-30】**2013 年 12 月 25 日，宏泰公司随商品出租新包装箱 10 个，每个成本 50 元，租期一个月，该包装物采用一次摊销法。

借：其他业务成本　　500
　　贷：周转材料——包装物（在库）　　500

**2．收取租金**

对于出租的包装物，取得租金收入作为“其他业务收入”，按税法规定，应随产品销售计征增值税贷记“应交税费—— 应交增值税（销项税额）”账户。

**【例 4-31】**接例 4-30，收到租金 234 元（其中增值税税额 34 元），存入银行。

借：银行存款　　234
　　贷：其他业务收入　　200
　　　　应交税费——应交增值税（销项税额）　　34

**3．包装物收回**

出租、出借包装物期满收回，若包装物无损坏，并如数收回，则应退还包装物押金，借记“其他应付款——存入保证金”账户，贷记“银行存款”账户。

拓展知识

## 一、低值易耗品领用及摊销的核算

1．五五摊销法

采用该种方法，领用低值易耗品时，将其账面价值借记“周转材料——低值易耗品（在用）”账户，贷记“周转材料——低值易耗品（在库）”账户；同时，摊销其成本的50%，借记“制造费用”“管理费用”“销售费用”等账户，贷记“周转材料——低值易耗品（摊销）”账户。

低值易耗品报废时，摊销其成本剩余的50%计入有关的成本费用，借记“制造费用”“管理费用”“销售费用”等账户，贷记“周转材料——低值易耗品（摊销）”账户；同时，转销全部已提摊销额，借记“周转材料——低值易耗品（摊销）”账户，贷记“周转材料——低值易耗品（在用）”账户。将报废低值易耗品的残料价值冲减有关成本费用，借记“原材料”等账户，贷记“制造费用”“管理费用”“销售费用”等账户。

**【例4-32】**2013年8月宏泰公司生产车间领用一批工具，实际成本16 000元，采用五五摊销法核算，该批工具当年12月全部报废，入库残料计价500元。

领用时：

借：周转材料——低值易耗品（在用）　　16 000

　　贷：周转材料——低值易耗品（在库）　　16 000



同时，摊销低值易耗品成本的50%：

借：制造费用　　8 000

　　贷：周转材料——低值易耗品（摊销）　　8 000

报废时：

借：制造费用　　8 000

　　贷：周转材料——低值易耗品（摊销）　　8 000

同时，冲销低值易耗品成本：

借：周转材料——低值易耗品（摊销）　　16 000

　　贷：周转材料——低值易耗品（在用）　　16 000

残料作价入库时：

借：原材料　　500

　　贷：制造费用　　500

2．分次摊销法

采用该种方法，领用低值易耗品时，应先将低值易耗品的账面价值，由“周转材料——低值易耗品（在库）”账户转为“周转材料——低值易耗品（在用）”账户；分次或分期摊销其成本时计入有关的成本费用，借记“制造费用”“管理费用”“销售费用”等有关账户，贷记“周转材料——低值易耗品（摊销）”账户。

低值易耗品报废时，转销全部已提摊销额，同时，将报废低值易耗品的残料价值冲减有

关成本费用。

【例 4-33】宏泰公司生产车间领用低值易耗品一批，实际成本 30 000 元，预计使用 10 个月，使用期满，该批低值易耗品报废，入库残料计价 1 200 元。

领用时：

借：周转材料——低值易耗品（在用） 30 000

  贷：周转材料——低值易耗品（在库） 30 000

当月及以后各月摊销成本时：

借：制造费用 3 000

  贷：周转材料——低值易耗品（摊销） 3 000

报废时，结转全部摊销额：

借：周转材料——低值易耗品（摊销） 30 000

  贷：周转材料——低值易耗品（在用） 30 000

同时，残料作价入库：

借：原材料 1 200

  贷：制造费用 1 200

## 二、包装物出租、出借的核算

### 1. 收回包装物报废、维修业务的核算

对于出租、出借包装物收回后，如发现损坏不能继续使用应将其进行报废处理，报废时属于出租包装物的残值，应借记“原材料”等账户，贷记“其他业务成本”账户；属于出借包装物的残值，应借记“原材料”等账户，贷记“销售费用”账户。



对于出租、出借包装物收回后，发生的维修费用，属于出租包装物的应借记“其他业务成本”账户，贷记“原材料”“应付职工薪酬”“银行存款”等账户；对于出借包装物的应借记“销售费用”账户。

【例 4-34】接例 4-31，2013 年 1 月 25 日，宏泰公司收回出租全部包装物，宏泰公司退还包装物押金 600 元，以银行存款支付。收回的全部包装物中，已有部分不能再继续使用而对其进行报废处理，收回残料价值 50 元。

退还包装物押金时：

借：其他应付款——存入保证金 600

  贷：银行存款 600

收回残料作价入库时：

借：原材料 50

  贷：其他业务成本 50

### 2. 包装物逾期不能收回，没收押金

对出租、出借包装物逾期不能收回时，应按没收的押金，借记“其他应付款——存入保证金”账户，按应交的增值税贷记“应交税费——应交增值税（销项税额）”账户，按扣除增值税后的差额贷记“其他业务收入”账户。

【例 4-35】接例 4-34，假设 2013 年 1 月 25 日出租的包装物，只收回 8 个，按合同规定应没收押金 120 元（其中应交增值税为 17.44 元）

其他业务收入=120÷（1+17%）=102.56（元）

应交增值税税额=102.56×17%=17.44（元）

借：其他应付款——存入保证金　　120

　　贷：其他业务收入　　102.56

　　　　应交税费——应交增值税（销项税额）　　17.44

# 任务四　库存商品的核算

## 工作案例

### 一、原始凭证

2013 年 12 月 31 日，宏泰公司根据本月的产成品“入库验收单”和成本计算资料编制“产成品人库汇总表”（见表 4-6）。

表 4-6　产成品入库汇总表 1

2013 年 12 月 31 日　　单位：元



| 产品名称 | 计量单位 | 数量 | 实际单位成本 | 实际总成本 | 备注 |
|---|---|---|---|---|---|
| A 产品 | 件 | 800 | 110 | 88 000 | |
| B 产品 | 件 | 1 500 | 100 | 150 000 | |
| 合计 | | | | 238 000 | |

### 二、记账凭证

根据产成品入库汇总表编制记账凭证如图 4-24 所示。

**记 账 凭 证**

*2013* 年 *12* 月 *31* 日　　记字第 *4* 号

| 摘　要 | 总账科目 | 明细科目 | √ | 借方金额 千 | 百 | 十 | 万 | 千 | 百 | 十 | 元 | 角 | 分 | √ | 贷方金额 千 | 百 | 十 | 万 | 千 | 百 | 十 | 元 | 角 | 分 | |
|---|---|---|---|---|---|---|---|---|---|---|---|---|---|---|---|---|---|---|---|---|---|---|---|---|---|
| 产成品入库 | 库存商品 | A产品 | | | | | 8 | 8 | 0 | 0 | 0 | 0 | 0 | | | | | | | | | | | | 附单据 *1* 张 |
| | | B产品 | | | | 1 | 5 | 0 | 0 | 0 | 0 | 0 | 0 | | | | | | | | | | | | |
| | 生产成本 | A产品 | | | | | | | | | | | | | | | | 8 | 8 | 0 | 0 | 0 | 0 | 0 | |
| | | B产品 | | | | | | | | | | | | | | | 1 | 5 | 0 | 0 | 0 | 0 | 0 | 0 | |
| 合　计 | | | | | ¥ | 2 | 3 | 8 | 0 | 0 | 0 | 0 | 0 | | | ¥ | 2 | 3 | 8 | 0 | 0 | 0 | 0 | 0 | |

财务主管：　　记账：　　出纳：　　复核：　　制表：徐斌

图 4-24　记账凭证 15

**活动资料**

2013 年 12 月 31 日，宏泰公司根据本月的产成品“入库验收单”和成本计算资料编制“产成品入库汇总表”（见表 4-7）。要求：根据产成品入库汇总表编制记账凭证。

表 4-7 产成品入库汇总表 2

2013 年 12 月 31 日　　　　单位：元

| 产品名称 | 计量单位 | 数量 | 实际单位成本 | 实际总成本 | 备注 |
|---|---|---|---|---|---|
| F 产品 | 件 | 3 000 | 90 | 270 000 | |
| G 产品 | 件 | 1 800 | 130 | 234 000 | |
| 合计 | | | | 504 000 | |

**基础知识**

## 一、库存商品的概念和内容

**1．库存商品的概念**

库存商品是指企业库存的各种商品。它包括库存产成品、外购商品、存放在门市部准备出售的商品、发出展览的商品及寄存在外的商品等。

**2．库存商品的内容**

库存商品的内容主要包括企业用本单位的原材料自制的产成品；企业接受外来原材料加工制造的代制品和外单位加工修理的代修品，制造和修理完成验收入库后，视同企业产成品；准备出售的自制半成品，应列为产成品；可以降价出售的不合格品，也作为产成品核算，但应当与合格产品分开记账。



## 二、库存商品的核算

**1．账户设置**

为了反映企业产成品的收、发、结存情况，企业通过设置“库存商品”账户进行核算和管理。该账户的借方登记已经完成生产过程并验收入库产成品的成本，以及盘盈产成品的实际成本；贷方登记发出产成品的实际成本，以及盘亏、损毁产成品实际成本；期末借方余额反映库存产成品的实际成本。该账户按企业库存产成品的种类、品种和规格等进行明细核算。

**2．工业企业库存商品的核算**

（1）产成品的计价方法。工业企业的产成品，一般应按实际成本计价核算。在这种计价方式下，对产成品的入库和出库，平时只记数量不记金额；月度终了，计算入库产成品的实际成本；对发出和销售的产成品，可以采用先进先出法、加权平均法、移动加权平均法、个别计价法等方法确定其实际成本。

（2）产成品入库核算。企业生产的产成品制造完工，经验收合格入库时，应由车间按照交库数量，填写“产成品入库单”交仓库点收数量并登记明细账。为了简化核算手续，月终根据“产成品入库单”和成本计算资料，编制“产成品入库汇总表”并据以借记“库存商品——×

×产品”账户，贷记“生产成本”账户。

【例 4-36】2013 年 12 月 31 日，宏泰公司根据本月的产成品“入库验收单”和成本计算资料编制“产成品入库汇总表”（见表 4-8）。

表 4-8　产成品入库汇总表 3

2013 年 12 月 31 日　　单位：元

| 产品名称 | 计量单位 | 数量 | 实际单位成本 | 实际总成本 | 备注 |
|---|---|---|---|---|---|
| 甲产品 | 件 | 2 000 | 120 | 240 000 | |
| 乙产品 | 件 | 1 600 | 100 | 160 000 | |
| 合计 | | | | 400 000 | |

根据上述“产成品入库汇总表”，公司作如下账务处理：

借：库存商品——甲产品　　240 000
　　　　　　——乙产品　　160 000
　贷：生产成本——基本生产成本（甲产品）　　240 000
　　　　　　　——基本生产成本（乙产品）　　160 000

**3．产成品发出的核算**

产成品发出主要是销售。为了汇总反映全月发出产成品的实际成本，便于进行产成品发出的总分类核算，还应根据各种产成品出库单计列出库数量和各产成品明细账所列发出产成品的实际单位成本。编制“产成品发出汇总表”作为编制记账凭证的依据。月终，结转发出和销售的产品成本，对已经实现销售（包括分期收款发出商品）的产成品成本，应借记“主营业务成本”账户，贷记“库存商品——××产品”账户。



【例 4-37】2013 年 12 月 31 日，宏泰公司根据本月的销售产品发货单等产成品发出单据编制“产成品发出汇总表”，见表 4-9。

表 4-9　产成品发出汇总表 1

2013 年 12 月 31 日　　单位：元

| 产品名称 | 计量单位 | 销售发出 | | |
|---|---|---|---|---|
| | | 数量 | 单位成本 | 总成本 |
| 甲产品 | 件 | 1 000 | 120 | 120 000 |
| 乙产品 | 件 | 800 | 100 | 80 000 |
| 合计 | | | | 200 000 |

根据上述“产成品发出汇总表”，公司作如下账务处理：

借：主营业务成本——甲产品　　120 000
　　　　　　　　——乙产品　　80 000
　贷：库存商品——甲产品　　120 000
　　　　　　　——乙产品　　80 000

**4．产成品的明细分类核算**

产成品收发的明细分类核算包括两方面的内容，即数量核算和价值核算。企业应按产成品的品种和规格设置产成品明细分类账。在实际工作中，为了简化核算工作，企业可以只在仓库设置一套既有数量又有金额的产成品明细分类账，由仓库保管人员根据产成品的收发凭证登记数量，会计人员定期到仓库进行稽核，同时签收产成品收发凭证登记金额。产成品明细分类账，平时只登记数量不登记金额，月末再根据成本计算资料核算登记入库产成品的单位成本和金额，并计算发出和结存产成品的单位成本和金额。

# 任务五 存货清查与期末计量

## 工作案例

### 一、原始凭证

2013 年 12 月 31 日，福州市金牛公司对原材料进行盘点，盘点结果见表 4-10。

表 4-10 存货盘点报告表 1

单位：福州市金牛公司　　2013 年 12 月 31 日　　仓库：一仓库

| 编号 | 存货名称 | 计量单位 | 数量 | | 单价/元 | 盘盈 | | 盘亏 | | 盘亏原因 |
|---|---|---|---|---|---|---|---|---|---|---|
| | | | 账存 | 实存 | | 数量 | 金额/元 | 数量 | 金额/元 | |
| 1 | 甲材料 | 千克 | 2 300 | 2 100 | 80 | | | 200 | 16 000 | 待查 |
| 2 | 乙材料 | 千克 | 1 800 | 1 800 | 50 | | | | | |

### 二、记账凭证

根据存货盘点报告表，编制记账凭证如图 4-25 所示。



记 账 凭 证

2013 年 12 月 31 日　　记字第 5 号

| 摘要 | 总账科目 | 明细科目 | √ | 借方金额 | | | | | | | | | | √ | 贷方金额 | | | | | | | | | |
|---|---|---|---|---|---|---|---|---|---|---|---|---|---|---|---|---|---|---|---|---|---|---|---|---|
| | | | | 千 | 百 | 十 | 万 | 千 | 百 | 十 | 元 | 角 | 分 | | 千 | 百 | 十 | 万 | 千 | 百 | 十 | 元 | 角 | 分 |
| 甲材料盘亏 | 待处理财产损溢 | 待处理流动资产损溢 | | | | | 1 | 6 | 0 | 0 | 0 | 0 | 0 | | | | | | | | | | | |
| | 原材料 | 甲材料 | | | | | | | | | | | | | | | | 1 | 6 | 0 | 0 | 0 | 0 | 0 |
| 合计 | | | | | | ¥ | 1 | 6 | 0 | 0 | 0 | 0 | 0 | | | | ¥ | 1 | 6 | 0 | 0 | 0 | 0 | 0 |

附单据 1 张

财务主管：　记账：　出纳：　复核：　制表：徐斌

图 4-25 记账凭证 16

## 活动资料

2013 年 12 月 31 日，福州市金牛公司对原材料进行盘点，盘点结果见表 4-11。要求：根据存货盘点报告表编制记账凭证。

表 4-11 存货盘点报告表 2

单位：福州市金牛公司　　2013 年 12 月 31 日　　仓库：一仓库

| 编号 | 存货名称 | 计量单位 | 数量 | | 单价/元 | 盘盈 | | 盘亏 | | 盘亏原因 |
|---|---|---|---|---|---|---|---|---|---|---|
| | | | 账存 | 实存 | | 数量 | 金额/元 | 数量 | 金额/元 | |
| 1 | 甲材料 | 千克 | 2 300 | 2 600 | 80 | 300 | 24 000 | | | 待查 |
| 2 | 乙材料 | 千克 | 2 000 | 2 000 | | | | | | |

基础知识

## 一、存货清查

存货清查是指通过对存货的实地盘点来核查，确定存货的实有数量，并与账面结存数核对，从而确定存货实存数与账面结存数是否相符，保证存货核算真实性和监督存货安全完整的一种专门方法。为了保证各项存货登记的准确性、真实性，保证各项存货的安全完整，加速资金周转，加强资金管理，企业应定期或不定期地对存货进行清查。

**1．存货的清查方法**

（1）实地盘点法。实地盘点法是指运用度、量、衡等工具，通过点数，逐一确定被清查实物实有数的一种方法。这种方法具有计量正确、直观，适用范围广，方法简便等特点。

（2）技术测量法。技术测量法是指通过量方、计尺等方法，结合有关数据测算出实物的结存数量。这种方法计量不是十分准确，适用于大量、分散、成堆、笨重的，难以逐一清点的存货。

存货清查按照清查的对象和范围不同，分为全面清查和局部清查。局部清查是指根据需要对一部分或某个仓库的存货进行的清查；全面清查是指对所有物资进行的清查。为了保证盘点的质量，明确经济责任，盘点时必须有两个或两个以上的人员参加，以起相互监督的作用，盘点时实物负责人必须在场。在存货清查过程中，企业应认真做好清查记录，并将清查结果逐项登记在“存货盘点报告表”中（见表4-12）。



**表4-12　存货盘点报告表3**

单位：　　　　　　　　　　年　月　日　　　　　　　　　　仓库：

| 存货类别 | 名称规格 | 计量单位 | 数量 | | 单价/元 | 盘盈 | | 盘亏 | | 盘亏原因 |
|---|---|---|---|---|---|---|---|---|---|---|
| | | | 账存 | 实存 | | 数量 | 金额/元 | 数量 | 金额/元 | |
| | | | | | | | | | | |
| | | | | | | | | | | |

**2．存货清查结果的账务处理**

企业在清查中查明的各种财产物资的盘盈、盘亏和毁损，应设置“待处理财产损溢”账户进行核算。该账户借方登记各种财产物资的盘亏金额和批准转销的盘盈金额，贷方登记发生的各种财产物资的盘盈金额和批准转销的盘亏金额。企业的财产损溢，应查明原因，在期末结账前处理完毕，处理后该账户应无余额。存货的盘盈、盘亏和毁损，应通过该账户的“待处理流动资产损溢”明细账户进行核算。

企业应先将盘盈、盘亏和毁损的存货价值在未查明原因批准处理之前，记入“待处理财产损溢”账户，并调整存货的账面价值，使存货账实相符；并应于期末结账前查明原因，根据企业的管理权限，经批准后，按不同的原因和处理结果予以转销。

（1）存货盘盈的账务处理。存货盘盈，应根据“存货盘点报告表”，按同类或类似存货的市场价格作为实际成本，借记“原材料”等账户，贷记“待处理财产损溢——待处理流动

资产损溢”账户；存货发生盘盈，主要是由于收发计量或核算上的错误等原因造成的，经批准后冲减“管理费用”账户。

**【例 4-38】**2013 年 12 月 31 日，宏泰公司对原材料进行盘点，发现 A 材料盘盈 100 千克，A 材料实际单位成本 42 元。经查属于材料收发计量方面的错误。

盘盈时，根据“存货盘点报告表”进行账务处理：

借：原材料——A 材料　　4 200

　　贷：待处理财产损溢——待处理流动资产损溢　　4 200

报经上级批准处理后：

借：待处理财产损溢——待处理流动资产损溢　　4 200

　　贷：管理费用　　4 200

（2）存货盘亏和毁损的账务处理。存货盘亏和毁损，应根据“存货盘点报告表”按盘亏或毁损的实际成本，借记“待处理财产损溢——待处理流动资产损溢”账户，贷记“原材料”“库存商品”等账户。对于购进货物、在产品、产成品发生非正常损失引起的盘亏负担的增值税，也应一并转入“待处理财产损溢—— 待处理流动资产损溢”账户。

造成存货盘亏和毁损的原因是多方面的，报经批准后，应根据不同的原因，分别不同情况进行账务处理，属于自然损耗产生的定额内损耗，经批准后转作管理费用。

**【例 4-39】**2013 年 12 月 31 日，宏泰公司对原材料进行盘点，发现 B 材料盘亏 100 千克，B 材料实际单位成本 60 元。经查属于定额内损耗。

发生盘亏时：

借：待处理财产损溢——待处理流动资产损溢　　6 000

　　贷：原材料——B 材料　　6 000

批准处理后：

借：管理费用　　6 000

　　贷：待处理财产损溢——待处理流动资产损溢　　6 000

## 二、存货期末计量的原则和方法

资产负债表日，存货应当按照成本与可变现净值孰低法计量。成本与可变现净值孰低法是指对期末存货按照成本与可变现净值两者之中较低者计量的方法。即当成本低于可变现净值时，期末存货按成本计价；当可变现净值低于成本时，期末存货按可变现净值计价。同时按照成本高于可变现净值的差额计提存货跌价准备，计入当期损益。

采用成本与可变现净值孰低法，是体现会计核算谨慎性原则的要求。

（1）成本。成本是指期末存货的实际成本，即以历史成本为基础的存货计价方法计算得出的期末存货价值，如企业存货日常核算采用计划成本法时，则“成本”为调整后的实际成本。

（2）可变现净值。可变现净值是指预计未来净现金流量，而不是指存货的售价或合同价。企业销售存货预计取得的现金流量，并不完全等于存货的可变现净值。存货在销售过程中可能发生相关税费和销售费用，以及为达到预定可销售状态还可能发生的加工成本等相关支出，均构成现金流入的抵减项目。企业预计的销售存货现金流量扣除这些抵减项目后，才能确定存货的可变现净值。

拓展知识

## 一、存货盘亏和毁损的账务处理

（1）属于日常计量收发差错和管理不善等原因造成的存货短缺或毁损，应先扣除残料价值和可以收回的过失人的赔偿，借记“原材料”和“其他应收款”账户，然后将净损失借记“管理费用”账户，同时，贷记“待处理财产损溢——待处理流动资产损溢”账户。

（2）属于自然灾害或意外事故造成的存货毁损，应先扣除残料价值和可以收回的保险赔偿，然后将净损失转作营业外支出。即借记“原材料”“其他应收款”“营业外支出”账户，贷记“待处理财产损溢——待处理流动资产损溢”账户。

企业因自然灾害、意外事故以及管理不善造成存货的非正常损失和毁损，还应按规定税率转出增值税的进项税额，即贷记“应交税费——应交增值税（进项税额转出）”账户。

【例 4-40】2013 年 12 月 31 日，某公司进行存货清查时，发现 A 材料盘亏 200 千克，单位实际成本 50 元，B 材料盘亏 100 千克，单位实际成本 60 元。经查 B 材料属于管理不善造成，由仓库保管员王佳赔偿损失 2 000 元；A 材料属于自然灾害损毁，应收保险公司赔款 8 000 元。

发生盘亏时：

借：待处理财产损溢——待处理流动资产损溢　16 000
　贷：原材料——A 材料　10 000
　　　　　——B 材料　6 000



批准处理后：

管理费用=6 000×（1+17%）–2 000=5 020（元）

营业外支出=10 000×（1+17%）–8 000=3 700（元）

借：其他应收款——王佳　2 000
　　　　　——保险公司　8 000
　管理费用　5 020
　营业外支出　3 700
　贷：待处理财产损溢——待处理流动资产损溢　16 000
　　　应交税费——应交增值税（进项税额转出）　2 720

## 二、存货跌价准备的核算

### 1．账户设置

为了核算存货可变现净值低于成本而发生的损失，企业应设置“存货跌价准备”账户核算。借方登记已计提存货跌价准备的存货价值得以恢复的数额，以及其他原因转销的跌价准备数额；贷方登记存货可变现净值低于成本计提的存货跌价准备数额；期末贷方余额反映结存存货计提的存货跌价准备。该账户为存货账户的备抵调整账户，有关存货账户的期末借方余额减去“存货跌价准备”账户的期末贷方余额，即为期末存货的价值。

### 2．存货跌价准备的计提

（1）成本低于可变现净值。如果期末结存存货的成本低于可变现净值，则不需作账务处

理，资产负债中的存货按期末账面价值列示。

（2）可变现净值低于成本。如果期末存货的可变现净值低于成本，应按可变现净值低于存货成本的差额，计提存货跌价准备。

通常情况下，企业应当按照单个存货项目计提存货跌价准备。而对数量繁多、单价较低的存货，可以按照存货类别计提存货跌价准备。对在同一地区生产和销售，具有相同或类似最终用途或目的，且难以与其他项目分开计量的存货，可以合并计提存货跌价准备。因此，成本与可变现净值的比较就有单项比较法、分类比较法和综合比较法三种形式。

企业首次计提存货跌价准备时，应按存货可变现净值低于成本的差额，借记“资产减值损失—— 计提存货跌价准备”账户，贷记“存货跌价准备”账户。以后每一会计期末比较存货成本与可变现净值，计算出应计提的存货跌价准备数额（即应计提金额），然后与“存货跌价准备”账户余额（即已计提金额）进行比较，若应提数大于已提数，应按差额补提；若应提数小于已计提数，表明前已计提跌价准备的存货的价值以后得以部分恢复，应按恢复部分的数额，冲销已计提数，借记“存货跌价准备”账户，贷记“资产减值损失—— 计提存货跌价准备”账户；若计提跌价准备的存货的价值以后全部恢复（即成本低于可变现净值），其冲减的跌价准备金额，应以“存货跌价准备”账户的余额冲减至零为限。

**【例 4-41】**福州市宏泰公司采用成本与可变现净值孰低法进行期末存货计价。假设公司在2009年年末开始计提存货跌价准备，有关年度某类存货的资料见表4-13：



**表 4-13　存货资料表**　　单位：元

| 日　期 | 历史成本 | 可变现净值 |
|---|---|---|
| 2009年年末 | 80 000 | 78 000 |
| 2010年年末 | 93 000 | 90 000 |
| 2011年年末 | 90 000 | 88 800 |
| 2012年年末 | 94 500 | 97 000 |

2009年年末，应计提存货跌价准备为2 000元（80 000–78 000）。账务处理为：

借：资产减值损失——计提存货跌价准备　　2 000

　　贷：存货跌价准备　　2 000

2010年年末，应计提存货跌价准备为3 000元（93 000–90 000），应补提的存货跌价准备为1 000元（3 000–2 000）。账务处理为：

借：资产减值损失——计提存货跌价准备　　1 000

　　贷：存货跌价准备　　1 000

2011年年末，应计提存货跌价准备为1 200元（90 000–88 800），应冲销计提的存货跌价准备为1 800元（3 000–1 200）。账务处理为：

借：存货跌价准备　　1 800

　　贷：资产减值损失——计提存货跌价准备　　1 800

2012年年末，因为成本低于可变现净值，期末存货恢复按成本计价，不存在存货跌价准备，所以，应冲销已计提的存货跌价准备1 200元。账务处理为：

借：存货跌价准备　　1 200

　　贷：资产减值损失——计提存货跌价准备　　1 200

3．存货跌价准备结转的核算

企业计提了存货跌价准备，如果其中有部分存货已经销售，则企业在结转销售成本的同时，应结转对其已计提的存货跌价准备，借记“存货跌价准备”账户，贷记“主营业务成本”或“其他业务成本”账户；生产领用存货，借记“存货跌价准备”账户，贷记“生产成本”账户。

【例 4-42】2011 年，宏泰公司库存甲商品 5 台，每台成本为 5 000 元，已经计提的存货跌价准备为 8 000 元。2012 年，宏泰公司将库存的 5 台商品全部以每台 6 000 元的价格出售。

宏泰公司不考虑可能发生的销售费用及税金的影响，应将这 5 台商品已经计提的跌价准备在结转其销售成本的同时，全部予以结转。

结转销售成本时：

借：主营业务成本　　25 000

　　贷：库存商品——甲商品　　25 000

结转已经计提的跌价准备时：

借：存货跌价准备　　8 000

　　贷：主营业务成本　　8 000

# 5 模块五 对外投资核算

## 【岗位工作情景】

海西市金牛公司上年度的收入翻番，今年年初该公司计划把闲置资金转入兴业证券海西营业部用于对外投资。你知道对外投资的种类与特点吗？

## 【岗位学习目标】

**一、岗位知识目标**

1. 了解对外投资的概念、特点和分类。

2. 熟悉金融资产的内容和分类；熟悉交易性金融资产、持有至到期投资、可供出售金融资产、投资性房地产、长期股权投资的含义与内容。

3. 掌握交易性金融资产的核算方法。

**二、岗位能力目标**

熟练填制交易性金融资产一般业务的记账凭证。

**三、职业素养目标**

1. 培养认真细致的工作作风。

2. 树立执业风险观念。

## 任务　交易性金融资产核算

### 工作案例

### 一、原始凭证

2013 年 8 月 1 日，海西市金牛公司于兴业证券海西营业部购入黄河债券。原始凭证如表 5-1 和图 5-1 所示。

表 5-1　海西市金牛公司证券交易一览表 1

2013 年 8 月 1 日　　　　单位：元

| 证 券 名 称 | 黄河债券 | 代　　码 | 100900 |
|---|---|---|---|
| 买入数量 | 5 000 | 成交价格 | 104.00 |
| 印 花 税 | 0.00 | 手续费 | 260.00 |
| 过 户 费 | 1.00 | 附加费 | |
| 实付金额 | 520 261.00 | 盈亏 | |
| 交割凭证　　张 | | 经办人：陈兵 | |

财务主管：赵航生　　　　会计：　　　　部门负责人：

兴业证券海西营业部买卖证券交割单

| 成交日期 | 客户名称 | 证券代码 | 证券名称 | 操作 | 成交数量 | 成交编号 | 成交均价 |
|---|---|---|---|---|---|---|---|
| 20130801 | 海西金牛 | 100900 | 黄河债券 | 证券买入 | 5 000 | 4516437 | 104.00 |
| 成交金额 | 交易市场 | 发生金额 | 手续费 | 印花税 | 其他杂费 | 合同编号 | 股东账户 |
| 520 000.00 | 上海证券 | –520 261.00 | 260.00 | 0.00 | 1.00 | 1562335 | A481559 |

（注：该债券于 2013 年 1 月 1 日发行，期限 2 年，票面利率为 7%，每年 1 月 20 日付息一次，企业拟随时出售。）

图 5-1　证券交割单 1

## 二、记账凭证

根据海西市金牛公司证券交易一览表和兴业证券海西营业部买卖证券交割单，填制记账凭证如图 5-2 所示。



记 账 凭 证

*2013* 年 *8* 月 *1* 日　　　　记字第 *1* 号

| 摘　要 | 总账科目 | 明细科目 | √ | 借方金额 | | | | | | | | | | √ | 贷方金额 | | | | | | | | | |
|---|---|---|---|---|---|---|---|---|---|---|---|---|---|---|---|---|---|---|---|---|---|---|---|---|
| | | | | 千 | 百 | 十 | 万 | 千 | 百 | 十 | 元 | 角 | 分 | | 千 | 百 | 十 | 万 | 千 | 百 | 十 | 元 | 角 | 分 |
| 存出投资款 | 交易性金融资产 | 债券投资—黄河债券（成本） | | | | *5* | *2* | *0* | *0* | *0* | *0* | *0* | *0* | | | | | | | | | | | |
| | 投资收益 | | | | | | | | *2* | *6* | *1* | *0* | *0* | | | | | | | | | | | |
| | 其他货币资金 | 存出投资款 | | | | | | | | | | | | | | | *5* | *2* | *0* | *2* | *6* | *1* | *0* | *0* |
| 合　计 | | | | | ¥ | *5* | *2* | *0* | *2* | *6* | *1* | *0* | *0* | | | ¥ | *5* | *2* | *0* | *2* | *6* | *1* | *0* | *0* |

附单据 *2* 张

财务主管：　　记账：　　出纳：　　复核：　　制表：

图 5-2　记账凭证 17

**活动资料**

2013 年 5 月 1 日，海西市金牛公司将存出投资款 500 000 元转入兴业证券海西营业部。原始凭证如图 5-3 和图 5-4 所示。要求：2013 年 5 月 1 日，海西市金牛公司于兴业证券海西营业部购入天茂债券。原始凭证如表 5-2 和图 5-5 所示。根据原始凭证填制记账凭证（设上一张记账凭证编号是记字第 70 号）。

中国工商银行（闽）

转账支票存根

$\frac{B}{0}\frac{J}{2}$3857411

附加信息

出票日期　2013 年 5 月 1 日

| 收款人：兴业证券海西营业部 |
|---|
| 金额：¥500 000.00 |
| 用途：存出投资款 |

单位主管：赵航生　　　　会计：陈兵

图 5-3　转账支票存根 4

**中国工商银行进账单**（回单）　　1

2013 年 5 月 1 日

<table>
<tr><td rowspan="3">出票人</td><td>全　称</td><td>海西市金牛公司</td><td rowspan="3">收款人</td><td>全　称</td><td colspan="11">兴业证券海西营业部</td></tr>
<tr><td>账　号</td><td>15328953766</td><td>账　号</td><td colspan="11">14455667788</td></tr>
<tr><td>开户银行</td><td>工商银行仓山办事处</td><td>开户银行</td><td colspan="11">工商银行金牛支行</td></tr>
<tr><td rowspan="2">金额</td><td colspan="4" rowspan="2">人民币（大写）伍拾万元整</td><td>亿</td><td>千</td><td>百</td><td>十</td><td>万</td><td>千</td><td>百</td><td>十</td><td>元</td><td>角</td><td>分</td></tr>
<tr><td></td><td>¥</td><td>5</td><td>0</td><td>0</td><td>0</td><td>0</td><td>0</td><td>0</td><td>0</td><td>0</td></tr>
<tr><td colspan="2">票据种类</td><td></td><td colspan="2">票据张数</td><td colspan="11" rowspan="3">中国工商银行金牛支行<br>★2013.05.01★<br>业务清讫<br><br>收款人开户银行签章</td></tr>
<tr><td colspan="2">票据号码</td><td colspan="3"></td></tr>
<tr><td colspan="2">复核</td><td colspan="3">记账：</td></tr>
</table>

图 5-4　进账单 5

**表 5-2　海西市金牛公司证券交易一览表 2**

2013 年 5 月 1 日　　　　单位：元

| 证券名称 | 天茂债券 | 代　码 | 100921 |
|---|---|---|---|
| 买入数量 | 4 500 | 成交价格 | 50.00 |
| 印花税 | 0.00 | 手续费 | 200.00 |
| 过户费 | 1.00 | 附加费 | |
| 实付金额 | 225 201.00 | 盈亏 | |
| 交割凭证　　　　张 | | 经办人：陈兵 | |

财务主管：赵航生　　　　会计：　　　　部门负责人：

**兴业证券海西营业部买卖证券交割单**

| 成交日期 | 客户名称 | 证券代码 | 证券名称 | 操作 | 成交数量 | 成交编号 | 成交均价 |
|---|---|---|---|---|---|---|---|
| 20130801 | 海西金牛 | 100921 | 天茂债券 | 证券买入 | 4 500 | 4516458 | 50.00 |
| 成交金额 | 交易市场 | 发生金额 | 手续费 | 印花税 | 其他杂费 | 合同编号 | 股东账户 |
| 225 000.00 | 上海证券 | –225 201.00 | 200.00 | 0.00 | 1.00 | 1562879 | A481559 |

（注：该债券于2013年3月1日发行，期限2年，票面利率为10%，每年1月20日付息一次，企业拟随时出售。）

图5-5 证券交割单2

基础知识

## 一、对外投资的概念

所谓投资，是指企业为通过分配来增加财富，而将资产让渡给其他单位所获得的另一项资产。投资包括对内投资和对外投资。对内投资是指企业取得的为使其增值而持有的资产，如存货、固定资产等。对外投资是指企业为了达到特定目的而将一部分资产投资于外部单位，如购买其他公司的股票、债券，直接将企业的有形资产或无形资产投向其他企业等。



## 二、对外投资的分类

**1．按投资期限分类**

对外投资按投资期限可分为短期投资和长期投资。

（1）短期投资是指能够随时变现并且持有时间不超过一年（含一年）的投资，如在证券交易市场购买股票、债券、基金等。短期投资的目的是企业利用暂时闲置的资金谋取一定的收益。

（2）长期投资是指企业投出的期限在一年以上的资金以及购入的在一年以上或不准备随时变现的有价证券，包括长期股权投资、长期债权投资和其他长期投资。

**2．按投资性质分类**

对外投资按投资性质可分为权益性投资、债权性投资和混合性投资。

（1）权益性投资是指企业通过投资取得被投资企业的股权，也称股权投资，主要包括购入普通股股票或直接以实物资产或无形资产进行权益性投资，投资方拥有与股权相应的表决权。

（2）债权性投资是指企业通过投资取得被投资企业的债权或国家的债权，主要包括购入各种债券及委托贷款，其有固定的收回期限和利息收入，风险较低。

（3）混合性投资是指企业投资于兼有股权和债权双重性质的投资，如购入被投资企业的优先股或可转换公司债券。

**3．按投资目的分类**

对外投资按投资目的可分为金融资产、长期股权投资和投资性房地产。

（1）金融资产是指企业持有的现金，或者能够为企业带来经济利益的金融工具，包括交易性金融资产、持有至到期投资、可供出售金融资产。

（2）长期股权投资是指企业已经取得并打算长期持有的被投资单位的股权投资，包括股票投资和其他股权投资。

（3）投资性房地产是指企业为赚取租金或资本增值，或两者兼有而持有的房地产。

## 三、交易性金融资产概述

### 1. 交易性金融资产的概念

交易性金融资产是企业为了近期内出售而持有的金融资产。例如，企业为充分利用闲置的资金，以赚取价差为目的从二级市场购入的股票、债券、基金等。

### 2. 交易性金融资产的确认

满足以下条件之一的金融资产应当划分为交易性金融资产：

（1）取得该金融资产的目的主要是为了近期内出售、回购或赎回。

（2）属于进行集中管理的可辨认金融工具组合的一部分，且有客观证据表明企业近期采用短期获利方式对该组合进行管理。

（3）属于衍生金融工具。

### 3. 交易性金融资产的初始计量

企业取得的交易性金融资产，应当按照公允价值计量。对于以公允价值计量且其变动计入当期损益的交易性金融资产，相关交易费用应当直接计入当期损益。交易费用是指可直接归属于购买、发行或处置交易性金融资产新增的外部费用，包括手续费和佣金及其他必要支出。



## 四、交易性金融资产的核算

### 1. 交易性金融资产核算的账户设置

企业为了核算和监督交易性金融资产投资业务，应设置“交易性金融资产”“公允价值变动损益”“应收股利”“应收利息”“投资收益”等账户。

“交易性金融资产”账户是用来核算企业为交易目的持有的投资债券、股票、基金等交易性金融资产的公允价值。该账户借方登记交易性金融资产取得成本及该项资产公允价值大于其账面余额的差额；贷方登记公允价值小于其账面余额的差额、处置交易性金融资产时结转的实际成本及结转的公允价值变动损益；期末借方余额反映企业持有的交易性金融资产的公允价值。该账户可按投资的类别和品种，分别“成本”“公允价值变动”设置明细账户，进行明细核算。

“公允价值变动损益”账户用来核算企业交易性金融资产等公允价值变动形成的应计入当期损益的利得和损失。贷方登记资产负债表日交易性金融资产的公允价值高于其账面余额的差额；借方登记资产负债表日交易性金融资产的公允价值低于其账面余额的差额；期末余额（借方或贷方）反映尚未结转的公允价值低于或高于其账面余额的差额。在处置交易性金融资产时，将其期末余额转入“投资收益”账户。

2．交易性金融资产的账务处理

（1）企业取得交易性金融资产，按其公允价值，借记“交易性金融资产——成本”账户，按发生的交易费用，借记“投资收益”账户，按已到付息期但尚未领取的利息或已宣告但尚未发放的现金股利，借记“应收利息”或“应收股利”账户，按实际支付的金额，贷记“银行存款”等账户。

（2）交易性金融资产持有期间被投资单位宣告发放的现金股利，或在资产负债表日按分期付息、一次还本债券投资的票面利率计算的利息，借记“应收股利”或“应收利息”账户，贷记“投资收益”账户。

【例5-1】金牛公司在2013年5月21日通过证券交易所购入上市M公司的股票50 000股，成交价格每股11.3元，手续费300元。M公司于5月7日宣告每10股派发现金股利1元，于5月27日派发。金牛公司持有M公司股票是以获利为目的且不对M公司的管理施加重大影响，因此该项投资归属于交易性金融资产。购入时，根据有关交易凭证等，编制会计分录如下：

借：交易性金融资产——M公司（成本） 560 000
　　投资收益 300
　　应收股利——M公司 5 000
　贷：银行存款 565 300

【例5-2】金牛公司在2013年5月27日收到派发的现金股利。编制会计分录如下：



借：银行存款 5 000
　贷：应收股利——M公司 5 000

**拓展知识**

## 一、交易性金融资产期末计量的账务处理

资产负债表日，交易性金融资产的公允价值高于其账面余额的差额，借记“交易性金融资产——公允价值变动”账户，贷记“公允价值变动损益”账户；公允价值低于其账面余额的差额作相反的会计分录。

【例5-3】2013年6月30日，M公司股票的市价为12元，共购入50 000股，该股票购入时的入账价值为560 000元。则编制会计分录如下：

借：交易性金融资产——M公司股票（公允价值变动）（12×50 000–560 000）40 000
　贷：公允价值变动损益 40 000

## 二、交易性金融资产处置的账务处理

出售交易性金融资产，应按实际收到的金额，借记“银行存款”等账户，按该金融资产的账面余额，贷记“交易性金融资产——成本”“公允价值变动”账户，按其差额，贷记或借记“投资收益”账户，同时，将原计入该金融资产的公允价值变动转出，借记或贷记“公

允价值变动损益”账户，贷记或借记“投资收益”账户。

**【例 5-4】**续例 5-3，2013 年 9 月 30 日，公司以每股 15 元将 M 公司的股票出售，出售时手续费为 200 元，则出售时编制会计分录如下：

银行存款=15×50 000–200=749 800

借：银行存款　　749 800

　　贷：交易性金融资产——M 公司（成本）　　560 000

　　　　公允价值变动　　40 000

　　　　投资收益　　149 800

借：公允价值变动损益　　40 000

　　贷：投资收益　　40 000

# 模块六 固定资产核算

【岗位工作情景】

海西市金牛公司拥有大量的固定资产，公司应如何管理好这些资产呢？

【岗位学习目标】

**一、岗位知识目标**

1. 了解固定资产的概念和分类、租赁固定资产的概念和分类、固定资产后续支出的内容。
2. 熟悉固定资产的确认与计量、折旧的概念和影响因素、折旧的范围。
3. 掌握固定资产取得和处置的核算、折旧的计算方法和核算、经营租赁固定资产的核算、固定资产明细核算、固定资产清查的核算、后续支出的核算。

**二、岗位能力目标**

1. 熟练填制购入、出售、报废固定资产业务的记账凭证。
2. 能运用年限平均法计算固定资产折旧。

**三、职业素养目标**

1. 培养认真细致的工作作风。
2. 树立执业风险观念。

## 任务一　固定资产取得的核算

### 活动一　购入不需安装固定资产的核算

工作案例

#### 一、原始凭证

2013 年 8 月 1 日，海西市金牛公司购进一台不需要安装的机床。原始凭证如图 6-1～图 6-3 所示。

## 中国工商银行（闽）

## 转账支票存根

$\frac{B}{0}\frac{J}{2}$ 3857411

附加信息

出票日期 2013 年 8 月 1 日

| 收款人：海西市第一机械厂 |
|---|
| 金额：¥234 000 |
| 用途：支付设备款 |

单位主管：赵航生 会计：陈兵

图 6-1 转账支票存根 5

## 固定资产验收单

2013 年 8 月 1 日

| 资产名称 | 规格型号 | 计量单位 | 数量 | 实际成本总额 | | | 单位成本 | 备注 |
|---|---|---|---|---|---|---|---|---|
| | | | | 买价 | 运杂费等 | 合计 | | |
| 机床 | A330 | 台 | 2 | 200 000 | | 200 000 | | 预计使用 8 年，预计净残值率 4%，当月交付生产车间使用。 |
| 固定资产验收部门 | 固定资产管理处 | 李虎 | 固定资产使用部门 | 生产车间 | | | | |

财务主管：陈兵 记账：林齐 出纳：陈芳 经办：林为



图 6-2 固定资产验收单 1

## 福建省增值税专用发票

发票联

3500055650 开票日期：2013 年 8 月 1 日 No. 24358650

| 购货单位 | 名称：海西市金牛公司<br>纳税人识别号：35010310026060561<br>地址、电话：<br>开户行及账号：中国工商银行海西市金牛支行 14455667788 | | | | | 密码区 | | |
|---|---|---|---|---|---|---|---|---|
| 货物或应税劳务名称 | | 规格型号 | 单位 | 数量 | 单价 | 金额 | 税率 | 税额 |
| 机床 | | | 台 | 2 | 100 000 | 200 000.00 | 17% | 34 000.00 |
| 合计 | | | | | | ¥200 000.00 | | ¥34 000.00 |
| 价税合计（大写） | | ⊗ 贰拾叁万肆仟圆整 | | | | （小写）¥234 000.00 | | |
| 销货单位 | 名称：海西市第一机械厂<br>纳税人识别号：35055638276426655<br>地址、电话：<br>开户行及账号：中国工商银行海西市台江支行 15328953766 | | | | | 备注 | | |

第二联 发票联 购货方记账凭证

收款人： 复核： 开票人：李明 销货单（章）

图 6-3 专用发票 9

## 二、记账凭证

根据转账支票存根、进账单、固定资产验收单和增值税专用发票，填制记账凭证如图6-4所示。

**记 账 凭 证**

*2013*年*8*月*1*日　　　　记字第*1*号

| 摘　要 | 总账科目 | 明细科目 | √ | 借方金额 | | | | | | | | | | √ | 贷方金额 | | | | | | | | | |
|---|---|---|---|---|---|---|---|---|---|---|---|---|---|---|---|---|---|---|---|---|---|---|---|---|
| | | | | 千 | 百 | 十 | 万 | 千 | 百 | 十 | 元 | 角 | 分 | | 千 | 百 | 十 | 万 | 千 | 百 | 十 | 元 | 角 | 分 |
| 购买设备 | 固定资产 | 生产经营用固定资产（机床） | | | | 2 | 0 | 0 | 0 | 0 | 0 | 0 | 0 | | | | | | | | | | | |
| | 应交税费 | 应交增值税（进项税额） | | | | | 3 | 4 | 0 | 0 | 0 | 0 | 0 | | | | | | | | | | | |
| | 银行存款 | | | | | | | | | | | | | | | | 2 | 3 | 4 | 0 | 0 | 0 | 0 | 0 |
| 合　计 | | | | | ¥ | 2 | 3 | 4 | 0 | 0 | 0 | 0 | 0 | | | ¥ | 2 | 3 | 4 | 0 | 0 | 0 | 0 | 0 |

附单据*4*张

财务主管：　　记账：　　出纳：　　复核：　　制表：

图6-4　记账凭证18



### 活动资料

2013年11月3日，海西市金牛公司购进一台不需要安装的机床。原始凭证如图6-5～图6-7所示。要求：根据原始凭证填制记账凭证（设上一张记账凭证编号是记字第70号）。

**中国工商银行**（闽）

**转账支票存根**

$\frac{B}{0}\frac{J}{2}$　3857411

附加信息

出票日期　2013年11月3日

| 收款人：海西市兴胜设备公司 |
|---|
| 金额：¥175 500.00 |
| 用途：支付设备款 |

单位主管：赵航生　　会计：陈兵

图6-5　转账支票存根6

**固定资产验收单**

2013 年 11 月 3 日

| 资产名称 | 规格型号 | 计量单位 | 数量 | 实际成本总额 | | | 单位成本 | 备注 |
|---|---|---|---|---|---|---|---|---|
| | | | | 买价 | 运杂费等 | 合计 | | |
| A 设备 | A347 | 台 | 1 | 150 000 | | 150 000 | | 预计使用 5 年，预计净残值率 4%，当月交付管理部门使用。 |
| 固定资产验收部门 | 固定资产管理处 | | 李虎 | 固定资产使用部门 | | 管理部门 | | |

财务主管：陈兵　　记账：林齐　　出纳：陈芳　　经办：林为

图 6-6　固定资产验收单 2

**福建省增值税专用发票**

发票联

**3500055650**　　开票日期：2013 年 11 月 3 日　　**No. 24358650**

| 购货单位 | 名称：海西市金牛公司<br>纳税人识别号：35010310026060561<br>地址、电话：<br>开户行及账号：中国工商银行海西市金牛支行 14455667788 | | | | 密码区 | | | |
|---|---|---|---|---|---|---|---|---|
| 货物或应税劳务名称 | 规格型号 | 单位 | 数量 | 单价 | 金额 | 税率 | 税额 | |
| A 设备 | | 台 | 1 | 150 000 | 150 000.00 | 17% | 25 500.00 | |
| 合　　计 | | | | | ¥150 000.00 | | ¥25 500.00 | |
| 价税合计（大写） | ⊗壹拾柒万伍仟伍佰圆整 | | | | | | （小写）¥175 500.00 | |
| 销货单位 | 名称：海西市兴胜设备公司<br>纳税人识别号：35055638276426658<br>地址、电话：<br>开户行及账号：中国工商银行海西市台江支行 15328954513 | | | | 备注 | 海西市兴胜设备公司<br>35055638276426658<br>发票专用章 | | |

第二联　发票联　购货方记账凭证

收款人：　　复核：　　开票人：李明　　销货单（章）

图 6-7　专用发票 10



## 基础知识

## 一、固定资产的概念

固定资产是指同时具有以下特征的有形资产：为生产商品、提供劳务、出租或经营管理而持有的，使用年限超过一年，单位价值较高。

## 二、固定资产的特点

与其他资产相比，固定资产具有下列特点：

（1）固定资产是有形资产。固定资产具有具体的实物形态，一般指房屋、建筑物、机器设备、运输工具以及其他专用设备等。此特征是区别固定资产与无形资产的主要标志。

（2）固定资产是企业为生产商品、提供劳务、出租或经营管理而持有的。企业持有这些资产的目的不是为了销售，企业使用固定资产生产商品，最终通过商品销售或收取租金以及改进管理，提高管理效率，降低成本等形式使经济利益流入企业。这是固定资产的最基本特征，也是区别固定资产与存货的主要标志。

（3）固定资产的使用寿命超过一个会计年度。这个特征是区别固定资产与流动资产的主要特征。

## 三、固定资产的分类

### 1．按经济用途进行分类

（1）生产经营用固定资产是指直接参加或直接服务于生产经营过程的各种固定资产，如生产经营用的房屋、建筑物、机器设备、运输工具等。

（2）非生产经营用固定资产是指不直接服务于生产经营过程中的各种固定资产，如用于公共福利设施、文化娱乐、职工住宅等方面的房屋、设备和其他固定资产等。

### 2．按使用情况分类



（1）使用中固定资产是指正在使用中的各种固定资产，以及由于季节性停用或大修理停用的固定资产和内部轮换使用的固定资产，也属于使用中固定资产。

（2）未使用固定资产是指已购建完成但尚未交付使用的新增固定资产以及进行改建、扩建等暂时脱离生产经营过程的固定资产。

（3）不需用固定资产是指本企业多余或不适用，准备处置的固定资产。

### 3．按固定资产的所有权进行分类

（1）自有固定资产是指企业拥有的可供企业自由地支配使用的固定资产。

（2）租入固定资产是指企业采用融资租赁的方式从其他单位租入的固定资产。

## 四、固定资产的计量

### 1．按原始价值计价

原始价值简称原值，是指按取得该项资产时实际发生的支出计价。该方法的优点是具有可验证性，即有相应的凭证为依据。它是固定资产的基本计价标准。外购、自建、改扩建等方式购建的固定资产，均按原始价值计价。

### 2．按重置成本计价

重置成本是指按照现在的条件，购买相同或相似资产所需支付的现金或者现金等价物的金额。企业盘盈的固定资产的计量就采用重置成本进行计量。

### 3．按净值计价

固定资产净值也称为折余价值，是指固定资产原值减去已提折旧后的净额。这种计价方法

可以反映固定资产的实际价值和新旧程度，如盘盈和接受捐赠的固定资产可按折余价值计价。

## 五、账户设置

“固定资产”账户核算固定资产的原值。该账户借方登记企业增加的固定资产原值，贷方登记企业减少的固定资产原值，借方余额表示实有固定资产的原值。该账户按固定资产项目进行明细分类核算。

为核算企业基建工程、更新改造工程等使用的各种物资的实际成本，应设置“工程物资”账户进行核算。借方登记购入工程物资的实际成本，贷方登记在建工程领用等原因减少的工程物资的实际成本，期末的借方余额反映企业库存工程物资的实际成本。

“在建工程”账户也属于资产类账户，核算企业基建工程、安装工程、技术改造工程、大修理工程等所发生的实际支出和工程成本的结转情况。借方登记企业各项在建工程的实际支出，包括需要安装设备的价款；贷方登记工程完工交付使用而转出的实际工程成本；期末借方余额反映尚未完工或虽已完工但尚未办理竣工手续的工程累计支出额。

## 六、购入不需安装的固定资产

购入不需安装的固定资产，应按实际支付的买价、包装费、运输费等作为入账价值。如果以一笔款项购入多项没有单独标价的固定资产，应按各项固定资产公允价值的比例对总成本进行分配，分别确定各项固定资产的入账价值。

购入的不需要安装的固定资产，应按实际支付的全部价款（包括包装费、运杂费等支出），借记“固定资产”账户，按增值税专用发票反映的税额借记“应交税费——应交增值税（进项税额）”账户，贷记“银行存款”等账户。



**【例 6-1】**某企业购入不需安装的设备一台，增值税专用发票上注明价款 40 000 元，增值税税额 6 800 元，款项均已用银行存款支付。该企业应作会计分录如下：

| | | |
|---|---|---|
| 借：固定资产 | 40 000 | |
| 　　应交税费——应交增值税（进项税额） | 6 800 | |
| 　　贷：银行存款 | | 46 800 |

**拓展知识**

## 一、固定资产的确认

固定资产的确认条件如下：

（1）与该固定资产有关的经济利益有可能流入企业。

（2）该固定资产的成本能够可靠的计量。

## 二、其他途径取得固定资产的初始计量

### 1. 自行建造固定资产的核算

自行建造的固定资产，按建造过程中发生的合理支出作为其入账价值。

2．投资者投资转入的固定资产

投资者投入的固定资产，按投资各方确认的价值作为其入账价值。

3．接受捐赠固定资产

（1）捐赠方提供了有关凭据的，按凭据上标明的金额加上应支付的相关税费，作为入账价值。

（2）捐赠方没有提供有关凭据的，按同类或类似固定资产的市场价格估计的金额，加上应支付的相关税费，作为入账价值。

4．固定资产盘盈的核算

按同类或类似固定资产的市场价格，减去该资产新旧程度估计的价值损耗后的余额，作为入账价值。

## 活动二　购入需安装固定资产的核算

### 工作案例

### 一、原始凭证



2013 年 8 月 5 日，海西市金牛公司购进一台需要安装的设备。原始凭证如图 6-8～图 6-10 所示。

**托收凭证**（付款通知）　　**5**

委托日期 2013 年 8 月 5 日

<table>
<tr><td colspan="2">业务类型</td><td colspan="16">委托收款（☑邮划、☐电划）托收承付（☐邮划、☐电划）</td><td rowspan="9">此联为付款人开户银行给付款人按期付款通知</td></tr>
<tr><td rowspan="3">付款人</td><td>全称</td><td colspan="3">海西市金牛公司</td><td rowspan="3">收款人</td><td>全称</td><td colspan="11">海西市第一机械厂</td></tr>
<tr><td>账号</td><td colspan="3">14455667788</td><td>账号</td><td colspan="11">15328953766</td></tr>
<tr><td>地址</td><td>福建省海西市县</td><td>开户行</td><td>工商银行金牛支行</td><td>地址</td><td colspan="3">福建省海西市县</td><td>开户行</td><td colspan="7">工商银行台江支行</td></tr>
<tr><td rowspan="2">金额</td><td colspan="6" rowspan="2">人民币（大写）伍万捌仟伍佰元整</td><td>亿</td><td>千</td><td>百</td><td>十</td><td>万</td><td>千</td><td>百</td><td>十</td><td>元</td><td>角</td><td>分</td></tr>
<tr><td></td><td></td><td></td><td>¥</td><td>5</td><td>8</td><td>5</td><td>0</td><td>0</td><td>0</td><td>0</td></tr>
<tr><td>款项内容</td><td>货款</td><td colspan="2">托收凭证名称</td><td colspan="6">发票</td><td colspan="8">附寄单证张数</td></tr>
<tr><td colspan="2">商品发运情况</td><td colspan="5"></td><td colspan="11">合同名称号码</td></tr>
<tr><td colspan="3">备注：<br>付款人开户银行收到日期<br>2013 年 8 月 5 日<br>复核：　记账：</td><td colspan="4">中国工商银行金牛支行<br>*2013.08.05*<br>业务清讫<br>付款人开户银行　2013 年 8 月 5 日</td><td colspan="11">付款人注意：<br>1．根据支付结算办法，上列委托收款（托收承付）款项在付款期内未提出拒付，即视为同意付款，以此代付款通知。<br>2．如需提出全部或部分拒付，应在规定期限内，将拒付理由书并附债务证明退交开户银行。</td></tr>
</table>

图 6-8　托收凭证 4

## 福建省增值税专用发票

发票联

3500012450　　开票日期：2013 年 8 月 5 日　　No.00812235

| 购货单位 | 名称：海西市金牛公司<br>纳税人识别号：3501030123456789<br>地址、电话：<br>开户行及账号：工商银行金牛支行 14455667788 | | | | | 密码区 | | |
|---|---|---|---|---|---|---|---|---|
| 货物或应税劳务名称 | 规格型号 | 单位 | 数量 | 单价 | 金 额 | 税率 | 税 额 | |
| B 设备 | T006 | 台 | 1 | 50 000 | 50 000.00 | 17% | 8 500.00 | |
| 合　　计 | | | | | ¥50 000.00 | | ¥8 500.00 | |
| 价税合计（大写） | ⊗伍万捌仟伍佰元整 | | | | | （小写）¥58 500.00 | | |
| 销货单位 | 名称：海西市第一机械厂<br>纳税人识别号：35055638276426655<br>地址、电话：<br>开户行及账号：中国工商银行海西市台江支行 15328953766 | | | | 备注 | 海西市第一机械厂<br>35055638276426655<br>发票专用章 | | |

收款人：　　复核：　　开票人：陈月英　　销货单位（章）

第二联发票联　购货方记帐凭证

图 6-9　专用发票 11



## 固定资产验收单

2013 年 8 月 5 日

| 资产名称 | 规格型号 | 计量单位 | 数量 | 实际成本总额 | | | 单位成本 | 备注 |
|---|---|---|---|---|---|---|---|---|
| | | | | 买价/元 | 运杂费等/元 | 合计/元 | | |
| B 设备 | T006 | 台 | 1 | 50 000 | | 50 000 | | 需安装，交付安装。 |
| 固定资产验收部门 | 固定资产管理处 | 李虎 | | 固定资产使用部门 | 管理部门 | | | |

财务主管：陈兵　　记账：林齐　　出纳：陈芳　　经办：林为

图 6-10　固定资产验收单 3

2013 年 8 月 7 日，海西市金牛公司为安装 B 设备领用材料 4 000 元，支付工资 2 000 元，固定资产交付使用。原始凭证如图 6-11、表 6-1 和图 6-12 所示。

领料单位：车间　　　　**海西市金牛公司**　　　　凭证编号：16512

**领料单**

发料仓库：原材料库

用途：安装B设备　　　　2013年8月7日　　　　材料类型：原材料

| 材料类型 | 材料编号 | 材料名称 | 规格 | 计量单位 | 数量 | | 单价/元 | 金额/元 | 备注 |
|---|---|---|---|---|---|---|---|---|---|
| | | | | | 请领 | 实领 | | | |
| | | 丁材料 | | | | | | 4 000 | |
| | | | | | | | | | |
| | | | | | | | | | |
| 合计 | | | | | | | | 4 000 | |

负责人：　　　　发料人：　　　　经办：

图6-11　领料单1

表6-1　海西市金牛公司工资分配汇总简表1

2013年8月7日　　　　单位：元

| 部门 / 应借科目 | 基建部门工资 | 合计 | 备注 |
|---|---|---|---|
| 在建工程 | 2 000 | 2 000 | 安装B设备工资 |
| 合　计 | 2 000 | 2 000 | |

财务主管：　　　　复核：　　　　制表：

**海西市金牛公司**

**固定资产竣工工程交接单**

单项工程：　　　　2013年8月7日　　　　附件

| 资产名称 | 规格型号 | 计量单位 | 数量 | 开工日期 | 竣工日期 | 实际成本/元 | | | 备注 |
|---|---|---|---|---|---|---|---|---|---|
| | | | | | | 设备费 | 安装费 | 合计 | |
| B设备 | | 台 | 1 | 6月5日 | 6月7日 | 50 000 | 6 000 | 56 000 | 预计使用10年，预计净残值率4%，当月交付管理部门使用。 |
| 验收部门 | 固定资产管理处 | 负责人 | | 使用部门 | 管理部门 | 负责人 | | | |
| | | 会计主管 | | | | 会计主管 | | | |
| | | 经办人 | | | | 经办人 | | | |

图6-12　固定资产竣工工程交接单1

## 二、记账凭证

根据托收凭证、固定资产验收单和增值税专用发票，填制记账凭证如图6-13所示。

**记 账 凭 证**

*2013*年*8*月*5*日　　　　记字第　*2*　号

| 摘　要 | 总账科目 | 明细科目 | √ | 借方金额（千百十万千百十元角分） | √ | 贷方金额（千百十万千百十元角分） |
|---|---|---|---|---|---|---|
| 购买设备 | 在建工程 | 在安装设备（B设备） | | 5000000 | | |
| | 应交税费 | 应交增值税（进项税额） | | 850000 | | |
| | 银行存款 | | | | | 5850000 |
| 合　计 | | | | ¥5850000 | | ¥5850000 |

附单据*3*张

财务主管：　　记账：　　出纳：　　复核：　　制表：

图6-13　记账凭证19

根据领料单、工资分配汇总简表和固定资产竣工工程交接单，填制记账凭证如图6-14所示。

# 记　账　凭　证

**2013** 年 **8** 月 **7** 日　　　　　　　　记字第　**3 1/2**　号

| 摘　要 | 总账科目 | 明细科目 | √ | 借方金额 | | | | | | | | | | √ | 贷方金额 | | | | | | | | | |
|---|---|---|---|---|---|---|---|---|---|---|---|---|---|---|---|---|---|---|---|---|---|---|---|---|
| | | | | 千 | 百 | 十 | 万 | 千 | 百 | 十 | 元 | 角 | 分 | | 千 | 百 | 十 | 万 | 千 | 百 | 十 | 元 | 角 | 分 |
| 设备交付安装 | 在建工程 | 在安装设备（B设备） | | | | | | 6 | 0 | 0 | 0 | 0 | 0 | | | | | | | | | | | |
| | 原材料 | | | | | | | | | | | | | | | | | | 4 | 0 | 0 | 0 | 0 | 0 |
| | 应付职工薪酬 | 工资 | | | | | | | | | | | | | | | | | 2 | 0 | 0 | 0 | 0 | 0 |
| 合　计 | | | | | | | ¥ | 6 | 0 | 0 | 0 | 0 | 0 | | | | | ¥ | 6 | 0 | 0 | 0 | 0 | 0 |

附单据 **3** 张

财务主管：　　　　记账：　　　　出纳：　　　　复核：　　　　制表：

a）

# 记　账　凭　证

**2013** 年 **8** 月 **7** 日　　　　　　　　记字第 **32/2** 号

| 摘　要 | 总账科目 | 明细科目 | √ | 借方金额 | | | | | | | | | | √ | 贷方金额 | | | | | | | | | |
|---|---|---|---|---|---|---|---|---|---|---|---|---|---|---|---|---|---|---|---|---|---|---|---|---|
| | | | | 千 | 百 | 十 | 万 | 千 | 百 | 十 | 元 | 角 | 分 | | 千 | 百 | 十 | 万 | 千 | 百 | 十 | 元 | 角 | 分 |
| 设备竣工 | 固定资产 | 生产经营用固定资产（B设备） | | | | | 5 | 6 | 0 | 0 | 0 | 0 | 0 | | | | | | | | | | | |
| | 在建工程 | 在安装设备（B设备） | | | | | | | | | | | | | | | | 5 | 6 | 0 | 0 | 0 | 0 | 0 |
| 合　计 | | | | | | ¥ | 5 | 6 | 0 | 0 | 0 | 0 | 0 | | | | ¥ | 5 | 6 | 0 | 0 | 0 | 0 | 0 |

附单据 **4** 张

财务主管：　　　　记账：　　　　出纳：　　　　复核：　　　　制表：

b）

图 6-14　记账凭证 20

## 活动资料

2013 年 11 月 7 日，海西市金牛公司购进一台需要安装的机床。原始凭证如图 6-15～图 6-17 所示。



# 托收凭证（付款通知）　　　　5

委托日期 2013 年 11 月 7 日

| 业务类型 | 委托收款（☑邮划、☐电划）托收承付（☐邮划、☐电划） | | | |
|---|---|---|---|---|
| 付款人 全称 | 海西市金牛公司 | 收款人 全称 | 海西市兴胜设备公司 | |
| 付款人 账号 | 14455667788 | 收款人 账号 | 15328954513 | |
| 付款人 地址 | 福建省海西市县　开户行　工商银行金牛支行 | 收款人 地址 | 福建省海西市县　开户行　工商银行台江支行 | |
| 金额 | 人民币（大写）玖万叁仟陆佰元整 | | 亿 千 百 十 万 千 百 十 元 角 分：¥ 9 3 6 0 0 0 0 | |
| 款项内容 | 货款　托收凭证名称 | | 发票 | 附寄单证张数 |
| 商品发运情况 | | | 合同名称号码 | |
| 备注：<br>付款人开户银行收到日期<br>2013 年 11 月 7 日<br><br>复核：　记账： | 中国工商银行金牛支行<br>＊2013.11.07＊<br>业务清讫<br><br>付款人开户银行　2013 年 11 月 7 日 | | 付款人注意：<br>1. 根据支付结算办法，上列委托收款（托收承付）款项在付款期内未提出拒付，即视为同意付款，以此代付款通知。<br>2. 如需提出全部或部分拒付，应在规定期限内，将拒付理由书并附债务证明退交开户银行。 | |

此联为付款人开户银行给付款人按期付款通知

图 6-15　托收凭证 5

福建省值税专用发票

发票联

全国统一发票监制章 闽 市 国家税务局监制

3500012450　　开票日期：2013 年 11 月 7 日　　No. 00812235

<table>
<tr><td rowspan="4">购货单位</td><td colspan="3">名称：海西市金牛公司</td><td rowspan="4" colspan="2">密码区</td><td rowspan="4" colspan="3"></td></tr>
<tr><td colspan="3">纳税人识别号：3501030123456789</td></tr>
<tr><td colspan="3">地址、电话：</td></tr>
<tr><td colspan="3">开户行及账号：工商银行金牛支行 14455667788</td></tr>
<tr><td colspan="2">货物或应税劳务名称</td><td>规格型号</td><td>单位</td><td>数量</td><td>单价</td><td>金额</td><td>税率</td><td>税额</td></tr>
<tr><td colspan="2">M 设备</td><td>T019</td><td>台</td><td>1</td><td>80 000</td><td>80 000.00</td><td>17%</td><td>13 600.00</td></tr>
<tr><td colspan="2">合　　计</td><td></td><td></td><td></td><td></td><td>¥80 000.00</td><td></td><td>¥13 600.00</td></tr>
<tr><td colspan="2">价税合计（大写）</td><td colspan="7">⊗ 玖万叁仟陆佰元整　　（小写）¥93 600.00</td></tr>
<tr><td rowspan="4">销货单位</td><td colspan="3">名称：海西市兴胜设备公司</td><td rowspan="4">备注</td><td rowspan="4" colspan="4">海西市兴胜设备公司 35055638276426658 发票专用章</td></tr>
<tr><td colspan="3">纳税人识别号：35055638276426658</td></tr>
<tr><td colspan="3">地址、电话：</td></tr>
<tr><td colspan="3">开户行及账号：中国工商银行海西市台江支行 15328954513</td></tr>
</table>

第二联 发票联 购货方记帐凭证

收款人：　　复核：　　开票人：陈月英　　销货单位（章）

图 6-16　专用发票 12

固定资产验收单

2013 年 11 月 7 日

<table>
<tr><td rowspan="2">资产名称</td><td rowspan="2" colspan="2">规格型号</td><td rowspan="2">计量单位</td><td rowspan="2">数量</td><td colspan="3">实际成本总额</td><td rowspan="2">单位成本</td><td rowspan="2">备注</td></tr>
<tr><td>买价</td><td>运杂费等</td><td>合计</td></tr>
<tr><td>M 设备</td><td colspan="2">T019</td><td>台</td><td>1</td><td>80 000</td><td></td><td>80 000</td><td></td><td rowspan="2">需安装，交付安装。</td></tr>
<tr><td>固定资产验收部门</td><td colspan="4">固定资产管理处</td><td>固定资产使用部门</td><td colspan="3">管理部门</td></tr>
</table>

财务主管：陈兵　　记账：林齐　　出纳：陈芳　　经办：林为

图 6-17　固定资产验收单 4

2013 年 11 月 10 日，金牛公司为安装 M 设备领用材料 7 000 元，支付工资 5 000 元，固定资产交付使用。原始凭证如图 6-18、表 6-2 和图 6-19 所示。

领料单位：车间　　海西市金牛公司　　凭证编号：17893

领料单

发料仓库：原材料库

用途：安装M设备　　2013年11月10日　　材料类型：原材料

| 材料类型 | 材料编号 | 材料名称 | 规格 | 计量单位 | 数量 | | 单价 | 金额 | 备注 |
|---|---|---|---|---|---|---|---|---|---|
| | | | | | 请领 | 实领 | | | |
| | | K材料 | | | | | | 7 000 | |
| | | | | | | | | | |
| | | | | | | | | | |
| 合计 | | | | | | | | 7 000 | |

负责人：　　发料人：　　经办：

图6-18　领料单2

表6-2　海西市金牛公司工资分配汇总简表2

2013年11月10日　　单位：元

| 部门 / 应借科目 | 基建部门工资 | 合计 | 备注 |
|---|---|---|---|
| 在建工程 | 5 000 | 5 000 | 安装M设备工资 |
| 合　计 | 5 000 | 5 000 | |

财务主管：　　复核：　　制表：

海西市金牛公司

固定资产竣工工程交接单

单项工程：　　2013年11月10日　　附件

| 资产名称 | 规格型号 | 计量单位 | 数量 | 开工日期 | 竣工日期 | 实际成本/元 | | | 备注 |
|---|---|---|---|---|---|---|---|---|---|
| | | | | | | 设备费 | 安装费 | 合计 | |
| M设备 | | 台 | 1 | 11月7日 | 11月10日 | 80 000 | 12 000 | 92 000 | |
| 验收部门 | 固定资产管理处 | 负责人 | | 使用部门 | 管理部门 | 负责人 | | | 预计使用8年，预计净残值率 4%，当月交付管理部门使用。 |
| | | 会计主管 | | | | 会计主管 | | | |
| | | 经办人 | | | | 经办人 | | | |

图6-19　固定资产竣工工程交接单2

要求：根据原始凭证填制记账凭证。

## 基础知识

购入需要安装的固定资产，是指购入的固定资产需要经过安装以后才能交付使用。企业购入固定资产时，按实际支付的价款（包括买价、包装费、运输费等），借记“在建工程”科目，贷记“银行存款”等科目；发生的安装费用，借记“在建工程”科目，贷记“银行存款”“原材料”等科目；安装完成交付验收使用时，按其实际成本（包括买价、包装费、运输费和安装费等）作为固定资产的入账价值，借记“固定资产”科目，贷记“在建工程”科目。

**【例 6-2】**企业购入需安装的设备一台，增值税专用发票上注明价款 80 000 元，增值税税额 13 600 元，款项均已用银行存款支付。安装设备时，领用原材料价值 3 000 元，购进该批材料时支付的增值税税额为 510 元，应付安装人员的工资为 2 000 元。该企业应作如下处理：

支付设备价款、税费 93 600 元时：

借：在建工程　　80 000
　　应交税费——应交增值税（进项税额）　　13 600
　　贷：银行存款　　93 600

领用安装材料，支付安装人员工资合计 5 000 元时：

借：在建工程　　5 000
　　贷：原材料　　3 000
　　　　应付职工薪酬——工资　　2 000

设备安装完毕时：

固定资产价值=93 600+5 000=98 600（元）

借：固定资产　　98 000
　　贷：在建工程　　98 000

**拓展知识**



## 一、自行建造固定资产的核算

企业可根据生产经营的特殊需要利用自有的人力、物力条件自行建造，即自制或自建固定资产。

企业自行建造的固定资产，应按建造过程中发生的全部支出（包括所消耗的材料、人工、其他费用和缴纳的有关税金等）作为入账价值。

**1．自营工程的核算**

企业自营工程主要通过“工程物资”“在建工程”账户核算用于在建工程的各种物资的实际成本，以及改扩建工程等转入的固定资产净值。

**【例 6-3】**某企业采用自营方式自行建造一生产车间，购入为工程准备的各种物资 600 000 元，支付的增值税税额为 102 000 元。工程实际领用工程物资（含增值税）585 000 元。支付本企业施工人员工资 140 000 元，结转工程应负担的水、电、修理、运输等劳务费 60 000 元。另领用企业生产用的原材料 60 000 元，应转出的增值税税额为 10 200 元。工程达到预定可使用状态并交付使用，剩余物资转作企业存货。企业应作会计分录如下：

购入为工程准备的各种物资时：

借：工程物资——专用材料　　702 000
　　贷：银行存款　　702 000

工程实际领用工程物资（含增值税）时：

借：在建工程——建筑工程（生产车间）　　585 000
　　贷：工程物资——专用材料　　585 000

领用企业生产用的原材料时：

借：在建工程——建筑工程（生产车间） 70 200

　贷：原材料 60 000

　　应交税费——应交增值税（进项税额转出） 10 200

结转支付施工人员工资 140 000 元时：

借：在建工程——建筑工程（生产车间） 140 000

　贷：应付职工薪酬——工资 140 000

按月结转工程应负担的水、电、修理、运输等劳务费 60 000 元时：

借：在建工程——建筑工程（生产车间） 60 000

　贷：生产成本——辅助生产 60 000

生产车间施工完毕，交付使用，结转其已完工成本时：

借：固定资产 855 200

　贷：在建工程——建筑工程（生产车间） 855 200

将剩余的工程物资转作企业存货时：

借：原材料 100 000

　应交税费——应交增值税（进项税额） 17 000

　贷：工程物资——专用材料 117 000

2．出包工程的核算

企业采用出包方式进行的自制、自建固定资产工程，其工程的具体支出在承包单位核算。出包企业通过"在建工程"账户核算与承包单位结算的工程价款，借方登记出包工程价款，贷方登记转入"固定资产"账户的工程成本。

【例 6-4】某企业将建造厂房工程出包给某施工单位，工程价款 100 000 元，开工前向承包单位预付 40%的工程款，完工验收合格后支付剩余款项。应作会计分录如下：

预付工程款时：

借：预付账款 40 000

　贷：银行存款 40 000

借：在建工程——建筑工程（厂房） 40 000

　贷：预付账款 40 000

工程完工，验收合格补付工程款时：

借：在建工程——建筑工程（厂房） 60 000

　贷：银行存款 60 000

结转工程成本时：

借：固定资产——厂房 100 000

　贷：在建工程——建筑工程（厂房） 100 000

## 二、接受投资者投入固定资产

企业接受投资者投入的房屋、设备等固定资产，一方面要反映固定资产的增加，另一方面要反映投资者投资额的增加。对投资者投入的固定资产，无论新旧都应当按投资合同或协议约定的价值确定（合同协议约定价值不公允的除外）入账价值。按入账价值，借记“固定资产”账户，按投资各方确认的价值，贷记“实收资本”账户。

【例 6-5】A 公司收到 B 公司投入的设备一台。该设备在 B 公司的账面原价为 200 000 元，已提折旧 40 000 元。A 公司接受投资时，经资产评估部门评估，该设备净值为 180 000 元。双方约定以评估净值确认投资额。则 A 公司应作会计分录如下：

借：固定资产　　180 000

　贷：实收资本——B 公司　　180 000

## 任务二　固定资产折旧

### 工作案例

### 一、原始凭证

2013 年 8 月 31 日，海西市金牛公司计提 A 设备 8 月份的月折旧额。原始凭证如图 6-20 所示。

**内部转账单**

2013 年 8 月 31 日　　单位：元

| 摘　　要 | 金　额 | 备　注 |
| --- | --- | --- |
| 计提 A 设备 2013 年 8 月份的月折旧额。企业共有 A 设备 2 台，每台原价 100 000 元，预计使用年限 10 年，预计净残值率 4%，使用部门是管理部门。 | 1 600 | 年限平均法 |

会计主管：　　复核：　　制单：

图 6-20　内部转账单 1



### 二、记账凭证

根据内部转账单，填制记账凭证如图 6-21 所示。

**记 账 凭 证**

*2013* 年 *8* 月 *31* 日　　记字第 *4* 号

| 摘　要 | 总账科目 | 明细科目 | √ | 借方金额 千 | 百 | 十 | 万 | 千 | 百 | 十 | 元 | 角 | 分 | √ | 贷方金额 千 | 百 | 十 | 万 | 千 | 百 | 十 | 元 | 角 | 分 |
| --- | --- | --- | --- | --- | --- | --- | --- | --- | --- | --- | --- | --- | --- | --- | --- | --- | --- | --- | --- | --- | --- | --- | --- | --- |
| 计提A设备折旧 | 管理费用 | 折旧费 | | | | | | 1 | 6 | 0 | 0 | 0 | 0 | | | | | | | | | | | |
| | 累计折旧 | | | | | | | | | | | | | | | | | | 1 | 6 | 0 | 0 | 0 | 0 |
| | | | | | | | | | | | | | | | | | | | | | | | | |
| 合　计 | | | | | | | ¥ | 1 | 6 | 0 | 0 | 0 | 0 | | | | | ¥ | 1 | 6 | 0 | 0 | 0 | 0 |

附单据 *1* 张

财务主管：　　记账：　　出纳：　　复核：　　制表：

图 6-21　记账凭证 21

**活动资料**

2013 年 11 月 30 日，海西市金牛公司计提 L 设备 11 月份的月折旧额。原始凭证如图 6-22 所示。

**内部转账单**

2013 年 11 月 30 日　　　　单位：元

| 摘　　要 | 金　　额 | 备　　注 |
| --- | --- | --- |
| 计提 L 设备 2013 年 8 月份的月折旧额。企业共有 L 设备 1 台，每台原价 50 000 元，预计使用年限 8 年，预计净残值率 4%，使用部门是车间。 | | 年限平均法 |

会计主管：　　　　复核：　　　　制单：

图 6-22　内部转账单 2

要求：计算应计提折旧金额，并根据原始凭证填制记账凭证。

**基础知识**

## 一、固定资产折旧的概念

固定资产能够连续在若干个生产周期内发挥作用并保持其原有的实物形态，但其价值随着固定资产的损耗逐渐地转移到产品成本中去，构成了企业的费用。这部分随着固定资产磨损而逐渐转移到成本和费用中去的价值，称为固定资产折旧。



## 二、固定资产计提折旧的方法——平均年限法

《企业会计准则第 4 号——固定资产》规定，企业应当根据与固定资产有关的经济利益的预期实现方式，合理选择固定资产折旧方法。可选用的折旧方法包括年限平均法、工作量法、双倍余额递减法和年数总和法等。企业固定资产应当按月计提折旧，并根据用途计入相关资产的成本或者当期损益。

平均年限法也叫直线法，是将固定资产的折旧额均衡地分摊到各期的一种方法。其计算公式为：

$$年折旧率=\frac{1-预计净残值率}{预计使用年限}\times 100\%$$

$$年折旧额=固定资产原价\times 年折旧率$$

$$月折旧率=年折旧率\div 12$$

$$月折旧额=固定资产原价\times 月折旧率$$

## 三、固定资产折旧的账务处理

企业按月计提固定资产折旧时，应借记“制造费用”“管理费用”“销售费用”等科目，贷记“累计折旧”科目。

【例 6-6】月末企业对固定资产进行折旧，其中车间的固定资产折旧额为 40 000 元，管理部门的折旧额为 20 000 元，销售部门的折旧额为 35 000 元。作会计分录如下：

借：制造费用　　40 000
　　管理费用　　20 000
　　销售费用　　35 000
　　贷：累计折旧　　95 000

**拓展知识**

## 固定资产计提折旧的其他计算方法

1．工作量法

工作量法是指按照固定资产在规定的折旧年限内可以完成的工作量（如汽车的行驶里程、机器设备的工作小时等）进行比例计算折旧额的一种方法。按照这种方法可以正确地为各月使用程度变化相对较大的固定资产计提折旧。其计算公式为：

$$单位工作量折旧额=\frac{固定资产原价\times(1-预计净残值率)}{预计工作量}$$

某项固定资产月折旧额=该项固定资产当月工作量×单位工作量折旧额

【例 6-7】企业有一台设备，账面原值为 400 000 元，规定的预计净残值率为 5%，预计工作总量为 200 000 小时，该月实际完成工时 800 小时。

单位工作小时折旧额=400 000×（1−5%）÷200 000=1.90（元）

本月折旧额=800×1.90=1 520（元）

2．双倍余额递减法

双倍余额递减法是指在不考虑固定资产残值的情况下，根据每期期初固定资产账面余额和双倍的直线法折旧率计算固定资产折旧的一种方法。其计算公式为：

$$年折旧率=\frac{2}{预计固定资产折旧年限}\times100\%$$

月折旧率=年折旧率÷12

月折旧额=固定资产账面净值×月折旧率

【例 6-8】某企业一台设备原始价值 100 000元，预计净残值 4 000 元，预计使用寿命 5 年，按双倍余额递减法计算的每年应提折旧额如表 6-3 所示。

表 6-3　双倍余额递减法下固定资产折旧计算表

| 年　份 | 折 旧 率 | 年 折 旧 额 | 累计折旧额 | 账 面 净 值 |
|---|---|---|---|---|
| 第一年 | 40% | 40 000（100 000×40%） | 40 000 | 60 000 |
| 第二年 | 40% | 24 000（60 000×40%） | 64 000 | 36 000 |
| 第三年 | 40% | 14 400（36 000×40%） | 78 400 | 21 600 |
| 第四年 | 50% | 8 800（21 600−4 000）×50% | 87 200 | 12 800 |
| 第五年 | 50% | 8 800（21 600−4 000）×50% | 96 000 | 4 000 |

其中：

该设备年折旧率=2÷5×100%=40%

3．年数总和法

年数总和法是指将固定资产的原值减去净残值后的净额乘以一个逐年递减的分数计算每年折旧额的方法。

【例 6-9】采用例 6-8 的资料，采用年数总和法计算的每年应提折旧额如表 6-4 所示。

表 6-4 年数总和法下固定资产折旧计算表

| 年份 | 折旧率 | 年折旧额 | 累计折旧额 | 账面净值 |
|---|---|---|---|---|
| 第一年 | 5/15 | 32 000（96 000×5/15） | 32 000 | 68 000 |
| 第二年 | 4/15 | 25 600（96 000×4/15） | 57 600 | 42 400 |
| 第三年 | 3/15 | 19 200（96 000×3/15） | 76 800 | 23 200 |
| 第四年 | 2/15 | 12 800（96 000×2/15） | 89 600 | 10 400 |
| 第五年 | 1/15 | 6 400（96 000×1/15） | 96 000 | 4 000 |

# 任务三 固定资产后续支出——费用化的后续支出的核算

工作案例

## 一、原始凭证

2013 年 8 月 25 日，海西市金牛公司对管理部门和销售部门的部分房屋进行维修。原始凭证如图 6-23 和表 6-5 所示。



海西市金牛公司　　凭证编号：16512

领料单

领料单位：维修队　　发料仓库：原材料库

用途：房屋维修　　2013 年 8 月 25 日　　材料类型：原材料

| 材料类型 | 材料编号 | 材料名称 | 规格 | 计量单位 | 数量 | | 单价/元 | 金额/元 | 备注 |
|---|---|---|---|---|---|---|---|---|---|
| | | | | | 请领 | 实领 | | | |
| | | W 材料 | | | | | | 3 000 | 所维修房屋中，管理部门占 2/3，销售部门占 1/3。 |
| | | | | | | | | | |
| | | | | | | | | | |
| 合计 | | | | | | | | 3 000 | |

负责人：　　发料人：　　经办：

图 6-23 领料单 3

表 6-5 海西市金牛公司工资分配汇总简表 3

2013 年 8 月 25 日　　单位：元

| 应借科目 \ 部门 | 管理部门 | 销售部门 | 合计 | 备注 |
|---|---|---|---|---|
| 管理费用 | 1 000 | | 1 000 | 维修房屋工人工资 |
| 销售费用 | | 800 | 800 | |
| 合计 | 1 000 | 8 000 | 1 800 | |

财务主管：　　复核：　　制表：

## 二、记账凭证

根据领料单和工资分配汇总简表，填制记账凭证如图 6-24 所示。

**记 账 凭 证**

*2013* 年 *8* 月 *25* 日　　　　记字第　*5*　号

| 摘　要 | 总账科目 | 明细科目 | √ | 借方金额 | | | | | | | | | | √ | 贷方金额 | | | | | | | | | |
|---|---|---|---|---|---|---|---|---|---|---|---|---|---|---|---|---|---|---|---|---|---|---|---|---|
| | | | | 千 | 百 | 十 | 万 | 千 | 百 | 十 | 元 | 角 | 分 | | 千 | 百 | 十 | 万 | 千 | 百 | 十 | 元 | 角 | 分 |
| 对房屋维修 | 管理费用 | 维修费 | | | | | | 3 | 3 | 4 | 0 | 0 | 0 | | | | | | | | | | | |
| | 销售费用 | 维修费 | | | | | | 1 | 9 | 7 | 0 | 0 | 0 | | | | | | | | | | | |
| | 原材料 | W材料 | | | | | | | | | | | | | | | | | 3 | 0 | 0 | 0 | 0 | 0 |
| | 应交税费 | 应交增值税（进项税额转出） | | | | | | | | | | | | | | | | | | 5 | 1 | 0 | 0 | 0 |
| | 应付职工薪酬 | 工资 | | | | | | | | | | | | | | | | | 1 | 8 | 0 | 0 | 0 | 0 |
| 合　计 | | | | | | | ¥ | 5 | 3 | 1 | 0 | 0 | 0 | | | | | ¥ | 5 | 3 | 1 | 0 | 0 | 0 |

附单据 *2* 张

财务主管：　　记账：　　出纳：　　复核：　　制表：

图 6-24　记账凭证 22

**活动资料**



2013 年 11 月 21 日，海西市金牛公司对管理部门和销售部门的部分房屋进行维修。原始凭证如图 6-25 和表 6-6 所示。要求：根据原始凭证填制记账凭证

领料单位：维修队　　**海西市金牛公司**　　凭证编号：16754

用途：房屋维修　　**领料单**　　发料仓库：原材料库

2013 年 11 月 21 日　　材料类型：原材料

| 材料类型 | 材料编号 | 材料名称 | 规格 | 计量单位 | 数量 | | 单价/元 | 金额/元 | 备注 |
|---|---|---|---|---|---|---|---|---|---|
| | | | | | 请领 | 实领 | | | |
| | | J 材料 | | | | | | 9 000 | 所维修房屋中，管理部门占 1/3，销售部门占 2/3。 |
| | | | | | | | | | |
| | | | | | | | | | |
| 合计 | | | | | | | | 3 000 | |

负责人：　　发料人：　　经办：

图 6-25　领料单 4

**表 6-6　海西市金牛公司工资分配汇总简表 4**

2013 年 11 月 21 日　　单位：元

| 应借科目＼部门 | 管理部门 | 销售部门 | 合计 | 备注 |
|---|---|---|---|---|
| 管理费用 | 1 000 | | 1 000 | 维修房屋工人工资 |
| 销售费用 | | 2 000 | 2 000 | |
| 合计 | 1 000 | 2 000 | 3 000 | |

财务主管：　　复核：　　制表：

基础知识

## 一、固定资产后续支出概述

**1．固定资产后续支出的概念**

固定资产投入使用以后还会发生一些必要的支出，如为了维护、改进其功能所发生的支出，改建、扩建固定资产发生的支出等，这些支出也称之为“固定资产的后续支出”。

**2．固定资产后续支出的核算要求**

在日常核算中，企业在发生固定资产后续支出时，需要确定这些支出应该资本化还是费用化。《企业会计准则第 4 号——固定资产》规定，与固定资产有关的后续支出，如果符合固定资产确认的条件，应当计入固定资产成本，不符合固定资产确认条件的，应当在发生时计入当期损益。

## 二、固定资产租赁

企业由于生产经营发展的需要，可以向其他单位租入机器设备等固定资产，也可以将闲置多余的固定资产出租给其他单位使用。固定资产的租赁按其性质和形式的不同可分为经营性租赁和融资性租赁两种。

经营性租赁是指企业为满足生产经营中临时需要而以租赁的方式取得固定资产使用权的一种租赁方式。企业经营租入的固定资产不作为本企业的固定资产入账核算，而只在备查簿中作备查登记，发生的租赁费列入企业的成本费用，租赁期满，企业将资产退还给出租人。



融资性租赁是指企业为满足生产经营的长期需要而以租赁的方式取得固定资产所有权的一种租赁方式。企业采用融资方式租入的固定资产，要视同自有固定资产进行核算。

拓展知识

## 一、固定资产资本化的后续支出的核算

企业的固定资产投入使用后，为了适应新技术的发展，或者为提高固定资产的使用效能，往往需要对现有固定资产进行改建、扩建或者改良。如果这项支出增强了固定资产获取未来经济利益的能力，提高了固定资产的性能，如固定资产的使用年限延长，固定资产的生产能力提高，使产品质量提高，使生产成本降低，企业经营管理环境或条件改善等，此时，应将后续支出予以资本化。

应予资本化的固定资产后续支出，一般按其账面价值先通过“在建工程”科目核算，然后加上由于改建、扩建而使该项资产达到可使用状态前发生的改良支出，减去变价收入，形成改良后固定资产的原值，转入“固定资产”科目。改良完成时，还应根据固定资产改良的具体情况重新确定其折旧年限及折旧率。

【例 6-10】甲公司有生产线一条，原价为 1 200 000 元，预计使用年限为 6 年，预计净残值为 0，采用直线法计提折旧。该生产线已使用 3 年，已提折旧为 600 000 元。2012 年 12 月

对该生产线进行更新改造，以银行存款支付改良支出240 000元。改造后的生产线预计还可使用4年，预计可收回金额为850 000元，预计净残值为0。根据上述资料，甲公司有关会计处理如下：

开始更新改造时：

借：在建工程　　600 000

　　累计折旧　　600 000

　　贷：固定资产　　1 200 000

支付改良支出时：

借：在建工程　　240 000

　　贷：银行存款　　240 000

改造后，转作固定资产时：

借：固定资产　　840 000

　　贷：在建工程　　840 000

改造后的生产线年折旧额=840 000÷4=210 000（元）

## 二、经营性租入固定资产的核算

经营性租入固定资产，因所有权不属于企业，不记入“固定资产”账户，也不计提折旧，只在备查簿中记录。租入固定资产支付的租金，应借记“制造费用”或“管理费用”账户，贷记“银行存款”等账户。如果租金一次预付十几个月，可先记入“长期待摊费用”账户，以后再分月摊销。



【例6-11】某企业由于生产需要租入一台设备，双方协商于租赁开始日一次性预付租金50 000元。每月租金2 000元，于租赁期初一次付清。应作会计分录如下：

预付租金时：

借：长期待摊费用　　50 000

　　贷：银行存款　　50 000

每月摊销租金时：

借：制造费用　　2 000

　　贷：长期待摊费用　　2 000

## 三、经营性租出固定资产的账务处理

在经营租赁方式下出租固定资产，由于租赁资产所有权有关的主要风险和报酬实质上并没有转移给承租方，账面不能减少该资产。出租固定资产的账务处理主要是经营租赁固定资产折旧的计提以及应收取租金的账务处理。

出租人确认的租金收入，应贷记“其他业务收入”账户；出租固定资产计提的折旧，应借记“其他业务成本”账户，出租人为出租资产发生的直接费用，应借记“其他业务成本”账户，租赁收入应缴纳的营业税等税费，应借记“营业税金及附加”账户，贷记“应交税费”账户。

# 任务四 固定资产处置的核算

## 工作案例

## 一、原始凭证

2013 年 8 月 27 日，海西市金牛公司将 A 设备出售，取得收入 32 000 元。营业税税率 5%，清理完毕结转清理净损益。原始凭证如表 6-7 所示。

表 6-7 固定资产报废（出售）申报表 1

2013 年 8 月 27 日

| 固定资产编号 | 规格型号 | 单位 | 数量 | 预计使用年限 | 已使用年限 | 原始价值/元 | 已提折旧/元 | 备注 |
|---|---|---|---|---|---|---|---|---|
| A 设备 | | 台 | 1 | 5 | 2 | 50 000 | 20 000 | |
| 固定资产状况及处置原因 | | | 闲置 | | | | | |
| 处理意见 | 使用部门（管理部门） | | 技术鉴定小组 | | 固定资产管理部门 | | 分管领导审批 | |
| | | | | | 同意出售 | | 同意出售 | |

2013 年 8 月 28 日，海西市金牛公司将 A 设备出售后，取得收入 32 000 元。原始凭证如图 6-26、图 6-27 所示。

**福建省海西市服务业统一发票**

记账联

客户：海西市利德公司　　日期：2013 年 8 月 28 日　　地税 No. 612326

| 项目 | 单位 | 数量 | 单价 | 金额 | | | | | | | | 备注 |
|---|---|---|---|---|---|---|---|---|---|---|---|---|
| | | | | 十 | 万 | 千 | 百 | 十 | 元 | 角 | 分 | |
| A 设备出售 | | | | | 3 | 2 | 0 | 0 | 0 | 0 | 0 | |
| | | | | | | | | | | | | |
| 合计人民币（大写） | | 叁万贰千元整 | | ¥ | 3 | 2 | 0 | 0 | 0 | 0 | 0 | |

收款单位（发票专用章）：　财务：　填票：　收款：

图 6-26 服务业统一发票 1

**中国工商银行进账单**（收账通知）　3

2013 年 8 月 28 日

| 出票人 | 全称 | 海西市利德公司 | 收款人 | 全称 | 海西市金牛公司 | | | | | | | | | | |
|---|---|---|---|---|---|---|---|---|---|---|---|---|---|---|---|
| | 账号 | 15328953766 | | 账号 | 14455667788 | | | | | | | | | | |
| | 开户银行 | 工商银行仓山办事处 | | 开户银行 | 工商银行金牛支行 | | | | | | | | | | |
| 金额 | 人民币（大写）叁万贰千元整 | | | 亿 | 千 | 百 | 十 | 万 | 千 | 百 | 十 | 元 | 角 | 分 | |
| | | | | | | | ¥ | 3 | 2 | 0 | 0 | 0 | 0 | 0 | |
| 票据种类 | 转账支票 | 票据张数 | | | | | | | | | | | | | |
| 票据号码 | | | | 收款人开户银行签章 | | | | | | | | | | | |
| 复核： | 记账： | | | | | | | | | | | | | | |

中国工商银行金牛支行 *2013.08.28* 业务清讫

图 6-27 进账单 6

2013 年 8 月 28 日，海西市金牛公司出售厂房后应缴纳营业税 1 600 元。原始凭证如表 6-8 所示。

**表 6-8　税金及附加费计提表 1**

纳税人名称：海西市金牛公司

企业计算机编号：　　　　　　　　　2013 年 8 月 28 日　　　　　　　　　　单位：元

| 序号 | 税种 | 应税项目 | 税款所属时间 | 计税计量 | 计税金额 | 税率或单位税额 | 应纳税款 | 批准减负税额 | 批准缓交税额 | 已缴税额 | 应入库税额 |
|---|---|---|---|---|---|---|---|---|---|---|---|
| | 营业税 | 设备出售 | 2013 年 8 月 | | 32 000.00 | 5% | 1 600 | | | | |

## 二、记账凭证

根据有关原始凭证，填制记账凭证如图 6-28～图 6-31 所示。

### 记 账 凭 证

***2013*** 年 ***8*** 月 ***27*** 日　　　　　　　　记字第　***6***　号

| 摘　要 | 总账科目 | 明细科目 | √ | 借方金额 | | | | | | | | | | √ | 贷方金额 | | | | | | | | | |
|---|---|---|---|---|---|---|---|---|---|---|---|---|---|---|---|---|---|---|---|---|---|---|---|---|
| | | | | 千 | 百 | 十 | 万 | 千 | 百 | 十 | 元 | 角 | 分 | | 千 | 百 | 十 | 万 | 千 | 百 | 十 | 元 | 角 | 分 |
| **结转A设备净值** | **固定资产清理** | | | | | | ***3*** | ***0*** | ***0*** | ***0*** | ***0*** | ***0*** | ***0*** | | | | | | | | | | | |
| | **累计折旧** | | | | | | ***2*** | ***0*** | ***0*** | ***0*** | ***0*** | ***0*** | ***0*** | | | | | | | | | | | |
| | **固定资产** | **A设备** | | | | | | | | | | | | | | | | ***5*** | ***0*** | ***0*** | ***0*** | ***0*** | ***0*** | ***0*** |
| 合　计 | | | | | | ¥ | ***5*** | ***0*** | ***0*** | ***0*** | ***0*** | ***0*** | ***0*** | | | | ¥ | ***5*** | ***0*** | ***0*** | ***0*** | ***0*** | ***0*** | ***0*** |

附单据 ***1*** 张

财务主管：　　　记账：　　　出纳：　　　复核：　　　制表：

图 6-28　记账凭证 23

### 记 账 凭 证

***2013*** 年 ***8*** 月 ***28*** 日　　　　　　　　记字第　***7***　号

| 摘　要 | 总账科目 | 明细科目 | √ | 借方金额 | | | | | | | | | | √ | 贷方金额 | | | | | | | | | |
|---|---|---|---|---|---|---|---|---|---|---|---|---|---|---|---|---|---|---|---|---|---|---|---|---|
| | | | | 千 | 百 | 十 | 万 | 千 | 百 | 十 | 元 | 角 | 分 | | 千 | 百 | 十 | 万 | 千 | 百 | 十 | 元 | 角 | 分 |
| **A设备出售的价款** | **银行存款** | | | | | | ***3*** | ***2*** | ***0*** | ***0*** | ***0*** | ***0*** | ***0*** | | | | | | | | | | | |
| | **固定资产清理** | | | | | | | | | | | | | | | | | ***3*** | ***2*** | ***0*** | ***0*** | ***0*** | ***0*** | ***0*** |
| 合　计 | | | | | | ¥ | ***3*** | ***2*** | ***0*** | ***0*** | ***0*** | ***0*** | ***0*** | | | | ¥ | ***3*** | ***2*** | ***0*** | ***0*** | ***0*** | ***0*** | ***0*** |

附单据 ***2*** 张

财务主管：　　　记账：　　　出纳：　　　复核：　　　制表：

图 6-29　记账凭证 24

### 记 账 凭 证

***2013*** 年 ***8*** 月 ***28*** 日　　　　　　　　记字第　***8***　号

| 摘　要 | 总账科目 | 明细科目 | √ | 借方金额 | | | | | | | | | | √ | 贷方金额 | | | | | | | | | |
|---|---|---|---|---|---|---|---|---|---|---|---|---|---|---|---|---|---|---|---|---|---|---|---|---|
| | | | | 千 | 百 | 十 | 万 | 千 | 百 | 十 | 元 | 角 | 分 | | 千 | 百 | 十 | 万 | 千 | 百 | 十 | 元 | 角 | 分 |
| **计提营业税** | **固定资产清理** | | | | | | | ***1*** | ***6*** | ***0*** | ***0*** | ***0*** | ***0*** | | | | | | | | | | | |
| | **应交税费** | **应交营业税** | | | | | | | | | | | | | | | | | ***1*** | ***6*** | ***0*** | ***0*** | ***0*** | ***0*** |
| 合　计 | | | | | | | ¥ | ***1*** | ***6*** | ***0*** | ***0*** | ***0*** | ***0*** | | | | | ¥ | ***1*** | ***6*** | ***0*** | ***0*** | ***0*** | ***0*** |

附单据 ***1*** 张

财务主管：　　　记账：　　　出纳：　　　复核：　　　制表：

图 6-30　记账凭证 25

## 记账凭证

2013 年 8 月 28 日　　　　　记字第　9　号

| 摘要 | 总账科目 | 明细科目 | √ | 借方金额 千百十万千百十元角分 | √ | 贷方金额 千百十万千百十元角分 | |
|---|---|---|---|---|---|---|---|
| 结转净损益 | 固定资产清理 | | | 40000 | | | 附单据1张 |
| | 营业外收入 | 处理非流动资产收益 | | | | 40000 | |
| 合　计 | | | | ¥40000 | | ¥40000 | |

财务主管：　　记账：　　出纳：　　复核：　　制表：

图 6-31　记账凭证 26

### 活动资料

2013 年 11 月 23 日，海西市金牛公司将厂房出售，取得出售收入 900 000 元，营业税税率 5%，并结转清理净损益。原始凭证如图 6-32、图 6-33、表 6-9 和表 6-10 所示。要求：根据原始凭证填制记账凭证。

**表 6-9　固定资产报废（出售）申报表 2**

2013 年 11 月 23 日

| 固定资产编号 | 规格型号 | 单位 | 数量 | 预计使用年限 | 已使用年限 | 原始价值/元 | 已提折旧/元 | 备注 |
|---|---|---|---|---|---|---|---|---|
| 厂房 | | 台 | 1 | 20 | 2 | 1 048 000 | 100 608 | |
| 固定资产状况及处置原因 | | | 闲　置 | | | | | |
| 处理意见 | 使用部门（管理部门） | | 技术鉴定小组 | | 固定资产管理部门 | | 分管领导审批 | |
| | | | | | 同意出售 | | 同意出售 | |

139

## 福建省海西市服务业统一发票
### 记账联

客户：海西市利德公司　　日期：2013 年 11 月 24 日　　地税 No. 618659

| 项目 | 单位 | 数量 | 单价 | 十 | 万 | 千 | 百 | 十 | 元 | 角 | 分 | 备注 |
|---|---|---|---|---|---|---|---|---|---|---|---|---|
| 厂房出售 | | | | 9 | 0 | 0 | 0 | 0 | 0 | 0 | 0 | |
| | | | | | | | | | | | | |
| 合计人民币（大写） | | 玖拾万元整 | | 9 | 0 | 0 | 0 | 0 | 0 | 0 | 0 | |

收款单位（发票专用章）：　　财务：　　填票：　　收款：

（印章：海西市金牛公司 350556382761218278 发票专用章）

图 6-32　服务业统一发票 2

中国工商银行进账单（收账通知） 3

2013 年 11 月 24 日

| 出票人 | 全　称 | 海西市大福公司 | 收款人 | 全　称 | 海西市金牛公司 |
|---|---|---|---|---|---|
| | 账　号 | 15328974523 | | 账　号 | 14455667128 |
| | 开户银行 | 工商银行仓山办事处 | | 开户银行 | 工商银行金牛支行 |
| 金额 | 人民币（大写）玖拾万元整 | | | 亿 千 百 十 万 千 百 十 元 角 分 | ¥ 9 0 0 0 0 0 0 |
| 票据种类 | 转账支票 | 票据张数 | 1 | | |
| 票据号码 | | | | | |
| 复核： 记账： | | | | 中国工商银行金牛支行 *2013.11.24* 业务清讫 | 收款人开户银行签章 |

图 6-33　进账单 7

**表 6-10　税金及附加费计提表 2**

纳税人名称：海西市金牛公司

企业计算机编号：　　2013 年 11 月 24 日　　单位：元

| 序号 | 税种 | 应税项目 | 税款所属时间 | 计税计量 | 计税金额 | 税率或单位税额 | 应纳税款 | 批准减负税额 | 批准缓交税额 | 已缴税额 | 应入库税额 |
|---|---|---|---|---|---|---|---|---|---|---|---|
| | 营业税 | 设备厂房 | 2013 年 11 月 | | 900 000 | 5% | 45 000 | | | | |



**基础知识**

# 一、固定资产处置概述

1．固定资产处置的概念

固定资产的处置主要是指企业因出售、报废、毁损、捐赠、抵债、无偿调出、投资转出等对固定资产进行的清理工作。企业对那些由于使用而不断磨损直至最终报废，或由于技术进步等原因发生提前报废，或由于遭受自然灾害等非常损失发生毁损的固定资产应及时进行清理。按规定程序办理有关手续，结转固定资产账面价值，确认和计量有关的清理收入、清理费用及残料价值等。

2．固定资产处置核算账户

固定资产处置应通过设置“固定资产清理”账户进行核算。该账户核算企业因出售、报废或毁损等原因转入清理的固定资产净值及其在清理过程中发生的清理费用和收入。借方反映转入清理的固定资产净值以及清理固定资产发生的费用及税费等；结转固定资产清理的净收益。贷方反映清理固定资产取得的变价收入；清理固定资产应由保险公司及个人赔偿的款

项；结转固定资产清理的净损失。清理完毕，该账户期末应无余额。

## 二、固定资产出售、报废的核算

企业出售、报废固定资产，其会计处理一般可分以下几个步骤：

（1）固定资产净值转入清理。企业因出售、转让、报废或毁损的固定资产转入清理时，应按清理固定资产的账面价值，借记“固定资产清理”科目，按已提的折旧，借记“累计折旧”科目，按固定资产原价，贷记“固定资产”科目。

（2）发生的清理费用。固定资产清理过程中发生的清理费用（如支付清理人员的工资等），也应借记“固定资产清理”科目。

（3）出售收入的处理。企业收回出售固定资产的价款，应冲减清理支出，按实际收到的出售价款等，借记“银行存款”“原材料”等科目，贷记“固定资产清理”科目。

（4）结转处置净损益。固定资产清理后发生的净收益，按“固定资产清理”账户的贷方差额，借记“固定资产清理”科目，贷记“营业外收入——处理非流动资产收益”科目；固定资产清理后发生的净损失，按“固定资产清理”账户的借方差额，借记“营业外支出——处理非流动资产损失”科目，贷记“固定资产清理”科目。

**拓展知识**

## 一、固定资产毁损的核算



固定资产毁损的会计处理步骤与出售固定资产的会计处理步骤相似。

【例 6-12】某企业运输用卡车一辆，原价 300 000 元，已提折旧 60 000 元，在一次交通事故中毁损报废，保险公司已确认赔偿 160 000 元。期末结转净损益。企业应作会计分录如下：

将报废车辆转入清理时：

借：固定资产清理　　240 000

　　累计折旧　　60 000

　　贷：固定资产　　300 000

保险公司确认赔偿时：

借：其他应收款——某保险公司　　160 000

　　贷：固定资产清理　　160 000

结转净损益时：

借：营业外支出——处置非流动资产净损失　　80 000

　　贷：固定资产清理　　80 000

## 二、固定资产对外投资的核算

企业对外投资转出的固定资产，如果不具有商业实质，且不涉及补价的情况下，按转出固定资产已计提的累计折旧，借记“累计折旧”账户，按已提的减值准备，借记“固定资产减值准备”账户，按转出固定资产的账面价值，借记“固定资产清理”账户，按固定资产账面原值，贷记“固定资产”账户；按转出固定资产账面价值加上应支付的相关税费，借记“长期股权投资”账户，按转出固定资产账面价值，贷记“固定资产清理”账户，按应支付的相关税费，贷记“银行存款”“应交税费”等账户。

【例 6-13】甲公司将一台设备对外投资，原价为 116 000 元，已经折旧 12 000 元，已提减值准备 4 000 元，用银行存款支付运费 1 600 元。甲公司应作会计分录如下：

将设备转入清理时：

借：固定资产清理　　100 000
　　累计折旧　　12 000
　　固定资产减值准备　　4 000
　贷：固定资产　　116 000

对外投资时：

借：长期股权投资　　101 600
　贷：固定资产清理　　100 000
　　　银行存款　　1 600

## 任务五　固定资产清查的核算



工作案例

### 一、原始凭证

2013 年 8 月 31 日，海西市金牛公司盘亏 D 设备一台。原始凭证如表 6-11 所示。

表 6-11　固定资产盘盈盘亏报告表 1

2013 年 8 月 31 日　　单位：元

| 固定资产编号 | 固定资产名称 | 盘盈 | | | 盘亏 | | | 原因 |
|---|---|---|---|---|---|---|---|---|
| | | 数量 | 重置价值 | 估计已提折旧 | 数量 | 原价 | 已提折旧 | |
| | D 设备 | | | | | 120 000 | 105 000 | |
| | | | | | | | | |
| 处理意见 | 使用部门 | 财产清查部门 | | | 审批部门 | | | |
| | 销售部门 | | | | 由于设备保管不当，责成责任人张明赔偿壹万元，其余予以转销 | | | |

会计主管：　　记账：　　制表：

### 二、记账凭证

根据固定资产盘盈盘亏报告表，填制记账凭证如图 6-34。

## 记 账 凭 证

2013 年 8 月 31 日　　　　记字第 14 1/2 号

| 摘　要 | 总账科目 | 明细科目 | √ | 借方金额 | | | | | | | | | | √ | 贷方金额 | | | | | | | | | | |
|---|---|---|---|---|---|---|---|---|---|---|---|---|---|---|---|---|---|---|---|---|---|---|---|---|---|
| | | | | 千 | 百 | 十 | 万 | 千 | 百 | 十 | 元 | 角 | 分 | | 千 | 百 | 十 | 万 | 千 | 百 | 十 | 元 | 角 | 分 | 附单据 1 张 |
| D设备盘亏 | 待处理财产损溢 | 待处理固定资产损溢 | | | | | 1 | 5 | 0 | 0 | 0 | 0 | 0 | | | | | | | | | | | | |
| | 累计折旧 | | | | | 1 | 0 | 5 | 0 | 0 | 0 | 0 | 0 | | | | | | | | | | | | |
| | 固定资产 | D设备 | | | | | | | | | | | | | | | 1 | 2 | 0 | 0 | 0 | 0 | 0 | 0 | |
| 合　计 | | | | | ¥ | 1 | 2 | 0 | 0 | 0 | 0 | 0 | 0 | | | ¥ | 1 | 2 | 0 | 0 | 0 | 0 | 0 | 0 | |

财务主管：　　记账：　　出纳：　　复核：　　制表：

a）

## 记 账 凭 证

2013 年 8 月 31 日　　　　记字第 14 2/2 号

| 摘　要 | 总账科目 | 明细科目 | √ | 借方金额 | | | | | | | | | | √ | 贷方金额 | | | | | | | | | | |
|---|---|---|---|---|---|---|---|---|---|---|---|---|---|---|---|---|---|---|---|---|---|---|---|---|---|
| | | | | 千 | 百 | 十 | 万 | 千 | 百 | 十 | 元 | 角 | 分 | | 千 | 百 | 十 | 万 | 千 | 百 | 十 | 元 | 角 | 分 | 附单据 1 张 |
| 结转净损益 | 其他应收款 | 张明 | | | | | 1 | 0 | 0 | 0 | 0 | 0 | 0 | | | | | | | | | | | | |
| | 营业外支出 | 固定资产盘亏 | | | | | | 5 | 0 | 0 | 0 | 0 | 0 | | | | | | | | | | | | |
| | 待处理财产损溢 | 待处理固定资产损溢 | | | | | | | | | | | | | | | | 1 | 5 | 0 | 0 | 0 | 0 | 0 | |
| 合　计 | | | | | | ¥ | 1 | 5 | 0 | 0 | 0 | 0 | 0 | | | | ¥ | 1 | 5 | 0 | 0 | 0 | 0 | 0 | |

财务主管：　　记账：　　出纳：　　复核：　　制表：

b）

图 6-34　记账凭证 27

### 活动资料

2013 年 11 月 30 日，海西市金牛公司盘亏 H 机床一台。原始凭证如表 6-12 所示。要求：根据原始凭证填制记账凭证。

表 6-12　固定资产盘盈盘亏报告表 2

2013 年 11 月 30 日　　　　单位：元

| 固定资产编号 | 固定资产名称 | 盘盈 | | | 盘亏 | | | 原因 |
|---|---|---|---|---|---|---|---|---|
| | | 数量 | 重置价值 | 估计已提折旧 | 数量 | 原价 | 已提折旧 | |
| | H 机床 | | | | | 82 000 | 38 950 | |
| | | | | | | | | |
| 处理意见 | 使用部门 | | 财产清查部门 | | | 审批部门 | | |
| | 销售部门 | | | | | 由于设备保管不当，责成责任人陆明海赔偿贰万元，其余予以转销 | | |

会计主管：　　记账：　　制表：

基础知识

## 一、固定资产清查的目的和方法

在固定资产的使用过程中，由于客观原因或人为原因，企业的固定资产可能会出现账实不符的情况。为了保证企业固定资产的正常使用和安全完整，充分挖掘企业固定资产的潜力，应定期或不定期地对固定资产进行清查。

一般情况下，企业应于每年编制年度财务报告前，对固定资产进行一次全面的清查。平时，可根据需要进行局部的清查。

固定资产的清查应采用实地盘点的方法。在清查前，会计人员和固定资产的管理人员应将各自负责的有关固定资产的账簿记录核对准确；然后，清查小组采用实地盘点法将固定资产账簿记录与实物进行核对；对于盘盈、盘亏的固定资产，应填写盘存记录。清查结束后，应根据盘点记录，编制“固定资产盘盈盘亏报告表”，作为固定资产清查的账务处理依据。

## 二、盘亏固定资产的核算

企业在财产清查过程中若发现固定资产盘亏，应及时办理固定资产注销手续，注销其原值、已提折旧额和已提固定资产减值准备。按盘亏固定资产的账面价值，借记“待处理财产损溢——待处理固定资产损溢”科目，按已提折旧，借记“累计折旧”科目，按该项固定资产已计提的减值准备，借记“固定资产减值准备”科目，按固定资产的原价，贷记“固定资产”科目。在按规定程序批准后，应按盘亏固定资产的账面原值扣除累计折旧、过失人及保险公司赔偿后的差额，借记“营业外支出——固定资产盘亏损失”科目，按过失人及保险公司应赔偿的金额，借记“其他应收款”账户，按盘亏的固定资产的净值，贷记“待处理财产损溢——待处理固定资产损溢”科目。



【例 6-14】企业盘亏一台设备，账面原值为 130 000 元，已提折旧 80 000 元，经审批后，将盘亏固定资产的净额转为营业外支出。应编制会计分录如下：

盘亏固定资产时：

借：待处理财产损溢——待处理固定资产损溢　　50 000

　　累计折旧　　80 000

　　贷：固定资产　　130 000

审批后转销：

借：营业外支出——固定资产盘亏　　50 000

　　贷：待处理财产损溢——待处理固定资产损溢　　50 000

拓展知识

## 一、盘盈固定资产的核算

企业对于在清查中盘盈的固定资产，应作为前期差错通过“以前年度损益调整”账户进行核算。

企业发现盘盈的固定资产，应按同类或类似固定资产的市场价格，减去按该项固定资产的新旧程度估计的价值损耗（估计折旧）后的余额，借记“固定资产”账户，贷记“以前年度损益调整”账户。审批之后，按盘盈的固定资产的净值，借记“以前年度损益调整”账户，按应调整增加的所得税费用，贷记“应交税费——应交所得税”账户，按其余额，贷记“利润分配——未分配利润”账户。

**【例 6-15】**甲公司在财产清查中，发现一台未入账的设备，按同类商品价格减去按其新旧程度估计的价值损耗后的余额为 20 000 元，按规定，该盘盈固定资产作为前期差错进行处理。假如甲公司适用的所得税税率为 25%，按净利润的 10%计提法定盈余公积。应编制会计分录如下：

盘盈固定资产时：

借：固定资产　　20 000

　　贷：以前年度损益调整　　20 000

确定应交所得税时：

借：以前年度损益调整　　5 000

　　贷：应交税费——应交所得税　　5 000

结转损益时：

借：以前年度损益调整　　15 000

　　贷：盈余公积——法定盈余公积　　1 500

　　　　利润分配——未分配利润　　13 500



## 二、固定资产明细分类核算

**1．固定资产卡片**

为了反映和监督每项不同性能和用途的固定资产的增减变化情况，应该以每一个固定资产项目为对象开设固定资产卡片，进行固定资产的明细分类核算。

**2．固定资产登记簿**

为了正确反映各类固定资产的使用、保管和增减动态，除了设置“固定资产卡片”外，还要设置“固定资产登记簿”分年度按照固定资产的类别进行明细分类核算，并定期与“固定资产卡片”进行核对。

# 模块七
# 无形资产和长期待摊费用核算

【岗位工作情景】

企业为节约产品生产成本，从其他企业引进一项专门技术，该技术能有效降低产品生产过程的材料报废率，为此，企业支付价款 200 000 元，请问该项经济业务中涉及的专门技术，会计人员要怎么确认与核算？

【岗位学习目标】

**一、岗位知识目标**

1. 了解无形资产和长期待摊费用的概念和内容。
2. 理解无形资产的特征、计量、摊销的有关规定。
3. 理解长期待摊费用的性质和项目。

**二、岗位能力目标**

1. 熟练掌握无形资产的取得、摊销、出租和处置的核算。
2. 熟练掌握长期待摊费用的核算。

**三、职业素养目标**

1. 培养认真细致的工作作风。
2. 养成客观公正、实事求是的职业品质。
3. 树立提高技能、与时俱进的职业理念。

## 任务一　无形资产

### 活动一　无形资产取得的核算

工作案例

#### 一、原始凭证

海西市金牛公司 2013 年 3 月 1 日，因购买某专利权支付利华公司款项 210 000 元，有关原始凭证如图 7-1、图 7-2 所示。

中国工商银行（闽）

转账支票存根

$\frac{B}{0}\frac{J}{2}$593978

附加信息

出票日期　2013 年 3 月 1 日

| 收款人：海西市利华公司 |
|---|
| 金额：¥210 000.00 |
| 用途：购专利权 |

单位主管：　　　　会计：

图 7-1　转账支票存根 7

**福建省海西市服务业统一发票**

记账联

客户：海西市金牛公司　　日期：2013 年 3 月 1 日　　地税 No. 612486

| 项目 | 单位 | 数量 | 单价 | 金额 | | | | | | | | | 备注 |
|---|---|---|---|---|---|---|---|---|---|---|---|---|---|
| | | | | 百 | 十 | 万 | 千 | 百 | 十 | 元 | 角 | 分 | |
| 专利权出售 | | | | | 2 | 1 | 0 | 0 | 0 | 0 | 0 | 0 | |
| | | | | | | | | | | | | | |
| 合计人民币（大写） | | 贰拾壹万元整 | | ¥ | 2 | 1 | 0 | 0 | 0 | 0 | 0 | 0 | |

海西市利华公司 350867390215547689 发票专用章

收款单位（发票专用章）：　　财务：　　填票：　　收款：

图 7-2　服务业统一发票 3

## 二、记账凭证

根据原始凭证，填制记账凭证（本月第一笔业务）如图 7-3 所示。

**记 账 凭 证**

*2013* 年 *3* 月 *1* 日　　记字第 *1* 号

| 摘要 | 总账科目 | 明细科目 | √ | 借方金额 | | | | | | | | | | √ | 贷方金额 | | | | | | | | | | 附单据 *3* 张 |
|---|---|---|---|---|---|---|---|---|---|---|---|---|---|---|---|---|---|---|---|---|---|---|---|---|---|
| | | | | 千 | 百 | 十 | 万 | 千 | 百 | 十 | 元 | 角 | 分 | | 千 | 百 | 十 | 万 | 千 | 百 | 十 | 元 | 角 | 分 | |
| 购专利权 | 无形资产 | 专利权 | | | | *2* | *1* | *0* | *0* | *0* | *0* | *0* | *0* | | | | | | | | | | | | |
| | 银行存款 | | | | | | | | | | | | | | | | *2* | *1* | *0* | *0* | *0* | *0* | *0* | *0* | |
| 合计 | | | | | ¥ | *2* | *1* | *0* | *0* | *0* | *0* | *0* | *0* | | | ¥ | *2* | *1* | *0* | *0* | *0* | *0* | *0* | *0* | |

财务主管：　　记账：　　出纳：　　复核：　　制表：

图 7-3　记账凭证 28

## 活动资料

2013 年 3 月 1 日，海西市金牛公司以 96 000 元购入宏达公司一项专利权，款项已通过银行存款支付。原始凭证如图 7-4、图 7-5 所示。要求：根据原始凭证填制记账凭证（设上一张记账凭证编号是记字第 7 号）。

中国工商银行（闽）

转账支票存根

$\frac{B}{0}\frac{J}{2}$593979

附加信息

出票日期　2013 年 3 月 1 日

| 收款人：海西市宏达公司 |
|---|
| 金额：¥96 000.00 |
| 用途：购专利权 |

单位主管：　　　会计：

图 7-4　转账支票存根 8



福建省海西市服务业统一发票

（印章：统一发票 闽 海 西 市 国家税务局监制）

记账联

客户：海西市金牛公司　　　日期：2013 年 3 月 1 日　　　地税 No. 613426

| 项　目 | 单　位 | 数　量 | 单　价 | 金额 | | | | | | | | 备　注 |
|---|---|---|---|---|---|---|---|---|---|---|---|---|
| | | | | 十 | 万 | 千 | 百 | 十 | 元 | 角 | 分 | |
| 专利权出售 | | | | | 9 | 6 | 0 | 0 | 0 | 0 | 0 | |
| | | | | | | | | | | | | |
| 合计人民币（大写） | | 玖万陆仟元整 | | ¥ | 9 | 6 | 0 | 0 | 0 | 0 | 0 | |

（印章：海西市宏达公司 35026739024682181 发票专用章）

收款单位（发票专用章）：　　　财务：　　　填票：　　　收款：

图 7-5　服务业统一发票 4

## 基础知识

## 一、无形资产概述

无形资产是指企业拥有或控制的没有实物形态的可辨认非货币性资产，如专利权、商标权、非专利技术、著作权、特许经营权、土地使用权等。其具有以下特征：

（1）不具有实物形态。无形资产通常表现为某种权利、某项技术或某种获取超额利润的

综合能力，不具有实物形态，这是无形资产区别于其他资产的显著特征。

（2）具有可辨认性。无形资产通常为企业通过自创、外购、接受投资等取得的，其入账价值可计量，并能单独或者与相关合同、资产或负债一起，用于出售、转移、授予许可、租赁或者交换。

（3）属于长期资产。无形资产属于非货币性长期资产，通常企业使用无形资产能在多个会计期间直接或间接为企业带来经济利益。

## 二、无形资产分类

无形资产可以按不同标准进行分类。

（1）按经济内容分类。无形资产按经济内容，分为专利权、商标权、非专利技术、著作权、特许经营权、土地使用权等。

（2）按来源渠道分类。无形资产按来源渠道分类，可分为外来无形资产和自创无形资产。

外来无形资产是指企业从外部购进、接受捐赠或接受投资形成的无形资产。

自创无形资产是指企业自行研究开发的无形资产。

（3）按经济寿命分类。无形资产按经济寿命是否可确定，分为使用寿命确定的无形资产（如专利权、商标权）和使用寿命不确定的无形资产（如非专利技术）。

## 三、企业外购无形资产的核算

企业取得的无形资产，只有符合下列条件，才能予以确认：

（1）与该无形资产有关的经济利益很可能流入企业。

（2）该无形资产的成本或者价值能够可靠地计量。

企业购入无形资产的实际成本，包括购买价款、相关税费以及直接归属于使该项资产达到预定用途所发生的如公证费、鉴定费、注册登记费等其他支出。企业应根据购入无形资产的实际成本，借记“无形资产”科目，贷记“银行存款”等科目。



【例 7-1】海西市金牛公司以 150 000 元购入一项商标使用权，款项已通过银行存款支付。根据银行转账凭证等相关票据，作会计分录如下：

借：无形资产——商标使用权　　150 000

　　贷：银行存款　　150 000

**拓展知识**

## 一、接受投资无形资产的核算

企业接受投资者投入的无形资产，应按双方协议约定的价值，借记“无形资产”科目，贷记“实收资本”科目。如果无形资产的价值大于投资方在企业注册资本金中所占有的份额，多出部分应贷记“资本公积”科目。

【例 7-2】海西市金牛公司接受宏达公司投入土地使用权一项，双方协商作价 160 000 元。根据有关原始凭证，作会计分录如下：

借：无形资产——土地使用权　　160 000

　　贷：实收资本　　160 000

## 二、接受捐赠无形资产的核算

企业接受捐赠取得的无形资产，应按下列情况分别计价：

（1）捐赠者提供了有关凭证，应按凭证中的金额加上应支付的相关税费计价。

（2）捐赠者没有提供有关凭证的，则看同类或类似无形资产有无活跃的市场。若有，应参照同类或类似无形资产的市场价格加上应支付的相关税费作为其入账价值，若无，应按其预计给企业带来收益的未来现金流量现值作为其入账价值。

企业接受捐赠的无形资产，应按确定的价值，借记“无形资产”科目，贷记“营业外收入”科目。

【例 7-3】海西市金牛公司接受长城公司捐赠土地使用权一项，以市场上同类土地使用权价格估价为 135 000 元，以银行存款支付相关税费 3 000 元。根据有关原始凭证，作会计分录如下：

| | | |
|---|---|---|
| 借：无形资产——土地使用权 | 138 000 | |
| 　　贷：营业外收入 | | 135 000 |
| 　　　　银行存款 | | 3 000 |

## 三、自行开发无形资产的核算

企业自行开发无形资产，研发过程中发生费用记入“研发支出”，不满足资本化条件的借记“研发支出——费用化支出”科目，贷记“应付职工薪酬”“银行存款”等科目；期末应根据发生的全部费用化支出，借记“管理费用”科目，贷记“研发支出——费用化支出”。



企业自行开发无形资产发生的研发支出，满足资本化条件的借记“研发支出——资本化支出”科目，贷记“应付职工薪酬”“银行存款”等科目；研发项目达到预定用途形成无形资产时，应根据发生的全部资本化支出，借记“无形资产”科目，贷记“研发支出——资本化支出”科目。

【例 7-4】海西市金牛公司自行研制某项专利技术，在研发过程中发生工资支出 80 000 元，原材料领用 70 000 元，其中符合资本化的支出为 123 000 元，期末该项专利技术达到预定用途。根据有关原始凭证，作会计分录如下：

发生研发支出时：

| | | |
|---|---|---|
| 借：研发支出——费用化支出 | 27 000 | |
| 　　　　　　——资本化支出 | 123 000 | |
| 　　贷：应付职工薪酬 | | 80 000 |
| 　　　　原材料 | | 70 000 |

期末结转费用化支出时：

| | | |
|---|---|---|
| 借：管理费用 | 27 000 | |
| 　　贷：研发支出——费用化支出 | | 27 000 |

期末结转资本化支出时：

| | | |
|---|---|---|
| 借：无形资产 | 123 000 | |
| 　　贷：研发支出——资本化支出 | | 123 000 |

# 活动二　无形资产摊销与出租的核算

## 工作案例

### 一、原始凭证

海西市金牛公司于2013年4月对从利华公司购入的专利权进行摊销，原始凭证如表7-1所示。

**表7-1　无形资产摊销计算表1**

2013年4月30日　　　　金额单位：元

| 名　称 | 原　值 | 预计摊销年限 | 已摊销价值 | 本次摊销价值 | 剩余价值 |
|---|---|---|---|---|---|
| 专利权摊销 | 210 000 | 5 | 3 500 | 3 500 | 203 000 |
| | | | | | |
| | | | | | |
| 合　计 | 210 000 | | 3 500 | 3 500 | 203 000 |

会计主管：　　　记账：　　　复核：　　　制表：

### 二、记账凭证

根据原始凭证，填制记账凭证（设上一张记账凭证编号是记字第129号）如图7-6所示。

**记 账 凭 证**

*2013* 年 *4* 月 *30* 日　　　　记字第 *130* 号

| 摘　要 | 总账科目 | 明细科目 | √ | 借方金额 | | | | | | | | | | √ | 贷方金额 | | | | | | | | | | 附单据1张 |
|---|---|---|---|---|---|---|---|---|---|---|---|---|---|---|---|---|---|---|---|---|---|---|---|---|---|
| | | | | 千 | 百 | 十 | 万 | 千 | 百 | 十 | 元 | 角 | 分 | | 千 | 百 | 十 | 万 | 千 | 百 | 十 | 元 | 角 | 分 | |
| 计提专利权摊销 | 管理费用 | | | | | | | 3 | 5 | 0 | 0 | 0 | 0 | | | | | | | | | | | | |
| | 累计摊销 | | | | | | | | | | | | | | | | | | 3 | 5 | 0 | 0 | 0 | 0 | |
| 合　计 | | | | | | | ¥ | 3 | 5 | 0 | 0 | 0 | 0 | | | | | ¥ | 3 | 5 | 0 | 0 | 0 | 0 | |

财务主管：　　　记账：　　　出纳：　　　复核：　　　制表：

图7-6　记账凭证29

## 活动资料

2013年4月，海西市金牛公司对从宏达公司购入的专利权进行摊销，原始凭证见表7-2。要求：根据原始凭证填制记账凭证（设上一张记账凭证编号是记字第142号）。

**表7-2　无形资产摊销计算表2**

2013年4月30日　　　　金额单位：元

| 名　称 | 原　值 | 预计摊销年限 | 已摊销价值 | 本次摊销价值 | 剩余价值 |
|---|---|---|---|---|---|
| 专利权摊销 | 96 000 | 5 | 1 600 | 1 600 | 92 800 |
| | | | | | |
| | | | | | |
| 合　计 | 96 000 | | 1 600 | 1 600 | 92 800 |

会计主管：　　　记账：　　　复核：　　　制表：

基础知识

## 一、无形资产摊销

### 1．无形资产摊销的内容

企业应当于取得无形资产时分析判断其使用寿命，使用寿命确定的无形资产，应当自取得当月起，采用一定的方法将无形资产的价值在使用期内合理摊销，即当月增加的无形资产，当月开始摊销；当月减少的无形资产，当月不再摊销。使用寿命不确定的无形资产不应摊销，账面价值已摊销完毕的无形资产如继续使用的，也不再摊销。

无形资产摊销方法包括直线法、生产总量法等。

直线法又称年限平均法，是指将无形资产的应摊销金额均衡地分配于每一会计期间的一种方法，计算公式如下：

无形资产年摊销额=无形资产应摊销总额÷预计使用年限

月摊销额=年摊销额÷12

### 2．无形资产摊销的核算

无形资产摊销应设置“累计摊销”账户进行核算，该账户是“无形资产”账户的备抵账户，借方登记处置无形资产转出的累计摊销数额，贷方登记已计提的无形资产摊销数额，期末余额在贷方，表示企业无形资产的累计摊销数额。



无形资产的摊销额一般计入当期损益，每月摊销时，如为自用无形资产，借记“管理费用”科目，贷记“累计摊销”科目；如为出租无形资产，借记“其他业务成本”科目，贷记“累计摊销”科目。

【例 7-5】续例 7-1，海西市金牛公司现对以 150 000 元购入的商标使用权进行摊销（期限 5 年，采用直线法摊销），根据有关原始凭证，作会计分录如下：

每月摊销额=150 000÷5÷12=2 500（元）

借：管理费用　　2 500

　　贷：累计摊销　　2 500

## 二、无形资产出租的核算

无形资产出租是指企业将其所拥有的无形资产的使用权让渡给其他企业或个人使用，并收取租金，企业仍保留无形资产的所有权。

无形资产出租取得租金收入时，贷记“其他业务收入”科目；摊销该项出租无形资产时，借记“其他业务成本”科目，贷记“累计摊销”科目。

【例 7-6】海西市金牛公司将某商标权出租给其他企业使用，租期两年，每月收取租金 8 000 元，该商标权每月应摊销 2 500 元，出租期间海西市金牛公司不再使用，作会计分录如下：

每月取得租金时：

借：银行存款　　8 000

　　贷：其他业务收入　　8 000

摊销无形资产时:

借: 其他业务成本　　　　2 500

　贷: 累计摊销　　　　2 500

## 三、无形资产报废的核算

无形资产报废是指无形资产因已超过法律保护期限或已被其他新技术等所替代，预期不能为企业带来未来经济利益而进行的将其账面价值予以转销的处置。

无形资产报废时，应将该项无形资产的账面价值予以转销，并将已计提的累计摊销额予以转销，账面价值与累计摊销额的差额记入“营业外支出”科目。

**【例 7-7】**海西市金牛公司某项商标权，经批准将其报废。该项商标权原始价值 100 000 元，已计提摊销额 86 400 元。根据有关原始凭证，作会计分录如下:

借: 累计摊销　　　　86 400

　营业外支出　　　　13 600

　贷: 无形资产——商标权　　　　100 000

**拓展知识**

## 一、无形资产出售



无形资产出售是指有偿转让无形资产的所有权，转让后，企业不再对该项无形资产拥有控制、使用、收益及处置的权利。

## 二、无形资产出售的核算

企业出售无形资产时，按实际取得的价款记入“银行存款”科目，按该项无形资产的账面原值及已计提的累计摊销额和减值准备予以转销，因转让无形资产所有权而缴纳的营业税等相关税费，应从取得的收入中直接扣除。若为转让净收益，贷记“营业外收入”科目；若为转让净损失，借记“营业外支出”科目。

**【例 7-8】**海西市金牛公司出售一项非专利技术，取得收入 120 000 元已存入银行。该项非专利技术账面原值 243 900 元，累计摊销 165 600 元，出售该项无形资产适用的营业税税率为 5%（假定不考虑其他税费），根据有关原始凭证，作会计分录如下:

借: 银行存款　　　　120 000

　累计摊销　　　　165 600

　贷: 无形资产——非专利技术　　　　243 900

　　应交税费——应交营业税　　　　6 000

　　营业外收入　　　　35 700

## 任务二　长期待摊费用的核算

### 工作案例

### 一、原始凭证

海西市金牛公司 2013 年 6 月对一条生产线进行大修理（修理费在 2 年内平均摊销），有关原始凭证如图 7-7、图 7-8 所示。

**中国工商银行（闽）**

**转账支票存根**

$\frac{B}{0}\frac{J}{2}$792993

附加信息

出票日期　2013 年 6 月 7 日



| 收款人：海西市宏达公司 |
|---|
| 金额：¥72 000.00 |
| 用途：生产线修理费 |

单位主管：　　　　　　　　会计：

图 7-7　转账支票存根 9

**海西市加工修理统一发票**

全国统一发票监制章
地方税务局监制

2013 年 6 月 7 日

委托方：海西市金牛公司　　　　地址：　　　　**No. 037205**

| 合同字号 | 加工修理项目（品名） | 单位 | 数量 | 单价 | 金额 | | | | | | | | |
|---|---|---|---|---|---|---|---|---|---|---|---|---|---|
| | | | | | 十 | 万 | 千 | 百 | 十 | 元 | 角 | 分 | 第二联 |
| | 生产线修理费用 | | | | | 7 | 2 | 0 | 0 | 0 | 0 | 0 | |
| | | | | | | | | | | | | | 发票联 |
| | | | | | | | | | | | | | |
| 合计（大写）柒万贰仟零佰零拾零元零角零分 | | | | | ¥ | 7 | 2 | 0 | 0 | 0 | 0 | 0 | |

海西市宏达公司
35026739024682181
发票专用章

开票人：　　　　　　收款人：　　　　　　单位（盖章）

图 7-8　加工修理统一发票 1

## 二、记账凭证

根据有关原始凭证，填制记账凭证（设上一张记账凭证编号是记字第 49 号）如图 7-9 所示。

**记 账 凭 证**

2013 年 6 月 7 日　　　　记字第 50 号

| 摘　要 | 总账科目 | 明细科目 | √ | 借方金额 千百十万千百十元角分 | √ | 贷方金额 千百十万千百十元角分 | 附单据 3 张 |
|---|---|---|---|---|---|---|---|
| 付生产线修理费 | 长期待摊费用 | 大修理支出 | | 7200000 | | | |
| | 银行存款 | | | | | 7200000 | |
| 合　计 | | | | ¥7200000 | | ¥7200000 | |

财务主管：　　记账：　　出纳：　　复核：　　制表：

图 7-9　记账凭证 30

**活动资料**

海西市金牛公司 2013 年 6 月对一台机器设备进行大修理（修理费在 2 年内平均摊销），有关原始凭证如图 7-10、图 7-11 所示。要求：根据原始凭证填制记账凭证（设上一张记账凭证编号是记字第 78 号）。

**中国工商银行（闽）**
**转账支票存根**

$\frac{B}{0}\frac{J}{2}$792997

附加信息

| 出票日期　2013 年 6 月 10 日 |
|---|
| 收款人：海西市利华公司 |
| 金额：¥19 200.00 |
| 用途：机器设备修理费 |

单位主管：　　会计：

图 7-10　转账支票存根 10

**海西市加工修理统一发票**

全国统一发票监制章
2013 年 6 月 10 日
地方税务局监制

委托方：海西市金牛公司　　地址：　　No. 026473

| 合同字号 | 加工修理项目（品名） | 单位 | 数量 | 单价 | 十 | 万 | 千 | 百 | 十 | 元 | 角 | 分 |
|---|---|---|---|---|---|---|---|---|---|---|---|---|
| | 机器设备修理费用 | | | | | 1 | 9 | 2 | 0 | 0 | 0 | 0 |
| | | | | | | | | | | | | |
| 合计（大写）壹万玖仟贰佰零拾零元零角零分 | | | | | ¥ | 1 | 9 | 2 | 0 | 0 | 0 | 0 |

海西市利华公司
35086739021547689
发票专用章

开票人：　　收款人：　　单位（盖章）

图 7-11　加工修理统一发票 2

基础知识

## 一、长期待摊费用内容

长期待摊费用是指企业已经发生的，应在一年以上的期间分期负担的各项费用，包括经营租入固定资产的改良支出、固定资产大修理支出等。

长期待摊费用是一种预付费用，虽然发生时消费过程就已结束，但受益期在一年以上，将以未来期间取得的收益来分期抵补该项支出。

## 二、固定资产大修理支出业务的核算

企业发生固定资产大修理支出时，应借记“长期待摊费用”科目，贷记“银行存款”等科目；分期摊销时，借记“管理费用”科目，贷记“长期待摊费用”科目。

【例 7-9】海西市金牛公司 2013 年 6 月对某台设备进行大修理，用银行存款支付修理费 62 400 元，该支出采用分期摊销法在 2 年内均摊，根据原始凭证，作会计分录如下：

支付大修理费时：

借：长期待摊费用——大修理支出　　62 400

　　贷：银行存款　　62 400

分期摊销时：

每月摊销额=62 400÷2÷12=2 600（元）



借：管理费用　　2 600

　　贷：长期待摊费用——大修理支出　　2 600

## 三、股票发行费的摊销

股票发行费是指股份有限公司委托其他单位发行股票支付的手续费、佣金等减去发行股票冻结期间的利息收入后的相关费用。

企业股票发行费一般应作为股票发行当期的费用，如果数额较大，从溢价发行收入中不够抵补的，可记入“长期待摊费用”账户，在不超过 2 年的期限内平均摊销，计入管理费用。

# 模块八 负债核算

## 【岗位工作情景】

因近期材料价格不断走高，福马公司决定近日采购一批材料库存，但公司账户资金不足，股东李山提出能否向银行借款，或者考虑材料款拖欠一段时间再付，以解决资金周转不足的问题，其他股东认为这样公司就“负债”了，经营会不会有风险，你觉得呢？

## 【岗位学习目标】

**一、岗位知识目标**

1. 了解负债的概念和内容以及长期借款的概念。

2. 熟悉流动负债的特点和计量、职工福利费和职工教育经费的使用范围、各种税费的纳税范围。

3. 理解流动负债的概念和内容，应付账款、应付票据、应付职工薪酬与应交税费的含义及其具体内容。

4. 掌握短期借款、应付票据、应付账款、预收账款、其他应付款、应付职工薪酬、应交税费的核算方法。

**二、岗位能力目标**

1. 会熟练填制短期借款、应付票据、应付账款、预收账款、其他应付款、应付职工薪酬、应交税费的业务的记账凭证。

2. 会正确计算工资和个人所得税。

**三、职业素养目标**

1. 培养学生对数字的敏感度。

2. 养成爱岗敬业、认真严谨的工作态度。

3. 树立职业道德观念。

# 任务一 短期借款和应付账款

## 活动一 短期借款的核算

### 工作案例

### 一、原始凭证

福州市宏泰公司于 2013 年 3 月 1 日向建设银行借款 120 000 元，期限 6 个月，合同约定年利率 5%，根据协议，该借款按月支付利息。原始凭证如图 8-1 所示。

**中国工商银行 借款凭证**

2013 年 3 月 1 日

<table>
<tr><td>借款人</td><td>福州市宏泰公司</td><td colspan="2">贷款账号</td><td colspan="2">241100212421568</td><td colspan="4">存款账号</td><td colspan="7">241100121242081001</td></tr>
<tr><td rowspan="2">贷款金额</td><td colspan="5" rowspan="2">人民币（大写）壹拾贰万元整</td><td>亿</td><td>千</td><td>百</td><td>十</td><td>万</td><td>千</td><td>百</td><td>十</td><td>元</td><td>角</td><td>分</td></tr>
<tr><td></td><td></td><td>¥</td><td>1</td><td>2</td><td>0</td><td>0</td><td>0</td><td>0</td><td>0</td><td>0</td></tr>
<tr><td rowspan="2">用途</td><td rowspan="2">经营周转借款</td><td>期限</td><td colspan="3">约定还款日期</td><td colspan="11">2013 年 9 月 1 日</td></tr>
<tr><td>陆个月</td><td>贷款利率</td><td colspan="2">年利率 5%</td><td colspan="4">借款合同号</td><td colspan="7">023005362</td></tr>
<tr><td colspan="6">上列款项已转入你单位指定的账号。<br>2013-03-01</td><td colspan="11">中国工商银行鼓山支行<br>开户银行签章<br>核算用章</td></tr>
</table>

图 8-1 借款凭证 1

### 二、记账凭证

根据银行借款凭证，填制记账凭证（设上一张记账凭证编号是记字第 1 号）如图 8-2 所示。

表 8-2

**记 账 凭 证**

*2013* 年 *3* 月 *1* 日　　　　记字第 *2* 号

<table>
<tr><td rowspan="2">摘　要</td><td rowspan="2">总账科目</td><td rowspan="2">明细科目</td><td rowspan="2">√</td><td colspan="10">借方金额</td><td rowspan="2">√</td><td colspan="10">贷方金额</td><td rowspan="5">附单据 1 张</td></tr>
<tr><td>千</td><td>百</td><td>十</td><td>万</td><td>千</td><td>百</td><td>十</td><td>元</td><td>角</td><td>分</td><td>千</td><td>百</td><td>十</td><td>万</td><td>千</td><td>百</td><td>十</td><td>元</td><td>角</td><td>分</td></tr>
<tr><td>短期贷款</td><td>银行存款</td><td></td><td></td><td></td><td></td><td>1</td><td>2</td><td>0</td><td>0</td><td>0</td><td>0</td><td>0</td><td>0</td><td></td><td></td><td></td><td></td><td></td><td></td><td></td><td></td><td></td><td></td><td></td></tr>
<tr><td></td><td>短期借款</td><td></td><td></td><td></td><td></td><td></td><td></td><td></td><td></td><td></td><td></td><td></td><td></td><td></td><td></td><td></td><td>1</td><td>2</td><td>0</td><td>0</td><td>0</td><td>0</td><td>0</td><td>0</td></tr>
<tr><td>合　计</td><td></td><td></td><td></td><td></td><td>¥</td><td>1</td><td>2</td><td>0</td><td>0</td><td>0</td><td>0</td><td>0</td><td>0</td><td></td><td></td><td>¥</td><td>1</td><td>2</td><td>0</td><td>0</td><td>0</td><td>0</td><td>0</td><td>0</td></tr>
</table>

财务主管：　　记账：　　出纳：　　复核：　　制表：林凤

图 8-2 记账凭证 32

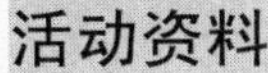

## 活动资料

福州市宏泰公司于 2013 年 5 月 1 日向建设银行借款 90 000 元，期限 3 个月，合同约定年利率 5%，根据协议，该借款按月支付利息。原始凭证如图 8-3 所示。

**中国工商银行　借款凭证**

2013 年 5 月 1 日

<table>
<tr><td>借款人</td><td colspan="2">福州市宏泰公司</td><td colspan="2">贷款账号</td><td colspan="4">241100212421568</td><td colspan="3">存款账号</td><td colspan="5">241100121242081001</td></tr>
<tr><td rowspan="2">贷款金额</td><td colspan="4" rowspan="2">人民币（大写）玖万元整</td><td>亿</td><td>千</td><td>百</td><td>十</td><td>万</td><td>千</td><td>百</td><td>十</td><td>元</td><td>角</td><td>分</td><td></td></tr>
<tr><td></td><td></td><td></td><td>¥</td><td>9</td><td>0</td><td>0</td><td>0</td><td>0</td><td>0</td><td>0</td><td></td></tr>
<tr><td rowspan="2">用途</td><td rowspan="2">经营周转借款</td><td>期限</td><td colspan="5">约定还款日期</td><td colspan="9">2013 年 8 月 1 日</td></tr>
<tr><td>叁个月</td><td colspan="2">贷款利率</td><td colspan="3">年利率 5%</td><td colspan="3">借款合同号</td><td colspan="6">023005365</td></tr>
<tr><td colspan="8">上列款项已转入你单位指定的账号。<br>2013-05-01</td><td colspan="9">核算用章<br>开户银行签章</td></tr>
</table>

图 8-3　借款凭证 2

**要求：**根据银行借款凭证，填制记账凭证（设上一张记账凭证编号是记字第 5 号）



## 基础知识

# 一、负债的概念

负债是指企业过去的交易或事项形成的、预期会导致经济利益流出企业的现时义务。按照流动性分类，负债可以分为流动负债和非流动负债。

# 二、流动负债的概念和内容

流动负债是指在一年或者超过一年的一个营业周期内偿还的债务。流动负债包括短期借款、应付账款、应付票据、预收账款、其他应付款、应付职工薪酬、应交税费等。

# 三、流动负债的特点

流动负债具有以下特点：

（1）偿还期限短。

（2）到期要用企业资产或提供劳务或举借新的债务偿还。

（3）企业举借流动负债的目的一般是为了满足生产经营资金周转的需要。

（4）流动负债中的各项负债项目的数额与长期负债相比，数额较小。

## 四、流动负债的初始计量

从理论上讲，负债应以未来要偿付债务的现金流量的现值作为计价基础。为简化会计处理，在会计实务中对流动负债通常是以未来应付的金额计价入账。

## 五、短期借款的核算

短期借款是指企业向银行或其他金融机构借入的期限在一年（含一年）以内的各种借款。

**1．账户设置**

企业取得的短期借款，应设置"短期借款"账户进行核算。该账户贷方登记借入的各项短期借款的本金，借方登记偿还的各项短期借款的本金，期末余额在贷方，表明企业尚未偿还的短期借款的本金。该账户按照借款的种类、贷款人和币种开设明细账，进行明细核算。

**2．短期借款的核算**

（1）取得借款的核算。企业从银行或其他金融机构取得短期借款时，借记"银行存款"科目，贷记"短期借款"科目。

**【例 8-1】**福州市宏泰公司于 2013 年 1 月 1 日向银行借款 60 000 元，期限 12 个月，合同约定年利率 5%，根据协议，该借款按月支付利息。应作会计分录如下：

借：银行存款　　60 000

　　贷：短期借款　　60 000



（2）计付利息的核算。短期借款利息的支付有以下三种方式：

1）按月付息。如果短期借款利息是按月支付或在到期时连同本金一起支付但数额不大，可在实际支付时直接计入当期财务费用，借记"财务费用"科目，贷记"银行存款"科目。

**【例 8-2】**2013 年 1 月 31 日，福州市宏泰公司按月支付上述例 8-1 的短期借款利息。应作会计分录如下：

本月应付的利息金额 =60 000×5%÷12=250（元）

借：财务费用　　250

　　贷：银行存款　　250

2）按季付息。如果短期借款的利息是按季、半年或到期连同本金一起归还且数额较大，可采用预提方法，按月预提计入财务费用，借记"财务费用"科目，贷记"应付利息"科目。

**【例 8-3】**福州市宏泰公司于 2013 年 1 月 1 日向银行借入一笔生产经营用短期借款 60 000 元，期限 9 个月，年利率为 8%，根据与银行签署的借款协议，该借款到期后一次归还，利息分月预提，按季支付。应编制有关会计分录如下：

1 月月末预提当月利息时：

本月应计提的利息金额=60 000×8%÷12=400（元）

借：财务费用　　400

　　贷：应付利息　　400

2 月月末预提当月利息的处理同上。

3 月月末支付本季度（第一季度）应付银行借款利息时：

借：财务费用　　400

　　应付利息　　800

　　贷：银行存款　　1 200

第二季度和第三季度的计息、付息核算同上。

3）到期一次还本付息。这种方式下，每月月末也需要预提利息，但不需要支付利息，利息只在到期的时候一次支付。每月月末预提借款利息的分录同按季付息方式。

（3）偿还借款的核算。企业到期归还短期借款时，借记“短期借款”科目，贷记“银行存款”科目。

【例 8-4】2014 年 1 月 1 日，福州市宏泰公司偿还上述于 2013 年 1 月 1 日向建设银行借入的 60 000 元到期款，作会计分录如下：

借：短期借款　　60 000

　　贷：银行存款　　60 000

## 活动二　应付账款与预收账款的核算

### 工作案例



## 一、原始凭证

2013 年 3 月 3 日，福州市宏泰公司向福州市天星公司购入甲材料一批，货款 50 000 元，增值税税额 8 500 元，材料尚未验收入库，款项尚未支付。原始凭证如图 8-4 所示。

**福建省增值税专用发票**

发票联

**3500013550**　　开票日期：2013 年 3 月 3 日　　**No. 00823355**

<table>
<tr><td>购货单位</td><td colspan="5">名称：福州市宏泰公司<br>纳税人识别号：3501011013381<br>地址、电话：福州市鼓楼区洪山街 188 号<br>开户行及账号：工商银行洪山支行 24110012124208100l</td><td>密码区</td><td colspan="3"></td><td rowspan="4">第二联　发票联　购货方记账凭证</td></tr>
<tr><td>货物或应税劳务名称</td><td>规格型号</td><td>单位</td><td>数量</td><td>单价</td><td colspan="2">金　额</td><td>税率</td><td>税　额</td></tr>
<tr><td>甲材料<br>合　计</td><td></td><td>千克</td><td>500</td><td>100</td><td colspan="2">50 000.00<br>¥50 000.00</td><td>17%<br>17%</td><td>8 500.00<br>¥8 500.00</td></tr>
<tr><td>价税合计（大写）</td><td colspan="8">⊗伍万捌仟伍佰元整　　（小写）¥58 500.00</td></tr>
<tr><td>销货单位</td><td colspan="5">名称：福州市天星公司<br>纳税人识别号：350104209803101<br>地址、电话：（略）<br>开户行及账号：工商银行洪山支行 24110012123606258l</td><td>备注</td><td colspan="4">现金折扣条件：<br>2/10，1/20，n/30</td></tr>
</table>

收款人：　　复核：　　开票人：　　销货单位（章）

图 8-4　专用发票 13

## 二、记账凭证

根据原始凭证填制记账凭证（设上一张记账凭证编号是记字第 7 号）如图 8-5 所示。

**记 账 凭 证**

*2013* 年 *3* 月 *3* 日　　　　记字第 *8* 号

| 摘　要 | 总账科目 | 明细科目 | √ | 借方金额 千 | 百 | 十 | 万 | 千 | 百 | 十 | 元 | 角 | 分 | √ | 贷方金额 千 | 百 | 十 | 万 | 千 | 百 | 十 | 元 | 角 | 分 |
|---|---|---|---|---|---|---|---|---|---|---|---|---|---|---|---|---|---|---|---|---|---|---|---|---|
| 采购材料 | 在途物资 | 甲材料 | | | | | 5 | 0 | 0 | 0 | 0 | 0 | 0 | | | | | | | | | | | |
| | 应交税费 | 应交增值税（进项税额） | | | | | | 8 | 5 | 0 | 0 | 0 | 0 | | | | | | | | | | | |
| | 应付账款 | 天星公司 | | | | | | | | | | | | | | | | 5 | 8 | 5 | 0 | 0 | 0 | 0 |
| 合　计 | | | | | | ¥ | 5 | 8 | 5 | 0 | 0 | 0 | 0 | | | | ¥ | 5 | 8 | 5 | 0 | 0 | 0 | 0 |

附单据 *1* 张

财务主管：　　记账：　　出纳：　　复核：　　制表：林凤

图 8-5　记账凭证 33

**活动资料**

2013 年 5 月 5 日，福州市宏泰公司从福州市天方公司购入丙材料一批，货款 80 000 元，增值税税额 13 600 元，材料尚未验收入库，款项尚未支付。原始凭证如图 8-6 所示。



**福建省增值税专用发票**

发票联

3500013550　　开票日期：2013 年 5 月 5 日　　No. 00823355

| 购货单位 | 名称：福州市宏泰公司<br>纳税人识别号：3501011013381<br>地址、电话：福州市鼓楼区洪山街 188 号<br>开户行及账号：工商银行洪山支行 24110012124208l001 | | | | | 密码区 | | |
|---|---|---|---|---|---|---|---|---|
| 货物或应税劳务名 | 规格型号 | 单位 | 数量 | 单价 | 金 额 | 税率 | 税 额 | |
| 丙材料 | | 千克 | 800 | 100 | 80 000.00 | 17% | 13 600.00 | |
| 合　计 | | | | | ¥80 000.00 | | ¥13 600.00 | |
| 价税合计（大写） | ⊗玖万叁仟陆佰元整 | | | | （小写）¥93 600.00 | | | |
| 销货单位 | 名称：福州市天方公司<br>纳税人识别号：3501011013381<br>地址、电话：（略）<br>开户行及账号：工商银行洪山支行 241100121236064001 | | | | | 备注 | 现金折扣条件：<br>2/10，1/20，*n*/30 | |

第二联　发票联　购货方记账凭证

收款人：　　复核：　　开票人：　　销货单位（章）

图 8-6　专用发票 14

**要求：**根据原始凭证填制记账凭证（设上一张记账凭证编号是记字第 9 号）。

基础知识

## 一、应付账款概述

应付账款是指企业因购买材料、商品和接受劳务供应等而应付给供应单位的款项。应付账款应按发票上记载的应付金额入账。

## 二、应付账款核算

1．账户设置

为了核算应付账款的发生、偿还及其转销等情况，应设置“应付账款”科目，贷方登记企业购买材料、商品和接受劳务供应等所形成的应付未付款项，借方登记偿还的应付账款，或开出商业汇票抵付应付账款的款项，期末余额一般在贷方，表示尚未偿还的应付款项。本账户按供应单位名称设置明细科目，进行明细核算。

2．账务处理

（1）应付账款发生时的核算。企业在购买材料、商品或接受劳务时，若款项尚未支付，应借记有关科目，贷记“应付账款”科目。

**【例 8-5】**福州市宏泰公司从红星工厂购入丁材料一批，货款 100 000 元，增值税税额 17 000 元，材料已经验收入库，款项尚未支付。根据经济业务，作会计分录如下：

借：原材料——丁材料　　100 000
　　应交税费——应交增值税（进项税额）　　17 000
　　贷：应付账款——红星工厂　　117 000

（2）应付账款偿还的核算。企业偿还前欠款项时，借记“应付账款”科目，贷记“银行存款”科目。

**【例 8-6】**福州市宏泰公司以银行存款偿还欠红星工厂的应付款。根据经济业务，作会计分录如下：

借：应付账款——红星工厂　　117 000
　　贷：银行存款　　117 000

## 三、预收账款的概念

预收账款是指企业按照合同规定向购货单位预收的款项。这笔款项构成企业的一项负债，以后要用商品、提供劳务等偿付。

## 四、预收账款的核算

1．账户设置

预收账款的形成和清结通过“预收账款”账户进行核算。收到预收款项时记贷方；提供商品或劳务，实现销售或退回多收的款项时记借方；期末贷方余额表明企业预收的款项；期末借方余额，表明企业应补收的款项。该账户可按购货单位或接受劳务单位开设明细账，进行明细核算。

2．账务处理

（1）预收款项的核算。企业收到购货单位预付的款项时，借记“银行存款”科目，贷记“预收账款”账户。

【例 8-7】福州市宏泰公司在 1 月 12 收到天天公司预付的购货款 120 00 元。根据经济业务，编制会计分录如下：

借：银行存款　　12 000

　　贷：预收账款——天天公司　　12 000

（2）预收账款结算方式下实际发出商品的核算。企业将货物交给购货方时，按售价及增值税税额，借记“预收账款”账户，贷记“主营业务收入”“应交税费——应交增值税”账户。

【例 8-8】1 月 15 日福州市宏泰公司向天天公司发货一批，贷款为 10 000 元，增值税税额为 1 700 元。根据经济业务，编制会计分录如下：

借：预收账款——天天公司　　11 700

　　贷：主营业务收入　　10 000

　　　　应交税费——应交增值税（销项税额）　　1 700

拓展知识

## 一、退还多收款项的核算



企业向购货单位退回其多付的款项时，借记“预收账款”账户，贷记“银行存款”账户。

【例 8-9】1 月 16 日福州市宏泰公司将多收的 300 元预收款退还给天天公司。

借：预收账款——天天公司　　300

　　贷：银行存款　　300

## 二、补收款项的核算

企业收到购货单位补付的款项时，借记“银行存款”账户，贷记“预收账款”账户。

【例 8-10】假设例 8-7 中福州市宏泰公司原预付款为 10 000 元，1 月 16 日公司收到天天公司补付的 1 700 元购货款。

借：银行存款　　1 700

　　贷：预收账款——天天公司　　1 700

# 活动三　应付票据的核算

工作案例

## 一、原始凭证

福州市宏泰公司向福州市明达公司购入丁材料一批，价款 30 000 元，增值税税额 5 100

元。2013 年 3 月 12 日签发期限二个月不带息商业承兑汇票一张抵付账款。材料尚未到达。原始凭证如图 8-7 和图 8-8 所示。

**福建省增值税专用发票**

发票联

3500013555　　开票日期：2013 年 3 月 12 日　　No. 00823365

| 购货单位 | 名称：福州市宏泰公司<br>纳税人识别号：3501011013381<br>地址、电话：福州市鼓楼区洪山街 188 号<br>开户行及账号：工商银行洪山支行 241100121242081001 | | | | 密码区 | | |
|---|---|---|---|---|---|---|---|
| 货物或应税劳务名 | 规格型号 | 单位 | 数量 | 单价 | 金额 | 税率 | 税额 |
| 丁材料 | | 千克 | 300 | 100 | 30 000.00 | 17% | 5 100.00 |
| 合　计 | | | | | ¥30 000.00 | | ¥5 100.00 |
| 价税合计（大写） | ⊗叁万伍仟壹佰元整 | | | | （小写）¥35 100.00 | | |
| 销货单位 | 名称：福州市明达公司<br>纳税人识别号：350104209801100<br>地址、电话：（略）<br>开户行及账号：工商银行洪山支行 241100121236062581 | | | | 备注 | | |

第二联 发票联购货方记账凭证

收款人：　　复核：　　开票人：　　销货单位（章）

图 8-7　专用发票 15

**商业承兑汇票（卡片）**　　1

出票日期

（大写）贰零壹叁年叁月壹拾贰日　　汇票号码 5632411

| 出票人 | 全称 | 福州市宏泰公司 | 收款人 | 全称 | 福州市明达公司 |
|---|---|---|---|---|---|
| | 账号 | 241100121242081001 | | 账号 | 241100121236062581 |
| | 开户银行 | 工商银行洪山支行 | | 开户银行 | 工商银行洪山支行 |

| 金额 | 人民币（大写）叁万伍仟壹佰元整 | 亿 | 千 | 百 | 十 | 万 | 千 | 百 | 十 | 元 | 角 | 分 |
|---|---|---|---|---|---|---|---|---|---|---|---|---|
| | | | | | ¥ | 3 | 5 | 1 | 0 | 0 | 0 | 0 |

| 票据到期日（大写） | 贰零壹叁年伍月壹拾贰日 | 付款人开户行 | 行号 | 2013 |
|---|---|---|---|---|
| 交易合同号 | 96130 | | 地址 | 福州市洪山路 |
| 出票人签章 | | 备注 | | |

此联承兑人留存

图 8-8　商业承兑汇票 5

## 二、记账凭证

根据以上原始凭证，填制记账凭证如图 8-9 所示（设上一张记账凭证编号是记字第 15 号）。

**记 账 凭 证**

2013 年 3 月 12 日　　　　　　　　记字第 16 号

| 摘要 | 总账科目 | 明细科目 | √ | 借方金额 | | | | | | | | | | √ | 贷方金额 | | | | | | | | | |
|---|---|---|---|---|---|---|---|---|---|---|---|---|---|---|---|---|---|---|---|---|---|---|---|---|
| | | | | 千 | 百 | 十 | 万 | 千 | 百 | 十 | 元 | 角 | 分 | | 千 | 百 | 十 | 万 | 千 | 百 | 十 | 元 | 角 | 分 | |
| 采购丁材料 | 在途物资 | 丁材料 | | | | | 3 | 0 | 0 | 0 | 0 | 0 | 0 | | | | | | | | | | | | 附单据2张 |
| | 应交税费 | 应交增值税（进项税额） | | | | | | 5 | 1 | 0 | 0 | 0 | 0 | | | | | | | | | | | | |
| | 应付票据 | 明达公司 | | | | | | | | | | | | | | | | 3 | 5 | 1 | 0 | 0 | 0 | 0 | |
| 合　计 | | | | | | ¥ | 3 | 5 | 1 | 0 | 0 | 0 | 0 | | | | ¥ | 3 | 5 | 1 | 0 | 0 | 0 | 0 | |

财务主管：　　记账：　　出纳：　　复核：　　制表：林凤

图 8-9　记账凭证 34

**活动资料**

福州市宏泰公司向福州市明远公司购入丙材料一批，价款 20 000 元，增值税税率 17%，2013 年 5 月 15 日开出期限六个月不带息商业承兑汇票一张，材料尚未到达。要求：根据原始凭证填制记账凭证（设上一张记账凭证编号是记字第 18 号）。

**基础知识**



## 一、应付票据的概念

应付票据是指企业购买商品、材料物资和接受劳务供应等而签发、承兑的商业汇票。

商业汇票按承兑人的不同可分为商业承兑汇票和银行承兑汇票。

按票面是否注明利率可分为带息票据和不带息票据。

## 二、应付票据入账价值

由于应付票据的期限比较短，因此不管票据是否带息，发生时均按票据面值计价入账。

## 三、应付票据的核算

**1．账户设置**

应付票据的形成和偿付情况应设置“应付票据”账户核算。企业开出、承兑商业汇票时记贷方，偿付时记借方。期末贷方余额表明尚未到期的商业汇票的票面金额。该账户按债权人设置明细账，进行明细核算。

**2．应付票据的核算**

应付票据的核算主要涉及以下两个方面：

（1）企业开出、承兑商业汇票的核算。企业因购货开出、承兑商业汇票时，应借记“在途物资”“原材料”“应交税费—— 应交增值税（进项税额）”等账户，贷记“应付票据”账户；

企业因抵付应付款开出、承兑商业汇票时，应借记“应付账款”账户，贷记“应付票据”账户。

【例 8-11】福州市宏泰公司 1 月 15 日购入原材料一批，买价为 40 000 元，增值税税额为 6 800 元，该企业开出付款期限为 5 个月的不带息银行承兑汇票一张。原材料已经验收入库。应作会计分录如下：

借：原材料　　40 000
　　应交税费——应交增值税（进项税额）　　6 800
　贷：应付票据　　46 800

（2）商业汇票到期还款的核算。企业在偿还票据到期款时，应借记“应付票据”账户，贷记“银行存款”账户。

【例 8-12】2013 年 6 月 15 日，宏泰公司签发的期限为 5 个月商业承兑汇票到期，偿还票据款 46 800 元。应作会计分录如下：

借：应付票据　　46 800
　贷：银行存款　　46 800

**拓展知识**

## 一、商业承兑汇票到期企业无力支付的核算

商业承兑汇票到期，企业无力支付票款，购销双方应协商处理。企业应将应付票据账面金额转作应付账款，借记“应付票据”账户，贷记“应付账款”



【例 8-13】假设例 8-11 中福州市宏泰公司开出的商业承兑汇票，宏泰公司到期无力支付。应作会计分录如下：

借：应付票据　　46 800
　贷：应付账款　　46 800

## 二、其他应付款概述

其他应付款是指除了应付票据、应付账款、预收账款、应付职工薪酬、应付利息、应付股利、应交税费、长期应付款等以外的其他各项应付、暂收的款项，主要包括应付经营租入固定资产和包装物的租金；存入保证金；职工未按期领取的工资；应付暂收所属单位、个人的款项等。

## 三、其他应付款的核算

**1．账户设置**

其他应付款的形成和偿付通过设置“其他应付款”账户来核算。其他应付款的发生记入该账户的贷方；偿还记入借方。期末贷方余额，反映企业应付未付的其他应付款。该账户按其他应付款的项目和对方单位或个人开设明细账，进行明细核算。

**2．其他应付款的核算**

（1）收取包装物押金的核算。企业发生各种应付、暂收、预提的款项时，借记“银行存款”“管理费用”等科目，贷记“其他应付款”科目。

【例 8-14】2013 年 1 月 20 日，福州市宏泰公司在销售商品过程中租给子兴公司包装物一批，收到包装物押金 7 000 元。根据经济业务，作会计分录如下：

借：银行存款　　7 000

　　贷：其他应付款——存入保证金　　7 000

（2）退还包装物押金的核算。企业支付或退回有关款项时，借记“其他应付款”科目，贷记“银行存款”等科目。

【例 8-15】2013 年 7 月 20 日，福州市宏泰公司收回出租给子兴公司的全部包装物，该包装物无损坏，仍可继续使用。宏泰公司退回包装物押金 7 000 元。根据经济业务，作会计分录如下：

借：其他应付款——存入保证金　　7 000

　　贷：银行存款　　7 000

## 任务二　应付职工薪酬

### 活动一　工资结算的核算

**工作案例**



#### 一、原始凭证

福州市宏泰公司委托银行代发 3 月份工资，原始凭证如表 8-1、表 8-2 和图 8-10 所示。

表 8-1　福州市宏泰公司工资结算表 1

部门：行政管理人员　　2013 年 3 月　　单位：元

| 编号 | 姓名 | 月工资 | 缺勤扣款 | 加班工资 | 计时工资 | 计件工资 | 奖金 | 津贴补贴 | 应付工资 | 代垫款 | 代扣款 | | | 实发金额 |
|---|---|---|---|---|---|---|---|---|---|---|---|---|---|---|
| | | | | | | | | | | 水电费 | 住房公积金 | 社会保险费 | 个人所得税 | |
| 01 | 王远 | 2 500 | 100 | 200 | 2 600 | | 300 | 150 | 3 050 | 50 | 120 | 110 | | 2 770 |
| 02 | 刘兴 | 2 800 | | | | 2 574 | 500 | 220 | 3 294 | 60 | 150 | 130 | | 2 954 |
| （略） | | | | | | | | ⋮ | | | | | | |
| 合计 | | 30 000 | 700 | 3 000 | 32 300 | 18 700 | 6 000 | 3 000 | 60 000 | 230 | 3 800 | 2 200 | 550 | 53 220 |

表 8-2　福州市宏泰公司工资结算汇总表 1

2013 年 3 月　　单位：元

| 车间及部门 | | 应付工资 | 代垫款 | 代扣款 | | | 实发金额 |
|---|---|---|---|---|---|---|---|
| | | | 水电费 | 住房公积金 | 社会保险费 | 个人所得税 | |
| 车间 | 生产工人 | 30 000 | 200 | 3 000 | 2 500 | | 24 300 |
| | 管理人员 | 25 000 | 150 | 2 000 | 1 800 | 350 | 20 700 |
| 企业行政管理人员 | | 60 000 | 230 | 3 800 | 2 200 | 550 | 53 220 |
| 专设销售机构人员 | | 20 000 | 220 | 1 800 | 1 600 | | 16 380 |
| 企业福利部门人员 | | 15 000 | 150 | 1 200 | 800 | | 12 850 |
| 合计 | | 150 000 | 950 | 11 800 | 8 900 | 900 | 127 450 |

## 代发工资入账清单（人民币）

单位名称：福州市宏泰公司　　单位编号：7　项目种类：工资　　入账时间：2013 年 3 月 10 日

| 序号 | 客户号 | 活期存款账号 | 客户姓名 | 发生金额 | 摘要 | 操作 | 出纳 | 入账否 |
|---|---|---|---|---|---|---|---|---|
| 01 | 511 | 100223511 | 王远 | 2 770 | 正常 | 102 | | |
| 02 | 512 | 100223512 | 刘兴 | 2 954 | 正常 | 102 | | |
| ⋮ | | | | | | | | |
| 120 | 630 | 100223630 | 罗明 | 2 200 | 正常 | 102 | | |
| 中国工商银行 洪山支行 业务公章 | | | | | | | | |

入账成功户数 120　　入账成功金额：127 450　　入账未成功户数：0入账未成功金额：0

制表：沈冰　　打印日期：2013 年 3 月 10 日

图 8-10　代发工资入账清单 1

## 二、记账凭证

根据上述“工资结算表”“工资结算汇总表”和银行的“代发工资入账清单”，填制记账凭证如图 8-11 所示（设上一张记账凭证编号是记字第 20 号）。



### 记 账 凭 证

*2013* 年 *3* 月 *10* 日　　　　记字第 *21* 号

| 摘要 | 总账科目 | 明细科目 | √ | 借方金额 | | | | | | | | | | √ | 贷方金额 | | | | | | | | | |
|---|---|---|---|---|---|---|---|---|---|---|---|---|---|---|---|---|---|---|---|---|---|---|---|---|
| | | | | 千 | 百 | 十 | 万 | 千 | 百 | 十 | 元 | 角 | 分 | | 千 | 百 | 十 | 万 | 千 | 百 | 十 | 元 | 角 | 分 |
| 发放工资 | 应付职工薪酬 | 工资 | | | | 1 | 5 | 0 | 0 | 0 | 0 | 0 | 0 | | | | | | | | | | | |
| | 其他应收款 | 水电费 | | | | | | | | | | | | | | | | | | 9 | 5 | 0 | 0 | 0 |
| | 其他应付款 | 住房公积金 | | | | | | | | | | | | | | | | 1 | 1 | 8 | 0 | 0 | 0 | 0 |
| | | 社会保险费 | | | | | | | | | | | | | | | | | 8 | 9 | 0 | 0 | 0 | 0 |
| | 应交税费 | 应交个人所得税 | | | | | | | | | | | | | | | | | | 9 | 0 | 0 | 0 | 0 |
| | 银行存款 | | | | | | | | | | | | | | | | 1 | 2 | 7 | 4 | 5 | 0 | 0 | 0 |
| 合　计 | | | | | ¥ | 1 | 5 | 0 | 0 | 0 | 0 | 0 | 0 | | | ¥ | 1 | 5 | 0 | 0 | 0 | 0 | 0 | 0 |

附单据 3 张

财务主管：　　记账：　　出纳：　　复核：　　制表：林凤

图 8-11　记账凭证 35

**活动资料**

福州市宏泰公司委托银行代发 5 月工资，原始凭证如表 8-3、表 8-4 和图 8-12 所示。要求：据此填制记账凭证（设上一张记账凭证编号是记字第 33 号）。

**表 8-3　福州市宏泰公司工资结算表 2**

部门：行政管理人员　　　　2013 年 5 月　　　　单位：元

| 编号 | 姓名 | 月工资 | 缺勤扣款 | 加班工资 | 计时工资 | 计件工资 | 奖金 | 津贴补贴 | 应付工资 | 代垫款 | 代扣款 | | | 实发金额 |
|---|---|---|---|---|---|---|---|---|---|---|---|---|---|---|
| | | | | | | | | | | 水电费 | 住房公积金 | 社会保险费 | 个人所得税 | |
| 01 | 王远 | 2 800 | 300 | 500 | 3 000 | | 200 | 150 | 3 350 | 50 | 1 000 | 500 | | 1 800 |
| 02 | 刘兴 | 2 500 | | | | 2 904 | 150 | 200 | 3 254 | 20 | 800 | 300 | | 2 174 |
| （略） | | | | | | | | ⋮ | | | | | | |
| 合计 | | 10 000 | 1 200 | 3 000 | 11 800 | 7 200 | 5 000 | 6 000 | 30 000 | 250 | 3 800 | 3 200 | 250 | 22 500 |

**表 8-4　福州市宏泰公司工资结算汇总表 2**

2013 年 5 月　　　　单位：元

| 车间及部门 | | 应付工资 | 代垫款 | 代扣款 | | | 实发金额 |
|---|---|---|---|---|---|---|---|
| | | | 水电费 | 住房公积金 | 社会保险费 | 个人所得税 | |
| 车间 | 生产工人 | 50 000 | 300 | 5 000 | 4 500 | | 40 200 |
| | 管理人员 | 60 000 | 350 | 3 000 | 2 800 | 350 | 53 500 |
| 企业行政管理人员 | | 30 000 | 250 | 3 800 | 3 200 | 250 | 22 500 |
| 专设销售机构人员 | | 35 000 | 320 | 2 800 | 2 700 | | 29 180 |
| 企业福利部门人员 | | 25 000 | 250 | 2 200 | 1 800 | | 20 750 |
| 合计 | | 200 000 | 1 470 | 16 800 | 15 000 | 600 | 166 130 |

**代发工资入账清单（人民币）**



单位名称：福州市宏泰公司　单位编号：7　项目种类：工资　入账时间：2013 年 5 月 10 日

| 序号 | 客户号 | 活期存款账号 | 客户姓名 | 发生金额 | 摘要 | 操作 | 出纳 | 入账否 |
|---|---|---|---|---|---|---|---|---|
| 01 | 511 | 100223511 | 王远 | 1 800 | 正常 | 102 | | |
| 02 | 512 | 100223512 | 刘兴 | 2 174 | 正常 | 102 | | |
| ⋮ | | | | | | | | |
| 120 | 630 | 100223630 | 罗明 | 2 300 | 正常 | 102 | | |

中国工商银行
洪山支行
业务公章

入账成功户数 120　入账成功金额：166 130　入账未成功户数：0入账未成功金额：0

制表：沈冰　打印日期：2013 年 5 月 10 日

图 8-12　代发工资入账清单 2

**基础知识**

# 一、职工薪酬概述

### 1．职工薪酬的定义

职工薪酬是指企业为获得职工提供的服务而给予职工各种形式的报酬以及其他相关支出。

2．职工的范围

职工薪酬中所指的“职工”，既包括与企业订立劳动合同的所有人员，含全职、兼职和临时职工；也包括虽未与企业订立劳动合同，但由企业任命的人员，如董事会、监事会成员；还包括在企业的计划和控制下，虽未与企业订立劳动合同或未由其正式任命，但为其提供与职工类似服务的人员，如劳务用工合同人员。

3．职工薪酬的范围

根据《企业会计准则第9号——职工薪酬》规定，职工薪酬的范围包括工资、职工福利、社会保险费、住房公积金、工会经费和职工教育经费、非货币性福利、辞退福利、其他与获得职工提供的服务相关的支出。

4．职工工资总额的组成内容

（1）计时工资。计时工资是按计时工资标准和工作时间支付给职工的劳动报酬，包括计时工资、结构工资制下的基础工资和职务（岗位）工资、新参加工作职工的见习工资。

（2）计件工资。计件工资是按计件工资标准和职工完成工作量支付给职工的劳动报酬。计件工资按其支付对象不同又可分为个人计件工资和集体计件工资。

（3）津贴和补贴。津贴是为了补偿职工特殊或额外的劳动消耗和其他特殊原因支付给职工的劳动报酬，如高空或井下作业津贴、保健津贴、技术性津贴和工龄津贴等。补贴是为了保证职工的工资水平不受物价变动的影响支付给职工的劳动报酬，如副食价格补贴等。

（4）奖金。奖金是指按照职工的超额劳动工作量和增收节支业绩支付给职工的劳动报酬，如生产奖、节约奖、劳动竞赛奖和其他经营性综合奖等。

（5）加班加点工资。加班加点工资是指按照规定的标准和职工加班加点的时间支付给职工的劳动报酬，如节假日加班工资等。



（6）特殊情况下支付的工资。特殊情况下支付的工资是指按照国家法律、法规和政策规定支付给职工的非工作时间的劳动报酬，如婚假、产假、探亲假、病假、定期休假和外出学习期间的工资等。

（7）职工福利费。职工福利费一般是指用于改善职工条件，如内部职工医院、浴室及食堂等方面的支出、职工生活困难补助以及提供给职工配偶、子女或其他被赡养人的福利等。

（8）社会保险费。社会保险费包括养老保险费、医疗保险费、失业保险费、工伤保险费和生育保险费等。企业按国家规定的基准和比例计算，并代员工向社会保险经办机构缴纳。

（9）住房公积金。企业按国家规定的基准和比例计算，并代员工向住房公积金管理机构缴纳。

（10）工会经费和职工教育经费。工会经费和职工教育经费是指企业用于开展工会活动、职工教育和职业技能培训等的相关支出。

（11）非货币性福利。非货币性福利是指企业以非货币资产的形式提供给职工的各项福利，如企业以自产的产品或外购的商品发放给职工作为福利等。

（12）辞退福利。辞退福利是指企业在职工劳动合同尚未到期之前因解除与职工的劳动关系，或者为鼓励职工自愿接受裁减而给予的经济补偿。

## 二、职工薪酬的确认和计量

**1．职工薪酬的确认**

应付职工薪酬应根据以下原则进行确认：

（1）权责发生制原则。企业应当在职工为其提供服务的会计期间，将应付的职工薪酬确认为负债。

（2）受益分配原则。职工薪酬除辞退福利外，应根据职工提供服务的受益对象分配计入成本费用，即应由生产产品、提供劳务负担的职工薪酬，计入产品成本或劳务成本；应由在建工程、无形资产负担的职工薪酬，计入固定资产或无形资产成本；上述之外的职工薪酬，计入当期损益。

**2．职工薪酬的计量**

（1）货币性职工薪酬的计量。

1）对于国家规定有计提基础和计提比例的货币性职工薪酬，应按照国家规定的标准计提。

2）对于没有规定计提基础和计提比例的货币性职工薪酬，企业应当根据历史经验和自身情况，合理预计当期的应付职工薪酬。

（2）非货币性职工薪酬的计量。以自产的产品或外购的商品发放给职工作为福利的，应当按照该产品、商品的公允价值和相关税费，计量计入成本费用的职工薪酬。

## 三、工资的计算



**1．工资计算的依据**

工资计算的依据有：工资卡，考勤记录和产量记录。

**2．工资的计算公式**

实发工资=应付工资–代垫代扣款项+发放的其他款项

应付工资=应付计时（或计件）工资+奖金+津贴和补贴+其他工资

应付计时工资=月工资–缺勤扣款+加班加点工资

应付计件工资=Σ（合格品数量+料废品数量）×计件单价

## 四、工资的核算

**1．工资核算的依据**

对于规模小、职工人数不多的企业，工资结算的核算可以根据“工资结算表”进行；对于人数较多的企业应根据“工资结算表”汇总编制“工资结算汇总表”，据以工资结算的核算。

**2．账户设置**

职工薪酬的核算通过“应付职工薪酬”账户进行。该账户贷方登记应付的工资和其他职工薪酬，借方登记实际支付的工资和其他职工薪酬，期末贷方余额反映应付未付的职工薪酬。该账户可按“工资”“职工福利”“社会保险费”“住房公积金”“工会经费”“职工教育经费”“非货币性福利”“辞退福利”“股份支付”等进行明细核算。

**3．工资结算的核算**

【例 8-16】2013 年 1 月，福州市宏泰公司财会部门编制的工资结算汇总表如表 8-5 所示。

表 8-5　宏泰公司工资结算汇总表 3

2013 年 1 月　　单位：元

| 车间及部门 | | 应付工资 | 代垫款 | 代扣款 | | | 实发金额 |
|---|---|---|---|---|---|---|---|
| | | | 水电费 | 住房公积金 | 社会保险费 | 个人所得税 | |
| 车间 | 生产工人 | 50 000 | 300 | 5 000 | 4 500 | | 40 200 |
| | 管理人员 | 55 000 | 250 | 4 000 | 3 800 | 300 | 46 650 |
| 企业行政管理人员 | | 80 000 | 330 | 4 800 | 4 200 | 500 | 70 170 |
| 专设销售机构人员 | | 20 000 | 220 | 800 | 600 | | 18 380 |
| 企业福利部门人员 | | 15 000 | 150 | 1 000 | 800 | | 13 050 |
| 合　计 | | 220 000 | 1 250 | 15 600 | 13 900 | 800 | 188 450 |

根据表 8-5 的计算结果，福州市宏泰公司的会计分录如下：

向银行提取现金准备发放工资时：

借：库存现金　　188 450

　　贷：银行存款　　188 450

企业根据“工资结算表”和“工资结算汇总表”发放工资，并从应付工资中扣除各种代垫代扣款时，作会计分录如下：

借：应付职工薪酬——工资　　220 000

　　贷：其他应收款——水电费　　1 250

　　　　其他应付款——住房公积金　　15 600

　　　　　　　　　——社会保险费　　13 900

　　　　应交税费——应交个人所得税　　800

　　　　库存现金　　188 450



**拓展知识**

## 一、应付计时工资的计算

**1．应付计时工资的计算公式**

应付计时工资=月工资−缺勤扣款+加班加点工资

公式中的月工资是指在满勤情况下，根据工资级别和工资标准计算的月标准工资。

**2．缺勤扣款的计算**

缺勤扣款=日工资×缺勤天数×扣款比例

日工资=月工资÷月工作天数

## 二、集体计件工资的计算

计件工资有个人计件工资和集体计件工资两种形式。其中集体计件工资是指企业以集体（班组）为计件对象，先按班组完成的产品数量和计件单价计算应付给该班组的集体计件工资，再将集体计件工资在班组成员间，按一定的标准进行分配。分配一般按每人的工资标准和实际工时计算计时工资的比例进行分配。

【例 8–17】A 班组由甲、乙、丙、丁 4 人组成，1 月份共完成 A 产品 200 件，B 产品 300 件，均为合格品。A 产品计件单价 10 元，B 产品计件单价 12 元。

A 班组集体计件工资 = 200×10+300×12=5 600（元）

上例中的 5 600 元款项将按每人的工资标准和实际工时计算的计时工资的比例在 A 班组的 4 个成员之间进行分配。如表 8–6 所示。

表 8–6　集体计件工资分配表

2013 年 1 月　　单位：元

| 姓名 | 月标准工资 | 日工资 | 小时工资 | 实际工时 | 计时工资 | 分配率 | 应得计件工资 |
|---|---|---|---|---|---|---|---|
| | ① | ②=①÷30 | ③=②÷8 | ④ | ⑤=③×④ | ⑥ | ⑦=⑤×⑥ |
| 张三 | 1 680 | 56 | 7 | 150 | 1 050 | | 1 729.35 |
| 李四 | 1 680 | 56 | 7 | 120 | 840 | | 1 383.48 |
| 王五 | 1 440 | 48 | 6 | 160 | 960 | | 1 581.12 |
| 赵六 | 960 | 32 | 4 | 137.5 | 550 | | 906.05 |
| 合计 | | | | | 3 400 | 1.647 | 5 600 |

分配率=5 600÷3 400=1.647

注：分配差额 0.2 元经协商后分给赵六。

## 活动二　工资分配的核算

### 工作案例



### 一、原始凭证

2013 年 3 月 31 日，福州市宏泰公司根据“福州市宏泰公司工资结算汇总表”（见表 8–5）中的应付工资进行分配，编制“福州市宏泰公司工资分配汇总表”（见表 8–7）。

表 8–7　福州市宏泰公司工资分配汇总表

2013 年 3 月　　单位：元

| 借方科目 / 车间、部门 | | 生产成本 | 制造费用 | 管理费用 | 销售费用 | 应付职工薪酬 | 合计 |
|---|---|---|---|---|---|---|---|
| 车间 | 生产工人 | 30 000 | | | | | 30 000 |
| | 管理人员 | | 25 000 | | | | 25 000 |
| 企业行政管理人员 | | | | 60 000 | | | 60 000 |
| 专设销售机构人员 | | | | | 20 000 | | 20 000 |
| 企业福利部门人员 | | | | | | 15 000 | 15 000 |
| 合计 | | 30 000 | 25 000 | 60 000 | 20 000 | 15 000 | 150 000 |

### 二、记账凭证

根据“福州市宏泰公司工资分配汇总表”，填制记账凭证如图 8–13 所示（设上一张记账凭证编号是记字第 41 号）。

## 记 账 凭 证

2013 年 3 月 31 日　　　　记字第 42 号

| 摘　要 | 总账科目 | 明细科目 | √ | 借方金额（千百十万千百十元角分） | √ | 贷方金额（千百十万千百十元角分） |
|---|---|---|---|---|---|---|
| 工资分配 | 生产成本 | 基本生产成本 | | 3000000 | | |
| | 制造费用 | | | 2500000 | | |
| | 管理费用 | | | 6000000 | | |
| | 销售费用 | | | 2000000 | | |
| | 应付职工薪酬 | 职工福利 | | 1500000 | | |
| | 应付职工薪酬 | 工资 | | | | 15000000 |
| 合　计 | | | | ¥15000000 | | ¥15000000 |

附单据 1 张

财务主管：　　记账：　　出纳：　　复核：　　制表：林凤

图 8-13　记账凭证 36

**活动资料**

2013 年 5 月 31 日，福州市宏泰公司根据“福州市宏泰公司工资结算汇总表”（见表 8-5）中的应付工资进行分配，编制“福州市宏泰公司工资分配汇总表”（如表 8-7），并根据“福州市宏泰公司工资分配汇总表”填制记账凭证（设上一张记账凭证编号是记字第 46 号）。

**基础知识**

## 一、工资分配的核算

月末，应将本月发生的工资费用（应付工资）在有关受益对象间进行分配：基本生产车间生产工人的工资借记“生产成本——基本生产成本”账户；辅助生产车间工人的工资借记“生产成本——辅助生产成本”账户；车间管理人员的工资借记“制造费用”账户；厂部行政管理人员及六个月以上病假人员的工资借记“管理费用”账户；专设销售机构人员的工资借记“销售费用”账户；企业内部福利部门人员的工资借记“应付职工薪酬——职工福利”账户；应由建设工程负担的人员工资借记“在建工程”账户等。根据应分配的工资总额，贷记“应付职工薪酬——工资”账户。

【例 8-18】2013 年 1 月，福州市宏泰公司财会部门编制的工资结算汇总表见表 8-8 所示。

表 8-8　福州市宏泰公司工资结算汇总表 4

2013 年 1 月　　　　单位：元

| 车间及部门 | | 应付工资 | 代垫款 | 代扣款 | | | 实发金额 |
|---|---|---|---|---|---|---|---|
| | | | 水电费 | 住房公积金 | 社会保险费 | 个人所得税 | |
| 车间 | 生产工人 | 50 000 | 300 | 5 000 | 4 500 | | 40 200 |
| | 管理人员 | 55 000 | 250 | 4 000 | 3 800 | 300 | 46 650 |
| 企业行政管理人员 | | 80 000 | 330 | 4 800 | 4 200 | 500 | 70 170 |
| 专设销售机构人员 | | 20 000 | 220 | 800 | 600 | | 18 380 |
| 企业福利部门人员 | | 15 000 | 150 | 1 000 | 800 | | 13 050 |
| 合计 | | 220 000 | 1 250 | 15 600 | 13 900 | 800 | 188 450 |

编制会计分录如下:

| | |
|---|---|
| 借：生产成本——基本生产成本 | 50 000 |
| 　　制造费用 | 55 000 |
| 　　管理费用 | 80 000 |
| 　　销售费用 | 20 000 |
| 　　应付职工薪酬——职工福利 | 15 000 |
| 　贷：应付职工薪酬——工资 | 220 000 |

## 活动三　职工福利费与工会经费的核算

### 工作案例

### 一、原始凭证

2013 年 3 月 20 日，福州市宏泰公司给公司相关员工发放独生子女费共计 800 元(见表 8-9)。

**表 8-9　福州市宏泰公司独生子女费发放表**

现金付讫

2013 年 3 月 20 日

| 序号 | 发放对象 | 发放金额/元 | 领款人签章 |
|---|---|---|---|
| 1 | 王敏 | 200 | 王敏 |
| 2 | 张虹 | 200 | 张虹 |
| (略) | | | |
| 合计 | | ¥800.00 | 大写：捌佰元整 |



### 二、记账凭证

根据原始凭证，填制记账凭证如图 8-14 所示（设上一张记账凭证编号是记字第 38 号）。

**记 账 凭 证**

*2013* 年 *3* 月 *20* 日　　　　记字第 *39* 号

| 摘　要 | 总账科目 | 明细科目 | √ | 借方金额 | | | | | | | | | | √ | 贷方金额 | | | | | | | | | | 附单据 |
|---|---|---|---|---|---|---|---|---|---|---|---|---|---|---|---|---|---|---|---|---|---|---|---|---|---|
| | | | | 千 | 百 | 十 | 万 | 千 | 百 | 十 | 元 | 角 | 分 | | 千 | 百 | 十 | 万 | 千 | 百 | 十 | 元 | 角 | 分 | |
| 发放独生子女费 | 应付职工薪酬 | 职工福利 | | | | | | | 8 | 0 | 0 | 0 | 0 | | | | | | | | | | | | |
| | 库存现金 | | | | | | | | | | | | | | | | | | | 8 | 0 | 0 | 0 | 0 | 1 |
| 合　计 | | | | | | | | ¥ | 8 | 0 | 0 | 0 | 0 | | | | | | ¥ | 8 | 0 | 0 | 0 | 0 | 张 |

财务主管：　　记账：　　出纳：　　复核：　　制表：林风

图 8-14　记账凭证 37

## 活动资料

2013 年 5 月 20 日，福州市宏泰公司给公司相关员工发放职工困难补助费共计 1 000 元，如表 8-10 所示。要求：请据以填制记账凭证（设上一张记账凭证编号是记字第 50 号）。

**表 8-10 福州市宏泰公司职工困难补助费发放表**

现金付讫

2013 年 3 月 20 日

| 序 号 | 发放对象 | 发放金额/元 | 领款人签章 |
|---|---|---|---|
| 1 | 张晋 | 500 | 张晋 |
| 2 | 陈贺 | 500 | 陈贺 |
| 合计 | | ¥1 000.00 | 大写：壹仟元整 |

## 基础知识

# 一、职工福利费核算

企业除了应根据按劳分配原则支付给职工工资外，还应根据我国职工福利制度提供职工福利。职工福利费的核算涉及提取、使用和年末调整三方面内容。

**1. 职工福利费提取的核算**

现在企业一般不再提取职工福利费，而是在发生时据实列支。但小微企业可以参考往年职工福利费开支与工资总额的比例关系，确定一个合理的计提比例，于每月月末进行计提。

计提职工福利费用时，除按福利人员工资计提的职工福利费应列入管理费用外，其他与工资费用列支方向一致。



【例 8-19】根据表 8-8 中的数据，按 8%的计提比例计算职工福利费，并编制“福州市宏泰公司职工福利费计提表”，如表 8-11 所示。

**表 8-11 福州市宏泰公司职工福利费计提表**

2013 年 1 月　　　　单位：元

| 车间、部门 | | 工资总额 | 计提比例 | 应计提金额 |
|---|---|---|---|---|
| 车间 | 生产工人 | 50 000 | 8% | 4 000 |
| | 管理人员 | 55 000 | 8% | 4 400 |
| 企业行政管理人员 | | 80 000 | 8% | 6 400 |
| 专设销售机构人员 | | 20 000 | 8% | 1 600 |
| 企业福利部门人员 | | 15 000 | 8% | 1 200 |
| 合计 | | 220 000 | | 17 600 |

应作会计分录如下：

借：生产成本——基本生产成本　　4 000
　　制造费用　　4 400
　　管理费用　　7 600
　　销售费用　　1 600
　　贷：应付职工薪酬——职工福利　　17 600

**2. 职工福利费使用的核算**

职工福利费使用时，应借记“应付职工薪酬——职工福利”账户，贷记“库存现金”“银行存款”等账户。

【例 8-20】1 月 25 日，福州市宏泰公司为内部职工澡堂购入消毒液、洗涤剂等卫生用品一批，共计 800 元，现金付讫。

借：应付职工薪酬——职工福利　　800

　贷：库存现金　　800

## 二、工会经费的核算

**1．工会经费的概念和来源**

工会经费是指企业为职工缴纳的用于工会运作方面的经费。成立工会组织的单位应按每月全部职工工资总额的 2%向工会拨交工会经费。

**2．工会经费的核算**

工会经费的核算包括计提的核算和拨交的核算两方面。

（1）计提工会经费的核算。月末，应按职工类别计提工会经费计提时，借方列支科目与计提社会保险费列支方向一致。根据应计提的工会经费总额，贷记“应付职工薪酬——工会经费”账户。

【例 8-21】根据表 8-8 中的数据，按 2%的计提比例计算并编制“福州市宏泰公司工会经费计提表”，如表 8-12 所示。

**表 8-12　福州市宏泰公司工会经费计提表**

2013 年 1 月　　单位：元

| 项目 | 生产工人 | 车间管理人员 | 企业行政管理人员 | 专设销售机构人员 | 企业福利部门人员 | 合计 |
|---|---|---|---|---|---|---|
| 工资总额 | 50 000 | 55 000 | 80 000 | 20 000 | 15 000 | 220 000 |
| 计提比例 | | | | | | 2% |
| | 1 000 | 1 100 | 1 600 | 400 | 300 | 4 400 |

根据工会经费计提表编制会计分录如下：

借：生产成本——基本生产成本　　1 000

　制造费用　　1 100

　管理费用　　1 600

　销售费用　　400

　应付职工薪酬——职工福利　　300

　贷：应付职工薪酬——工会经费　　4 400

（2）拨交工会经费的核算。企业支付工会经费用于工会运作时，按照支付的工会经费金额，借记“应付职工薪酬——工会经费”账户，贷记“银行存款”等账户。

【例 8-22】次月，福州市宏泰公司填制《工会专用结算凭证（行政拨交工会经费缴款书）》，办理拨交工会经费，并编制会计分录如下：

借：应付职工薪酬——工会经费　　4 400

　贷：银行存款　　4 400

## 三、职工教育经费的核算

职工教育经费是指企业用于职工教育培训方面的经费。其列支范围包括：职工上岗和转岗培训、职工技术等级培训、高技能人才培训、专业技术人员继续教育、特种作业人员培训、职工参加的职业技能鉴定、职业资格认证等经费支出。

**1．计提职工教育经费的核算**

依据相关规定，一般企业按职工工资总额的1.5%足额提取职工教育经费，从业人员技术要求高、培训任务重、经济效益较好的企业，可按2.5%提取，列入成本费用。计提职工教育经费，借方列支科目与工资分配列支方向一致，贷“应付职工薪酬——职工教育经费”账户。

**【例 8-23】**根据表 8-8 中的数据，按 1.5%的计提比例计算并编制“福州市宏泰公司职工教育经费计提表”，如表 8-13 所示。

**表 8-13 福州市宏泰公司职工教育经费计提表**

2013 年 1 月　　　　单位：元

| 项目 | 生产工人 | 车间管理人员 | 企业行政管理人员 | 专设销售机构人员 | 企业福利部门人员 | 合计 |
|---|---|---|---|---|---|---|
| 工资总额 | 50 000 | 55 000 | 80 000 | 20 000 | 15 000 | 220 000 |
| 计提比例 | | | | | | 1.5% |
| | 750 | 825 | 1 200 | 300 | 225 | 3 300 |

根据职工教育经费计提表编制会计分录如下：

借：生产成本——基本生产成本　　750
　　制造费用　　825
　　管理费用　　1 200
　　销售费用　　300
　　应付职工薪酬——职工福利　　225
　贷：应付职工薪酬——职工教育经费　　3 300

**2．职工教育经费使用的核算**

企业支付职工教育经费时，借记“应付职工薪酬——职工教育经费”，贷记“银行存款”等账户。

**【例 8-24】**2013 年 1 月 18 日，职工张岩报销专业技术人员继续教育费用 200 元，现金付讫。应作会计分录如下：

借：应付职工薪酬——职工教育经费　　200
　贷：库存现金　　200

**拓展知识**

## 一、职工福利费的调整

年度终了，如果“应付职工薪酬——职工福利”账户有余额，必须进行调整予以结平。

**1．多提，应予以冲回**

如果为贷方余额，表明当期预提额大于实际发生额，为多提，应予以冲回，按照冲回的金额，借记“应付职工薪酬——职工福利”，贷记“管理费用”账户。

【例 8-25】年末，“应付职工薪酬——职工福利”账户贷方余额 2 000 元。应编制调整分录如下：

借：应付职工薪酬——职工福利　　2 000

　贷：管理费用　　2 000

2．少提，应予以补提

如果为借方余额，表明当期预提额小于实际发生额，为少提，应予以补提，按照补提的金额，借记“管理费用”，贷记“应付职工薪酬——职工福利”账户。

【例 8-26】年末，“应付职工薪酬——职工福利”账户借方余额 2 000 元。应编制调整分录如下：

借：管理费用　　2 000

　贷：应付职工薪酬——职工福利　　2 000

调整后，“应付职工薪酬——职工福利”账户余额为 0。

## 二、住房公积金核算

1．住房公积金的内容和来源

住房公积金是指国家机关、事业单位、各类企业、社会团体（以下统称单位）为其在职职工缴存的长期住房储金，主要用于职工购买、建造、翻建、大修自住住房等。住房公积金由单位和职工个人以职工本人上一年度月平均工资为基数按照一定比例共同缴存。



2．住房公积金的核算

职工个人缴纳的住房公积金，由企业从个人应付工资中代扣时，编制如下会计分录：

借：应付职工薪酬——工资　　××

　贷：其他应付款——住房公积金　　××

应由企业缴纳的住房公积金按受益对象计提时：借方列支科目与工资分配列支方向一致。贷记“应付职工薪酬——住房公积金”账户。

企业应及时将单位应缴纳的住房公积金和代扣职工的住房公积金一同上缴公积金中心。

【例 8-27】福州市宏泰公司以银行存款缴纳 2013 年 1 月份的住房公积金。编制会计分录如下：

借：应付职工薪酬——住房公积金　　14 400

　其他应付款——住房公积金　　14 400

　贷：银行存款　　28 800

## 三、非货币性福利的核算

1．定义

非货币性福利是指企业以非货币资产方式提供给职工的各项福利。非货币性福利主要有企业以其自产产品或外购商品发放给职工作为福利，以及将拥有或租入的资产提供给职工无偿使用等方式。

2．核算

（1）企业以自产产品发放给职工作为福利。企业以其自产产品作为福利发放给职工的，应当根据受益对象，按照产品的公允价值和相关税费，计入相关的成本费用，同时确认应付职工薪酬。对发放的自产产品视同销售，反映主营业务收入并结转销售成本。

**【例 8-28】** 福州市宏泰公司 2013 年 1 月，决定按每人 1 件给全体职工发放 B 产品，作为节日福利。该产品销售单价 60 元，单位成本 30 元。该公司生产工人 50 人，车间管理人员 5 人，企业行政管理人员 10 人，专设销售机构人员 3 人，福利部门人员 2 人。增值税税率 17%。编制会计分录如下：

根据发放的 B 产品的公允价值和相关税费计算应付非货币性福利时：

借：生产成本——基本生产成本　　3 510
　　制造费用　　351
　　管理费用　　702
　　销售费用　　210.6
　　应付职工薪酬——职工福利　　140.4
　　贷：应付职工薪酬——非货币性福利　　4 914

实际发放时：

借：应付职工薪酬——非货币性福利　　4 914
　　贷：主营业务收入　　4 200
　　　　应交税费——应交增值税（销项税额）　　714

结转成本时：

借：主营业务成本　　2 100
　　贷：库存商品——B 产品　　2 100

（2）企业将拥有的或租入的资产提供给职工无偿使用。企业将拥有的或租入的房屋等资产提供给职工无偿使用的，应根据受益对象，将每月的折旧费或租赁费计入相关成本费用，并确认应付职工薪酬。

**【例 8-29】** 福州市宏泰公司租了一套公寓作为宿舍供公司员工无偿居住。月租金 5 000 元。编制会计分录如下：

借：应付职工薪酬——非货币性福利　　5 000
　　贷：银行存款　　5 000

## 活动四　社会保险费计提的核算

**工作案例**

## 一、原始凭证

2013 年 3 月 31 日，福州市宏泰公司根据确定的计提基数和计提比例计算应付社会保险费，并编制“福州市宏泰公司应付社会保险费计提表”（见表 8-14）。

表 8-14　福州市宏泰公司应付社会保险费计提表 1

2013 年 3 月　　　　单位：元

| 部门 | 缴费基数 | 养老保险费 | | 医疗保险费 | | 失业保险费 | | 工伤保险费 | 生育保险费 | 合计 | |
|---|---|---|---|---|---|---|---|---|---|---|---|
| | | 单位 18% | 个人 8% | 单位 8% | 个人 2% | 单位 2% | 个人 1% | 单位 1% | 单位 0.7% | 单位 29.7% | 个人 11% |
| 生产工人 | 60 000 | 10 800 | 4 800 | 4 800 | 1 200 | 1 200 | 600 | 600 | 420 | 17 820 | 6 600 |
| 车间管理人员 | 50 000 | 9 000 | 4 000 | 4 000 | 1 000 | 1 000 | 500 | 500 | 350 | 14 850 | 5 500 |
| 企业行政管理人员 | 30 000 | 5 400 | 2 400 | 2 400 | 600 | 600 | 300 | 300 | 210 | 8 910 | 3 300 |
| 专设销售机构人员 | 20 000 | 3 600 | 1 600 | 1 600 | 400 | 400 | 200 | 200 | 140 | 5 940 | 2 200 |
| 企业福利部门人员 | 10 000 | 1 800 | 800 | 800 | 200 | 200 | 100 | 100 | 70 | 2 970 | 1 100 |
| 合计 | 170 000 | 30 600 | 13 600 | 13 600 | 3 400 | 3 400 | 1 700 | 1 700 | 1 190 | 50 490 | 18 700 |

## 二、记账凭证

根据“福州市宏泰公司应付社会保险费计提表”，填制记账凭证如图 8-15 所示（设上一张记账凭证编号是记字第 43 号）。

**记 账 凭 证**

***2013*** 年 ***3*** 月 ***31*** 日　　　　记字第 ***44*** 号

| 摘　要 | 总账科目 | 明细科目 | √ | 借方金额（千百十万千百十元角分） | √ | 贷方金额（千百十万千百十元角分） |
|---|---|---|---|---|---|---|
| 计提社会保险费 | 生产成本 | 基本生产成本 | | 1782000 | | |
| | 制造费用 | | | 1485000 | | |
| | 管理费用 | | | 891000 | | |
| | 销售费用 | | | 594000 | | |
| | 应付职工薪酬 | 职工福利 | | 297000 | | |
| | 应付职工薪酬 | 社会保险费 | | | | 5049000 |
| 合　　计 | | | | ¥5049000 | | ¥5049000 |

附单据 *1* 张

财务主管：　　记账：　　出纳：　　复核：　　制表：林风

图 8-15　记账凭证 38

### 活动资料

2013 年 5 月 31 日，福州市宏泰公司根据确定的计提基数和计提比例计算应付社会保险费，并编制“福州市宏泰公司应付社会保险费计提表”（见表 8-15）。

表 8-15　福州市宏泰公司应付社会保险费计提表 2

年　　月

| 部门 | 缴费基数 | 养老保险费 | | 医疗保险费 | | 失业保险费 | | 工伤保险费 | 生育保险费 | 合计 | |
|---|---|---|---|---|---|---|---|---|---|---|---|
| | | 单位 18% | 个人 8% | 单位 8% | 个人 2% | 单位 2% | 个人 1% | 单位 1% | 单位 0.7% | 单位 29.7% | 个人 11% |
| 生产工人 | 80 000 | | | | | | | | | | |
| 车间管理人员 | 50 000 | | | | | | | | | | |
| 企业行政管理人员 | 60 000 | | | | | | | | | | |
| 专设销售机构人员 | 30 000 | | | | | | | | | | |
| 企业福利部门人员 | 20 000 | | | | | | | | | | |
| 合　　计 | | | | | | | | | | | |

**要求**：根据“福州市宏泰公司应付社会保险费计提表”填制记账凭证（设上一张记账凭证编号是记字第 53 号）。

**基础知识**

## 一、社会保险费核算

**1. 社会保险费的内容和来源**

社会保险费是指企业为职工缴纳的医疗保险、养老保险、失业保费、工伤、生育保险等保险费用。其中，医疗保险、养老保险、失业保费由单位和职工个人共同缴纳，工伤保险和生育保险仅由企业缴纳。

**2. 社会保险费的核算**

（1）社会保险费计提的核算。应由职工个人缴纳的社会保险费由企业从个人应付工资中扣除时，编制会计分录如下：

借：应付职工薪酬 z——工资　　××

　贷：其他应付款——社会保险费　　××

计提应由企业缴纳的社会保险费时：借方列支账户与工资分配列支账户一致。贷记“应付职工薪酬——社会保险缴费”账户。

【例 8-30】2013 年 1 月，假设福州市宏泰公司以工资总额为缴费基数按 10%的比例计提应付社会保险费。作会计分录如下：

借：生产成本——基本生产成本　　5 000

　制造费用　　5 500

　管理费用　　8 000

　销售费用　　2 000

　应付职工薪酬——职工福利　　1 500

　贷：应付职工薪酬——社会保险费　　22 000

（2）社会保险费缴纳的核算。企业应按规定的时间将单位应缴纳的社会保险费和代扣职工的社会保险费一同上缴，并根据缴费凭证作账务处理。

【例 8-31】福州市宏泰公司以银行存款缴纳 2013 年 1 月份的社会保险费。编制会计分录如下：

借：应付职工薪酬——社会保险费　　22 000

　其他应付款——社会保险费　　13 900

　贷：银行存款　　35 900

## 二、社会保险费的计提基数

社会保险费的职工缴费基数按照本人上年度月平均工资核定；新设立单位的职工和用人单位新增的职工按照本人起薪当月的工资核定。本人上年度月平均工资或起薪当月的工资低于上年度全市职工月平均工资 60%的，按照上年度全市职工月平均工资的 60%核定；超过上年度全市职工月平均工资 300%的，按照上年度全市职工月平均工资的 300%核定。

## 三、社会保险费的缴费

社会保险费的缴费比例由各地（省、市）人民政府确定。如福州市确定的缴费比例为：基本养老保险费单位缴纳 18%、个人缴纳 8%；基本医疗保险费单位缴纳 8%、个人缴纳 2%；失业保险费单位缴纳 2%、个人缴纳 1%；工伤保险费因行业、工种而异，企业缴纳比例为 0.5%～1.5%；生育保险费企业缴纳比例为 0.7%。

# 任务三 应交税费

## 活动一 应交增值税的核算

### 工作案例

### 一、原始凭证

2013 年 3 月 23 日，福州市宏泰公司向福州市金日公司购入丙材料一批，价款 70 000 元，增值税税额 11 900 元，企业开出转账支票。材料尚未验收入库。原始凭证如图 8-16、图 8-17 所示。

**福建省增值税专用发票**

发票联

3500013560　　开票日期：2013 年 3 月 23 日　　No. 00823375

| 购货单位 | 名称：福州市宏泰公司<br>纳税人识别号：3501011013381<br>地址、电话：福州市鼓楼区洪山街 188 号<br>开户行及账号：工商银行洪山支行 241100121242081001 | | | | 密码区 | | |
|---|---|---|---|---|---|---|---|
| 货物或应税劳务名 | 规格型号 | 单位 | 数量 | 单价 | 金额 | 税率 | 税额 |
| 丙材料 | | 千克 | 700 | 100 | 70 000.00 | 17% | 11 900.00 |
| 合计 | | | | | ¥70 000.00 | | ¥11 900.00 |
| 价税合计（大写） | ⊗捌万壹仟玖佰元整 | | | | （小写）¥81 900.00 | | |
| 销货单位 | 名称：福州市金日公司<br>纳税人识别号：350104209802100<br>地址、电话：（略）<br>开户行及账号：工行洪山支行 241100121236069875 | | | | 备注 | | |

第二联 发票联 购货方记帐凭证

收款人：　　复核：　　开票人：　　销货单位（章）

图 8-16　专用发票 16



**中国工商银行（闽）**

**转账支票存根**

$\frac{B}{0}\frac{J}{2}$357913560

附加信息

出票日期　2013 年 3 月 23 日

| 收款人：福州市金日公司 |
|---|
| 金额：¥81 900.00 |
| 用途：货款 |

单位主管：　　会计：姜海涛

图 8-17　转账支票存根 11

## 二、记账凭证

根据原始凭证，填制记账凭证如图 8-18 所示（设上一张记账凭证编号是记字第 26 号）。

**记 账 凭 证**

*2013* 年 *3* 月 *23* 日　　　　记字第 *27* 号

| 摘　要 | 总账科目 | 明细科目 | √ | 借方金额 千 | 百 | 十 | 万 | 千 | 百 | 十 | 元 | 角 | 分 | √ | 贷方金额 千 | 百 | 十 | 万 | 千 | 百 | 十 | 元 | 角 | 分 |
|---|---|---|---|---|---|---|---|---|---|---|---|---|---|---|---|---|---|---|---|---|---|---|---|---|
| 采购材料 | 在途物资 | 丙材料 | | | | | 7 | 0 | 0 | 0 | 0 | 0 | 0 | | | | | | | | | | | |
| | 应交税费 | 应交增值税（进项税额） | | | | | 1 | 1 | 9 | 0 | 0 | 0 | 0 | | | | | | | | | | | |
| | 银行存款 | | | | | | | | | | | | | | | | | 8 | 1 | 9 | 0 | 0 | 0 | 0 |
| 合　计 | | | | | | ¥ | 8 | 1 | 9 | 0 | 0 | 0 | 0 | | | | ¥ | 8 | 1 | 9 | 0 | 0 | 0 | 0 |

附单据 *2* 张

财务主管：　　记账：　　出纳：　　复核：　　制表：林凤

图 8-18　记账凭证 39

**活动资料**

2013 年 5 月 22 日，福州市宏泰公司向福州市鹏程公司购入甲材料一批，价款 78 000 元，增值税税额 13 260 元，企业开出转账支票。材料尚未验收入库。原始凭证如图 8-19、图 8-20 所示。

**福建省增值税专用发票**

发票联

3500013562　　开票日期：2013 年 5 月 22 日　　No. 00823373

| 购货单位 | 名称：福州市宏泰公司<br>纳税人识别号：3501011013381<br>地址、电话：福州市鼓楼区洪山街 188 号<br>开户行及账号：工商银行洪山支行 24110012124208100l | | | | 密码区 | | |
|---|---|---|---|---|---|---|---|
| 货物或应税劳务名 | 规格型号 | 单位 | 数量 | 单价 | 金　额 | 税率 | 税　额 |
| 甲材料 | | 千克 | 780 | 100 | 78 000.00 | 17% | 13 260.00 |
| 合　　计 | | | | | ¥78 000.00 | | ¥13 260.00 |
| 价税合计（大写） | ⊗玖万壹仟贰佰陆拾元整 | | | | （小写）¥91 260.00 | | |
| 销货单位 | 名称：福州市鹏程公司<br>纳税人识别号：350104209805200<br>地址、电话：（略）<br>开户行及账号：工商银行洪山支行 24110012123606885７ | | | | 备注 | | |

第二联　发票联　购货方记帐凭证

收款人：　　复核：　　开票人：　　销货单位（章）

图 8-19　专用发票 17

中国工商银行（闽）

转账支票存根

$\frac{B}{0}\frac{J}{2}$357913500

附加信息

出票日期　2013 年 5 月 22 日

| 收款人：福州市鹏程公司 |
|---|
| 金额：¥91 260.00 |
| 用途：货款 |

单位主管：　　　　　会计：姜海涛

图 8-20　转账支票存根 12

要求：根据原始凭证填制记账凭证（设上一张记账凭证编号是记字第 32 号）。

**基础知识**

## 一、应交税费概述



**1．内容**

应交税费是指企业按税法的规定应该缴纳的各种税费。因企业营业活动而形成的应交税费主要包括增值税、营业税、消费税、资源税、城市维护建设税、所得税、房产税、车船税、土地使用税、印花税和耕地占用税等。

**2．账户设置**

企业应交各种税费，应设置“应交税费”账户进行核算。该账户贷方登记应交各种的税费，借方登记实际缴纳的税费和应抵扣的税金。期末贷方余额，反映企业应交而未交的税费。期末借方余额，反映企业多交的税费或尚未抵扣的税费。该账户按应交税费的种类设置明细账，进行明细核算。

## 二、应交增值税

**1．增值税概述**

（1）增值税的概念。增值税是指对在我国境内销售货物、提供应税劳务以及进口货物的单位和个人，就其货物或劳务的增值额征收的一种流转税。

（2）增值税的纳税人。增值税的纳税人按其经营规模及会计核算是否健全划分为一般纳税人和小规模纳税人。

1）一般纳税人增值税率分三档：

第一，基本税率 17%。

第二，低税率 13%，适用于粮食、食用植物油、自来水、气体、图书、报纸、杂志、饲

料、化肥、农药等）。

第三，零税率 0%，适用于出口货物。

2）小规模纳税人，增值税征收率为 3%。

（3）应纳税额的计算。

1）一般纳税人应纳税额的计算：

当期应纳税额=当期销项税额–当期进项税额

2）小规模纳税人应纳税额的计算：

当期应纳税额=当期销售额（不含增值税）×征收率

**2．一般纳税人应交增值税的核算**

（1）账户设置。一般纳税人应交增值税通过“应交税费——应交增值税”明细账户进行核算。该明细账户应采用多栏式账页，开设“进项税额”“已交税金”“减免税款”“销项税额”“进项税额转出”“出口退税”等专栏。

（2）账务处理。

1）进项税额的核算。进项税额是指纳税人购进货物或者接受应税劳务而支付或负担的可从销项税额中抵扣的增值税税额。

**【例 8-32】**福州市宏泰公司 2013 年 1 月 23 日购入原材料一批，增值税专业发票上注明货款 70 000 元，增值税税额 11 900 元，运输费 1 000 元，原材料已验收入库，款项均用银行存款支付。编制会计分录如下：

借：原材料　　70 930

　　应交税费——应交增值税（进项税额）　　11 970

　　贷：银行存款　　82 900

**注意**：购进货物过程中支付运输费用的，按运输费用结算单据上注明的运输费用和建设基金的金额（不包括装卸费、保险费等其他杂费）以 7%的扣除率计算确定。

2）销项税额的核算。销项税额是指销售货物或应税劳务，按销售额与适用税率计算，向购买方收取的增值税税额。

企业销售货物时或提供应税劳务时，应开具增值税专用发票和办理货款结算。根据货款结算情况，借记“银行存款”“应收账款”“应收票据”等账户，根据发票上注明的价款金额，贷记“主营业务收入”“其他业务收入”等账户。根据专用发票上注明的增值税税额，贷记“应交税费——应交增值税（销项税额）”账户。

**【例 8-33】**企业销售产品一批，增值税专业发票注明货款 100 000 元，增值税税额 17 000 元，增值税专用发票等结算凭证已交给购货方，产品已经发出，款项尚未收到。编制会计分录如下：

借：应收账款　　117 000

　　贷：主营业务收入　　100 000

　　　　应交税费——应交增值税（销项税额）　　17 000

3）缴纳增值税的核算。增值税 般丁次月月初申报。中报时应填制“增值税纳税申报表”，申报成功后通过银行转账缴纳。企业缴纳增值税，应借记“应交税费——应交增值税（已交税金）”账户，贷记“银行存款”账户。

**【例 8-34】**2013 年 2 月 10 日，福州市宏泰公司以银行存款缴纳 1 月份增值税税款。已

知，1月份销项税有贷方余额38 000元，进项税额有借方余额23 000元。

1月份应交增值税=38 000−23 000=15 000（元）

编制会计分录如下：

借：应交税费——应交增值税（已交税金）　　15 000

　　贷：银行存款　　15 000

**拓展知识**

## 一、其他进项税额的核算

### 1. 购进免税农产品

企业购进免税农产品时，应以农产品收购发票或销售发票上的买价为基础，扣除可抵扣的进项税额，计算应计入采购成本的金额，借记“在途物资”“原材料”等账户，按购进农产品的买价和规定的扣除率计算的进项税额，借记“应交税费——应交增值税（进项税额）”账户，按应付或实际支付的金额，贷记“应付账款”“银行存款”等账户。

**【例8-35】**福州市宏泰公司购进免税的农产品一批，作为原材料已验收入库，实际支付的价款为100 000元，以银行存款支付。编制会计分录如下：

允许抵扣的进项税=100 000×13%=13 000

借：原材料　　87 000

　　应交税费——应交增值税（进项税额）　　13 000



　　贷：银行存款　　100 000

### 2. 接受存货投资

投资者投入的存货应按投资合同协议约定的价值作为投入存货的成本，借记“原材料”等账户；按发票注明的税额借记“应交税费——应交增值税（进项税额）”账户；按两者之和贷记“实收资本”账户，如果两者之和超过投资者在注册资本中应享的份额，超出的部分贷记“资本公积”账户。如果有另付的相关费用，也应计入存货成本，并贷记“银行存款”账户。

**【例8-36】**福州市宏泰公司接受丁公司投入A材料一批，双方约定以现行市价作为其入账价值。丁公司开具增值税专用发票。发票上注明价款120 000元，增值税税额20 400元。材料已验收入库。丁公司的投入在注册资本中的份额为120 000元。编制会计分录如下：

借：原材料——A材料　　120 000

　　应交税费——应交增值税（进项税额）　　20 400

　　贷：实收资本——丁公司　　120 000

　　　　资本公积——资本溢价　　20 400

## 二、进项税额转出的核算

进项税转出是指在货物购入时，已将增值税记入“应交增值税（进项税额）”项目，后因改变用途或发生非正常损失，按规定不得从销项税额中抵扣而须转出的进项税额。

**【例8-37】**福州市宏泰公司1月26日发现N产品被盗500千克，单位成本12元，产品

成本中外购货物成本占80%。经查明，为保管员郑伟失职所致，经领导研究决定，郑伟赔偿损失额的50%，其他列入企业损失。编制会计分录如下：

进项税额转出=500×12×80%×17%=816（元）

借：其他应收款——郑伟 3408

营业外支出 3408

贷：库存商品——N产品 6000

应交税费——应交增值税（进项税额转出） 816

## 三、视同销售销项税额的核算

视同销售主要有：将自产、委托加工、购进的货物（指存货，下同）用于非货币性资产交换（包括投资）、分配给股东或投资者；将自产、委托加工的货物用于个人消费（如发给职工做生活福利）等。这类视同销售应以其公允价值确认收入，同时结转相应成本。

【例8-38】2013年1月28日，福州市宏泰公司将自产的A产品发放给职工做生活福利。A产品市场价为10万元。开具增值税专用发票，增值税税额1.7万元。该批产品总成本8万元。编制会计分录如下：

借：应付职工薪酬——非货币性福利 117000

贷：主营业务收入 100000

应交税费——应交增值税（销项税额） 17000

借：主营业务成本 80000

贷：库存商品——A产品 80000



## 四、一般纳税人应交增值税明细账的登记

应交增值税明细账，应根据审核无误的有关记账凭证逐笔登记。对因进货折让或进货退出而需要冲减进项税额的，应用红字登记在明细账中的“进项税额”栏；对因销售折让或销货退回而需要冲减销项税额的，应用红字登记在明细账中的“销项税额”栏见表8-16。

**表8-16 应交增值税明细账**

| 年 | | 凭证 | | 摘要 | 借方 | | | 贷方 | | | 借或贷 | 余额 |
|---|---|---|---|---|---|---|---|---|---|---|---|---|
| 月 | 日 | | | | 进项税额 | 已交税金 | 减免税款 | 销项税额 | 出口退税 | 进项税额转出 | | |
| | | | | 退还A材料 | 红字 | | | | | | | |
| | | | | A产品销售退回 | | | | 红字 | | | | |

## 五、小规模纳税人应交增值税的核算

### 1. 购进货物或接受应税劳务

小规模纳税人采用简化的方法核算，即购进货物或接受应税劳务支付的增值税税额，无论是否能够取得增值税专用发票，都不能作为进项税额抵扣，而应计入购入货物或应税劳务

的成本。

**【例 8-39】**某小规模纳税人购进原材料一批，取得增值税专用发票上注明货款 20 000 元，增值税税额 3 400 元，原材料已验收入库，款项用银行存款支付。编制会计分录如下：

借：原材料　　23 400

　　贷：银行存款　　23 400

**2．销售货物**

小规模纳税人销售货物不开具增值税专用发票，而开具普通发票。其一般采用价税合并定价，故发票上的价款金额为含税销售额，需要进行价税分离。

**【例 8-40】**某小规模纳税人本月销售 A 产品一批，全部价款为 51 500 元，款项存入银行。

不含税销售额=含税销售额÷（1+征收率）=51 500÷（1+3%）=50 000（元）

应交增值税=不含税销售额×征收率=50 000×3%=1 500（元）

借：银行存款　　51 500

　　贷：主营业务收入　　50 000

　　　　应交税费——应交增值税　　1 500

**3．缴纳税款**

小规模纳税人“应交税费——应交增值税”明细账采用三栏式账页，不设“进项税额”“销项税额”等专栏。

**【例 8-41】**某小规模纳税人以银行存款缴纳增值税税额 5 000 元。



借：应交税费——应交增值税　　5 000

　　贷：银行存款　　5 000

## 活动二　应交消费税和营业税的核算

**工作案例**

## 一、原始凭证

2013 年 3 月 28 日，福州市宏泰公司向福州市天启公司销售一批 M 产品，价款 130 000 元，M 产品为消费税应税产品，消费税税率 10%。另外，福州市宏泰公司当天将一处闲置厂房出售，售价 620 000 元。按税法规定的 5%结转应交营业税。原始凭证见表 8-17。

**表 8-17　税金及附加费计提表 1**

纳税人名称：福州市宏泰公司

企业计算机编号：　　2013 年 3 月 28 日　　单位：元

| 序号 | 税种 | 应税项目 | 税款所属时间 | 计税计量 | 计税金额 | 税率或单位税额 | 应纳税款 | 批准减负税额 | 批准缓缴税额 | 已缴税额 | 应入库税额 |
|---|---|---|---|---|---|---|---|---|---|---|---|
| | 消费税 | 出售M产品 | 2013 年 3 月 | | 130 000 | 10% | 13 000 | | | | |
| | 营业税 | 厂房出售 | 2013 年 3 月 | | 620 000 | 5% | 31 000 | | | | |

## 二、记账凭证

根据原始凭证，填制记账凭证如图 8-21 所示（设上一张记账凭证编号是记字第 29 号）：

**记 账 凭 证**

*2013* 年 *3* 月 *28* 日　　　　　　　　　　记字第 *31* 号

| 摘　要 | 总账科目 | 明细科目 | √ | 借方金额 | | | | | | | | | | √ | 贷方金额 | | | | | | | | | | 附单据 |
|---|---|---|---|---|---|---|---|---|---|---|---|---|---|---|---|---|---|---|---|---|---|---|---|---|---|
| | | | | 千 | 百 | 十 | 万 | 千 | 百 | 十 | 元 | 角 | 分 | | 千 | 百 | 十 | 万 | 千 | 百 | 十 | 元 | 角 | 分 | |
| 应交消费税 | 营业税金及附加 | | | | | | *1* | *3* | *0* | *0* | *0* | *0* | *0* | | | | | | | | | | | | |
| | 固定资产清理 | | | | | | *3* | *1* | *0* | *0* | *0* | *0* | *0* | | | | | | | | | | | | *1* |
| | 应交税费 | 应交消费税 | | | | | | | | | | | | | | | | *1* | *3* | *0* | *0* | *0* | *0* | *0* | |
| | | 应交营业税 | | | | | | | | | | | | | | | | *3* | *1* | *0* | *0* | *0* | *0* | *0* | 张 |
| 合　计 | | | | | | ¥ | *4* | *4* | *0* | *0* | *0* | *0* | *0* | | | | ¥ | *4* | *4* | *0* | *0* | *0* | *0* | *0* | |

财务主管：　　　记账：　　　出纳：　　　复核：　　　制表：林凤

图 8-21　记账凭证 40

### 活动资料

2013 年 5 月 27 日，福州市宏泰公司向福州市仁文公司销售 H 产品一批，价款 170 000 元，H 产品为消费税应税产品，消费税税率 10%。另外，福州市宏泰公司当天将一处店面出售，售价 800 000 元。按税法规定的 5%结转应交营业税。原始凭证如表 8-18 所示。要求：根据原始凭证填制记账凭证（设上一张记账凭证编号是记字第 37 号）。



**表 8-18　税金及附加费计提表 2**

纳税人名称：福州市宏泰公司

企业计算机编号：　　　　　　2013 年 5 月 27 日　　　　　　单位：元

| 序号 | 税种 | 应税项目 | 税款所属时间 | 计税计量 | 计税金额 | 税率或单位税额 | 应纳税款 | 批准减负税额 | 批准缓缴税额 | 已缴税额 | 应入库税额 |
|---|---|---|---|---|---|---|---|---|---|---|---|
| | 消费税 | 出售H产品 | 2013 年 5 月 | | 170 000 | 10% | 17 000 | | | | |
| | 营业税 | 店面出售 | 2013 年 5 月 | | 800 000 | 5% | 40 000 | | | | |

### 基础知识

## 一、消费税概述

### 1．消费税的概念

消费税是指在我国境内生产、委托加工和进口应税消费品的单位和个人按其流转额缴纳的一种税。应税消费品包括烟、酒、化妆品、贵重首饰及珠宝玉石、鞭炮、烟火、成品油、汽车轮胎、摩托车、小汽车、高尔夫球及球具、高档手表、游艇、木制一次性筷子及实木地板等。

2．应交消费税的计算

（1）从价定率法。从价定率法是指按应税消费品销售额的一定比例计算征收消费税。计算公式为：

应纳税额=销售额×比例税率

（2）从量定额法。从量定额法是指按应税消费品的销售数量和单位税额计算征收消费税。计算公式为：

应纳税额=销售数量×定额税率

（3）复合计税法。消费税实行价内税，只在应税消费品的生产、委托加工和进口环节缴纳，在以后的批发、零售等环节，因为价款中已包含消费税，因此不用再缴纳消费税，税款最终由消费者承担。

应纳税额=销售额×比例税率+销售数量×定额税率

## 二、应交消费税的核算

1．销售应税消费品的核算

企业生产的应税消费品，应于销售时纳税。企业计算应缴纳的消费税时，借记“营业税金及附加”账户，贷记“应交税费——应交消费税”账户。

【例 8-42】5 月 19 日福州市宏泰公司销售给甲公司 A 产品一批，价款 60 000 元，增值税税额 10 200 元，款项尚未收回，假定 A 产品为应税消费品，消费税税率 10%，编制会计分录如下：



借：应收账款——甲公司　　70 200

　　贷：主营业务收入　　60 000

　　　　应交税费——应交增值税（销项税额）　　10 200

同时：

借：营业税金及附加　　6 000

　　贷：应交税费——应交消费税　　6 000

2．缴纳消费税的核算

消费税一般于次月月初申报，申报时应填制“消费税纳税申报表”，申报成功后通过银行转账缴纳。

【例 8-43】5 月 10 日，福州市宏泰公司申报并缴纳 4 月份消费税 6 000 元。根据纳税申报表和税收缴款书，编制会计分录如下：

借：应交税费——应交消费税　　6 000

　　贷：银行存款　　6 000

## 三、营业税概述

1．营业税的概念

营业税是对在我国境内提供应税劳务、转让无形资产或销售不动产的单位和个人，就其取得的营业额征收的一种流转税。其中，应税劳务是指属于交通运输业、建筑业、金融保险业、邮电通信业、文化体育业、娱乐业、服务业（包括旅店业、饮食业、旅游业、租赁业、广告业等）税目征收范围的劳务。

**2．营业税的税目和税率**

营业税的税目和税率为：交通运输业 3%、建筑业 3%、金融保险业 5%、邮电通信业 3%、文化体育业 3%、娱乐业 5%～20%（纳税人经营娱乐业具体适用的税率，由省、自治区、直辖市人民政府在规定的幅度内决定）、服务业 5%、转让无形资产 5%、销售不动产 5%。

**3．应纳营业税税额的计算公式**

应纳税额=营业额×税率

## 四、应交营业税的核算

**1．提供应税劳务**

企业提供应税劳务应缴纳的营业税，应借记“营业税金及附加”账户。

**【例 8-44】** 1 月份福州市宏泰公司对外提供运输劳务取得收入共 10 000 元，计算应交营业税。编制会计分录如下：

应交营业税=10 000×3%=300（元）

借：营业税金及附加　　300

　　贷：应交税费——应交营业税　　300

**2．销售不动产或将不动产无偿赠送其他单位或者个人**

企业销售不动产或将不动产无偿赠送其他单位或者个人应缴纳的营业税，借记“固定资产清理”账户。

**【例 8-45】** 福州市宏泰公司有一店面出售，出售价格 800 000 元，按税法规定的 5%结转应交营业税。编制会计分录如下：

借：固定资产清理　　40 000

　　贷：应交税费——应交营业税　　40 000

**3．缴纳营业税**

营业税申报时应填制“营业税纳税申报表”，申报成功后通过银行转账缴纳。

**【例 8-46】** 5 月 10 日，福州市宏泰公司申报并缴纳 4 月份营业税 48 000 元。根据纳税申报表和税收缴款书，编制会计分录如下：

借：应交税费——应交营业税　　48 000

　　贷：银行存款　　48 000

**拓展知识**

## 一、自产自用消费品消费税的核算

自产自用的应税消费品：

（1）用于连续生产应税消费品的，不纳税。

（2）用于其他方面的，应视同销售，于移送使用时纳税。

【例 8-47】2013 年 5 月 20 日，福州市宏泰公司厂部领用自产应税消费品 A 产品一批作为一般性耗用。该批产品售价 2 000 元，成本 1 200 元，增值税税率 17%，消费税税率 10%。

借：管理费用　　1 740

　　贷：库存商品——A 产品　　1 200

　　　　应交税费——应交增值税（销项税额）　　340

　　　　　　　　——应交消费税　　200

## 二、转让无形资产应交营业税的核算

企业转让无形资产所有权应缴纳的营业税，应从取得的收入中直接扣除。

【例 8-48】福州市宏泰公司出售一项商标权，取得收入 200 000 元，营业税税率为 5%，该商标权的账面余额为 120 000 元，累计摊销额为 100 000 元。编制会计分录如下：

借：银行存款　　200 000

　　累计摊销　　100 000

　　贷：无形资产——商标权　　120 000

　　　　应交税费——应交营业税　　10 000

　　　　营业外收入　　170 000



# 活动三　城市维护建设税和教育费附加的核算

**工作案例**

## 一、原始凭证

假定福州市宏泰公司 3 月份实际应交增值税 5 000 元，应交消费税 3 000 元，应交营业税 2 000 元，宏泰公司计提本月应交城市维护建设税和教育费附加如表 8-19 所示。

表 8-19　销售税金计提表 1

2013 年 3 月 31 日　　单位：元

| 税金和附加种类 | 计税金额 | 税率 | 应交税额 |
|---|---|---|---|
| 城市维护建设税 | | 7% | 700 |
| 教育费附加 | | 3% | 300 |
| 合　计 | 10 000 | 10% | 1 000 |

## 二、记账凭证

根据销售税金计提表，填制记账凭证如图 8-22（设上一张记账凭证编号是记字第 58 号）。

## 记 账 凭 证

**2013** 年 **3** 月 **31** 日　　　　　　　　　　记字第 **59** 号

| 摘　要 | 总账科目 | 明细科目 | √ | 借方金额 | | | | | | | | | | √ | 贷方金额 | | | | | | | | | | 附单据 |
|---|---|---|---|---|---|---|---|---|---|---|---|---|---|---|---|---|---|---|---|---|---|---|---|---|---|
| | | | | 千 | 百 | 十 | 万 | 千 | 百 | 十 | 元 | 角 | 分 | | 千 | 百 | 十 | 万 | 千 | 百 | 十 | 元 | 角 | 分 | |
| 计提城市维护建设税和教育费 | 营业税金及附加 | | | | | | | 1 | 0 | 0 | 0 | 0 | 0 | | | | | | | | | | | | |
| 附加 | 应交税费 | 应交城市维护建设税 | | | | | | | | | | | | | | | | | | 7 | 0 | 0 | 0 | 0 | 1 |
| | | 应交教育费附加 | | | | | | | | | | | | | | | | | | 3 | 0 | 0 | 0 | 0 | |
| 合　计 | | | | | | | ¥ | 1 | 0 | 0 | 0 | 0 | 0 | | | | | ¥ | 1 | 0 | 0 | 0 | 0 | 0 | 张 |

财务主管：　　　　记账：　　　　出纳：　　　　复核：　　　　制表：林风

图 8-22　记账凭证 41

## 活动资料

假定福州市宏泰公司 5 月份实际应交增值税 5 600 元，应交消费税 3 800 元，应交营业税 2 700 元。要求：填写 5 月 31 日，福州市宏泰公司销售税金计提表，如表 8-20 所示。根据“销售税金计提表”填制记账凭证（设上一张记账凭证编号是记字第 57 号）。

**表 8-20　销售税金计提表 2**

年　月　日　　　　　　　　　　单位：元

| 税金和附加种类 | 计 税 金 额 | 税　率 | 应 交 税 额 |
|---|---|---|---|
| 城市维护建设税 | | | |
| 教育费附加 | | | |
| 合　计 | | | |

## 基础知识

# 一、城市维护建设税

### 1．城市维护建设税概述

（1）概念。城市维护建设税是以实际缴纳的增值税、消费税、营业税税额为计税依据征收的一种税。它是增值税、消费税、营业税的一种附加税。

（2）纳税人。城市维护建设税的纳税人为实际缴纳增值税、消费税、营业税的单位和个人。

（3）税率。城市维护建设税按纳税人所在地不同实行差别税率：①市区 7%；②县城、镇 5%；③其他 1%。

（4）计算公式。

应纳税额=（应交增值税+应交消费税+应交营业税）×适用税率

2．应交城市维护建设税的核算

（1）企业计提应交城市维护建设税时，借记“营业税金及附加”账户，贷记“应交税费——应交城市维护建设税”账户。

（2）实际缴纳时，借记“应交税费——应交城市维护建设税”账户，贷记“银行存款”账户。

**【例 8-49】**假定福州市宏泰公司所在地为市区，1 月份实际应交的增值税为 16 000 元、消费税为 6 000 元、营业税为 8 000 元，则

应交城市维护建设税=（16 000+6 000+8 000）×7%=2 100（元）

计提时：

借：营业税金及附加　　2 100

　　贷：应交税费——应交城市维护建设税　　2 100

缴纳时：

借：应交税费——应交城市维护建设税　　2 100

　　贷：银行存款　　2 100

## 二、应交教育费附加

1．教育费附加概述

教育费附加是为了发展地方教育事业，扩大地方教育经费的资金来源，而以实际缴纳的增值税、消费税、营业税税额为计费依据征收的一种附加费。它是增值税、消费税、营业税的一种纳税附加费。全国统一的教育费附加征收率为 3%。

有些地区在征收教育费附加的同时，根据省级地方政府的规定，再按一定的比例征收农村教育费附加。

2．应纳税额计算公式

应纳税额=（应交增值税+应交消费税+应交营业税）×征收率

3．应交教育费附加的核算

（1）企业计算出应交教育费附加时，借记“营业税金及附加”账户，贷记“应交税费——应交教育费附加”账户。

（2）实际缴纳时，借记“应交税费——应交教育费附加”账户，贷记“银行存款”账户。

**【例 8-50】**续例 8-49，福州市宏泰公司 1 月份应交教育费附加并编制会计分录如下：

应交教育费附加=（16 000+6 000+8 000）×3%=900（元）

计提时：

借：营业税金及附加　　900

　　贷：应交税费——应交教育费附加　　900

缴纳时：

借：应交税费——应交教育费附加　　900

　　贷：银行存款　　900

# 活动四　个人所得税的核算

## 工作案例

## 一、原始凭证

2013 年 3 月 10 日，福州市宏泰公司以银行存款缴纳 2 月份个人所得税税款 15 000 元。原始凭证如图 8-23 所示。

**福建省税库行横向联网电子缴税（费）凭证**

征收机关：福州市鼓楼区国税局　　　　税收款国库：福州市中心支库

转账日期：2013 年 3 月 10 日　　　　凭证字号：000032313

| 纳税人识别号 | 3501011013381 | | 付款人全称 | 福州市宏泰公司 |
|---|---|---|---|---|
| 纳税人全称 | 福州市宏泰公司 | | 付款人账号 | 24110012124208100l |
| 纳税限缴期 | 2013 年 3 月 15 日 | | 付款人开户银行 | 福州市工商银行洪山支行 |
| 缴款书交易流水号 | 预算科目代码 | 预算级次 | 税（费）种税目 | 实缴金额 |
| 35010323253101356 | 101060109 | 0 | 个人所得税——工资薪酬 | 15 000.00 |
| 纳税合计金额（大写人民币）壹万伍仟元整　　小写：¥15 000.00 | | | | |
| 税款所属期：2013 年 2 月 1 日～2013 年 2 月 28 日　税票号码：2012400000000000022567 | | | | |
| 银行盖章：中国工商银行洪山支行 2013-03-10 核算用章 | | | | |
| 上列款项已划缴。扣款日期：2013 年 3 月 10 日 | | | | |
| 第 1 次打印　　打印时间：2013 年 3 月 10 日 10 时 30 分 35 秒 | | | | |

复核：　　　　记账：

图 8-23　电子缴税凭证 1

## 二、记账凭证

根据原始凭证，填制记账凭证如图 8-24 所示（设上一张记账凭证编号是记字第 27 号）。

**记 账 凭 证**

*2013* 年 *3* 月 *10* 日　　　　记字第 *28* 号

| 摘要 | 总账科目 | 明细科目 | √ | 借方金额 | | | | | | | | | | √ | 贷方金额 | | | | | | | | | |
|---|---|---|---|---|---|---|---|---|---|---|---|---|---|---|---|---|---|---|---|---|---|---|---|---|
| | | | | 千 | 百 | 十 | 万 | 千 | 百 | 十 | 元 | 角 | 分 | | 千 | 百 | 十 | 万 | 千 | 百 | 十 | 元 | 角 | 分 |
| 缴税 | 应交税费 | 应交个人所得税 | | | | | *1* | *5* | *0* | *0* | *0* | *0* | *0* | | | | | | | | | | | |
| | 银行存款 | | | | | | | | | | | | | | | | | *1* | *5* | *0* | *0* | *0* | *0* | *0* |
| 合计 | | | | | | ¥ | *1* | *5* | *0* | *0* | *0* | *0* | *0* | | | | ¥ | *1* | *5* | *0* | *0* | *0* | *0* | *0* |

附单据 *1* 张

财务主管：　　记账：　　出纳：　　复核：　　制表：林凤

图 8-24　记账凭证 42

197

## 活动资料

2013 年 5 月 10 日，福州市宏泰公司以银行存款缴纳 4 月份个人所得税税款 12 000 元。原始凭证如图 8-25 所示。要求：根据原始凭证，填制记账凭证（设上一张记账凭证编号是记字第 29 号）。

福建省税库行横向联网电子缴税（费）凭证

征收机关：福州市鼓楼区国税局　　税收款国库：福州市中心支库

转账日期：2013 年 5 月 10 日　　凭证字号：000033213

| 纳税人识别号 | 3501011013381 | | 付款人全称 | 福州市宏泰公司 |
|---|---|---|---|---|
| 纳税人全称 | 福州市宏泰公司 | | 付款人账号 | 24110012124208l001 |
| 纳税限缴期 | 2013 年 5 月 15 日 | | 付款人开户银行 | 福州市工商银行洪山支行 |
| 缴款书交易流水号 | 预算科目代码 | 预算级次 | 税（费）种税目 | 实缴金额 |
| 35010323253101237 | 101060109 | 0 | 个人所得税——工资薪酬 | 12 000.00 |
| 纳税合计金额（大写人民币）壹万贰仟元整　　小写：¥12 000.00 | | | | |
| 税款所属期：2013 年 4 月 1 日～2013 年 4 月 30 日　税票号码：2012400000000000022356<br>银行盖章：（中国工商银行洪山支行 2013-05-10 核算用章）<br>上列款项已划缴。扣款日期：2013 年 5 月 10 日<br>第 1 次打印　　打印时间：2013 年 5 月 10 日 10 时 30 分 37 秒 | | | | |

复核：　　记账：

图 8-25　电子缴税凭证 2



## 基础知识

## 一、个人所得税概述

个人所得税是指依照《中华人民共和国个人所得税法》规定对纳税人的应纳税个人所得征收的一种税。s

个人所得税以支付所得的单位或者个人为扣缴义务人。企业职工的工资、薪金所得，由企业代扣代缴个人所得税。

## 二、代扣代缴个人所得税的核算

职工工资、薪金的个人所得税是从应付工资中代扣，并通过“应交税费——应交个人所得税”账户核算。

（1）计算应代扣的个人所得税时，借记“应付职工薪酬——工资”账户，贷记“应交税费——应交个人所得税”账户。

（2）实际缴纳时，借记“应交税费——应交个人所得税”账户，贷记“银行存款”账户。

拓展知识

## 一、工资酬金个人所得税的计算

**1．计算公式**

应交个人所得税=（月收入额–3 500–允许扣除的项目）×适用税率–速算扣除数

**2．个人所得税七级超额累进税率表**

职工工资、薪金应纳个人所得税实行七级超额累进税率，如表 8-21 所示。

表 8-21　个人所得税七级超额累进税率表（工资、薪金所得适用）

| 级　数 | 全月应纳税税所得额（含税级距） | 税率（%） | 速算扣除数/元 |
|---|---|---|---|
| 1 | 不超过 1 500 元的 | 3 | 0 |
| 2 | 超过 1 500 元至 4 500 元的部分 | 10 | 105 |
| 3 | 超过 4 500 元至 9 000 元的部分 | 20 | 555 |
| 4 | 超过 9 000 元全 35 000 元的部分 | 25 | 1 005 |
| 5 | 超过 35 000 元至 55 000 元的部分 | 30 | 2 755 |
| 6 | 超过 55 000 元至 80 000 元的部分 | 35 | 5 505 |
| 7 | 超过 80 000 元的部分 | 45 | 13 505 |



**【例 8-51】**职工张元 1 月份的工资为 5 500 元，按规定个人应交付基本养老保险费 440 元、基本医疗保险费 110 元、失业保险费 55 元、住房公积金 660 元和工会会员费 30 元。

杨森 1 月份应纳税个人所得额=5 500–3 500–440–110–55–660–30=705（元）

应代扣杨森 1 月份的个人所得税=705×3%=21.15（元）

## 二、房产税、土地使用税、车船税

**1．房产税、土地使用税、车船税的概念**

（1）房产税。房产税是以房屋为征税对象，按房屋的计税余值或租金收入征收的一种财产税。

（2）土地使用税。土地使用税是对在我国境内使用土地的单位和个人，就其实际占用土地面积从量定额征收的一种税。

（3）车船税。车船税是对我国境内拥有并使用车船的单位和个人，按其拥有的车船的种类、吨位和规定的税额计算征收的一种税。

**2．应交房产税、土地使用税、车船税的核算**

应交房产税、土地使用税、车船税是通过“应交税费——应交房产税（土地使用税、车船税）”账户核算的。计提时借记“管理费用”账户，贷记“应交税费——应交房产税（土地使用税、车船税）”账户；缴纳时，借记“应交税费——应交房产税（土地使用税、车船税）”账户，贷记“银行存款”账户。

**【例 8-52】**1 月 31 日，福州市宏泰公司计提应缴纳的房产税、土地使用税和车船税分别为20000元、10000元和1000元。根据计提结果，编制会计分录如下：

借：管理费用　　31000
　　贷：应交税费——应交房产税　　20000
　　　　　　　　——应交土地使用税　　10000
　　　　　　　　——应交车船税　　1000

【例8-53】2月10日缴纳后，根据税收缴纳书，编制会计分录如下：

借：应交税费——应交房产税　　20000
　　　　　　——应交土地使用税　　10000
　　　　　　——应交车船税　　1000
　　贷：银行存款　　31000

## 任务四　长期借款

### 工作案例

### 一、原始凭证



2013年3月27日，福州市宏泰公司向银行借入3年期借款1000000元。合同约定年利率8%。原始凭证如图8-26所示。

**贷款凭证（3）**（收账通知）

2013年3月27日

| 单位名称 | 福州市宏泰公司 | | 种类 | 长期资金贷款 | 贷款户账号 | 241100121242081001 | | | | | | | |
|---|---|---|---|---|---|---|---|---|---|---|---|---|---|
| 金额 | 人民币（大写）壹佰万元整 | | | 千 | 百 | 十 | 万 | 千 | 百 | 十 | 元 | 角 | 分 |
| | | | | ¥ | 1 | 0 | 0 | 0 | 0 | 0 | 0 | 0 | 0 |
| 用途 | 建设厂房 | 单位申请期限 | 自2013年3月27日起至2016年3月27日止 | | | | | | 利率 | 8% | | | |
| | | 银行申请期限 | 自2013年3月27日起至2016年3月27日止 | | | | | | | | | | |
| 以上贷款已核准发放长期贷款<br>已转收你单位241100121242081001账号账户<br>银行签章 | | | 中国工商银行拱山支行<br>2013-03-27<br>核算用章 | | | | | | | | | | |

图8-26　贷款凭证1

### 二、记账凭证

根据银行贷款单，填制记账凭证如图8-27所示（设上一张记账凭证编号是记字第45号）。

## 记账凭证

2013 年 3 月 27 日　　　　记字第 46 号

| 摘　要 | 总账科目 | 明细科目 | √ | 借方金额 千 | 百 | 十 | 万 | 千 | 百 | 十 | 元 | 角 | 分 | √ | 贷方金额 千 | 百 | 十 | 万 | 千 | 百 | 十 | 元 | 角 | 分 | 附单据 1 张 |
|---|---|---|---|---|---|---|---|---|---|---|---|---|---|---|---|---|---|---|---|---|---|---|---|---|---|
| 长期贷款 | 银行存款 | | | | 1 | 0 | 0 | 0 | 0 | 0 | 0 | 0 | 0 | | | | | | | | | | | | |
| | 长期借款 | 本金 | | | | | | | | | | | | | | 1 | 0 | 0 | 0 | 0 | 0 | 0 | 0 | 0 | |
| 合　计 | | | | ¥ | 1 | 0 | 0 | 0 | 0 | 0 | 0 | 0 | 0 | | ¥ | 1 | 0 | 0 | 0 | 0 | 0 | 0 | 0 | 0 | |

财务主管：　　记账：　　出纳：　　复核：　　制表：林凤

图 8-27　记账凭证 43

**活动资料**

2013 年 5 月 27 日，福州市宏泰公司向银行借入 2 年期借款 800 000 元。合同约定年利率 8%。原始凭证如图 8-28 所示。

## 贷款凭证（3）（收账通知）

2013 年 5 月 27 日

| 单位名称 | 福州市宏泰公司 | 种类 | 长期资金贷款 | 贷款户账号 | 24110012124208100 1 | | | | | |
|---|---|---|---|---|---|---|---|---|---|---|
| 金额 | 人民币（大写）捌拾万元整 | 千 | 百 | 十 | 万 | 千 | 百 | 十 | 元 | 角 | 分 |
| | | | ¥ | 8 | 0 | 0 | 0 | 0 | 0 | 0 | 0 |
| 用途 | 建设厂房 | 单位申请期限 | 自 2013 年 5 月 27 日起至 2015 年 5 月 27 日止 | 利率 | 8% | | | | | | |
| | | 银行申请期限 | 自 2013 年 5 月 27 日起至 2015 年 5 月 27 日止 | | | | | | | | |
| 以上贷款已核准发放长期贷款<br>已转收你单位 241100121242081001 账号账户<br>银行签章 | 中国工商银行洪山支行 2013-05-27 核算用章 | | | | | | | | | | |

图 8-28　贷款凭证 2

**要求**：根据原始凭证填制记账凭证（设上一张记账凭证编号是记字第 48 号）。

**基础知识**

## 一、非流动负债概述

### 1．非流动负债的概念与内容

非流动负债是指偿还期在一年或者超过一年的一个营业周期以上的债务。

根据非流动负债筹措方式的不同，主要可分为应付债券、长期借款、长期应付款等。

### 2．非流动负债的特点

非流动负债与流动负债相比具有如下特征：

（1）偿还期限较长，非流动负债的偿还期限都是在一年（或一个营业周期）以上。

（2）举借的金额比较大，非流动负债的借款目的一般是购置大型设备和房地产、增建和扩建厂房等，因此，举债的债务数额较大。

## 二、长期借款

1．概念

长期借款是指企业从银行或者其他金融机构借入的期限在一年以上的各种借款。它一般用于固定资产的构建、改扩建工程、大修理工程，以及为了保持长期经营能力等方面。

2．长期借款的核算

（1）账户设置。企业取得的长期借款通过“长期借款”账户进行核算。该账户的贷方登记取得长期借款的本金和定期计提的借款利息的增加额，借方登记归还借款的本金和利息，期末余额在贷方，表示企业尚未归还的本金和利息。该账户按照贷款单位和贷款种类设置明细分类账，分设“本金”“应计利息”等进行明细核算。

（2）取得借款的核算。企业从银行或者其他金融机构借入长期借款时，按实际收到的金额，应借记“银行存款”账户，贷记“长期借款”账户。

【例 8-54】福州市宏泰公司于 2013 年 1 月 1 日向工商银行借入长期借款 200 万元，用于购建厂房，借款合同规定：年利率为 6%，期限为 2 年，每年年末付息，到期一次还本。款已存入银行。款项借入后，福州市宏泰公司以银行存款支付工程款 200 万元，该工程建造 1 年后达到可使用状态，并于 2014 年 1 月 1 日交付使用。宏泰公司编制会计分录如下：



取得借款时：

借：银行存款　　　　2 000 000

　　贷：长期借款——本金　　　　2 000 000

支付工程款时：

借：在建工程　　　　2 000 000

　　贷：银行存款　　　　2 000 000

**拓展知识**

长期借款利息应当按以下原则计入有关成本、费用账户的借方：属于筹建期间的，计入管理费用；属于生产经营期间的，计入财务费用；如果长期借款用于购建固定资产的，在固定资产尚未达到预定使用状态前，计入在建工程成本，固定资产达到预定可使用状态后发生的利息支出，以及按规定不予资本化的利息支出，计入财务费用。

【例 8-55】承例 8-54，2013 年 12 月 31 日，福州宏泰公司计算并支付 2013 年 1 月 1 日向工商银行借入的款项的利息。该工程已交付使用，结转固定资产。根据有关原始凭证，宏达公司应编制会计分录如下：

第一年年末计提利息时：

借：在建工程　　　　120 000

　　贷：应付利息　　　　120 000

第二年各月月末计提利息时：

借：财务费用　　10 000

　　贷：应付利息　　10 000

第二年年末支付利息及归还本金时：

借：长期借款——本金　　2 000 000

　　应付利息　　120 000

　　贷：银行存款　　2 120 000

若借款合同规定，到期一次还本付息，则于第二年年末归还本息时：

借：长期借款——本金　　2 000 000

　　　　　　——应付利息　　240 000

　　贷：银行存款　　2 240 000

# 模块九
# 所有者权益核算

## 【岗位工作情景】

张琴、王林和李贵三人是铁哥们，近日，他们一致看好中国的新能源市场，决定共同出资3 000万元成立一家新能源公司。他们正商量如何根据各自的优势，以合理的方式和比例进行出资，尽快把公司成立起来。你能为他们拟订一份投资协议吗？

## 【岗位学习目标】

**一、岗位知识目标**

1. 了解所有者权益、实收资本、资本公积、盈余公积的概念及所有者权益与负债的区别。
2. 熟悉所有者权益的构成、资本公积与盈余公积的内容和用途。
3. 掌握一般企业实收资本和股份有限公司股本、资本公积、盈余公积的核算。

**二、岗位能力目标**

会填制一般企业实收资本业务的记账凭证。

**三、职业素养目标**

1. 培养学生企业接受投资筹集资金的会计思维方式。
2. 养成规范的操作习惯和严谨、细致的工作作风。
3. 培养学生良好的职业道德，树立爱岗精神。

## 任务一　实收资本的核算

### 工作案例

### 一、原始凭证

2014年1月1日，东风有限公司由李红、张敏两位股东共同投资成立，公司注册资本为

1 000 000 元，其中，李红和张敏分别出资 400 000 元和 600 000 元，已存入开户银行。原始凭证如图 9-1 和图 9-2 所示。

**投 资 协 议**

经各方充分协商，李红以人民币肆拾万元向东风有限公司投资，占东风有限公司注册资本壹佰万元的 40%，每年按投资比例分配税后利润。

特立此协议。

甲方：李红之印　　　　乙方：东风有限公司（接受投资单位）

（此件另存）　　　　2014 年 1 月 1 日

图 9-1 投资协议 1

张敏投资协议略。

**收 款 收 据**

2014 年 1 月 1 日　　　　编号 1020

| 兹收到 李红 | 收款方式 | 现 金 | 银 行 |
|---|---|---|---|
| | | | √ |

交来 现金投资

人民币（大写） 肆拾万元整　　　　¥400 000.00

单位盖章：　　　　主管：　　　　经手人：陈芳

第三联 登账

a）

**收 款 收 据**

2014 年 1 月 1 日　　　　编号 1021

| 兹收到 张敏 | 收款方式 | 现 金 | 银 行 |
|---|---|---|---|
| | | | √ |

交来 现金投资

人民币（大写） 陆拾万元整　　　　¥600 000.00

单位盖章：　　　　主管：　　　　经手人：陈芳

第三联 登账

b）

图 9-2 收款收据 1

## 二、记账凭证

根据投资协议和收款收据，填制记账凭证如图 9-3 所示。

## 记账凭证

2014年1月1日　　　　　　　　　　　　　　　　记字第1号

| 摘要 | 总账科目 | 明细科目 | √ | 借方金额 | | | | | | | | | | √ | 贷方金额 | | | | | | | | | | 附单据4张 |
|---|---|---|---|---|---|---|---|---|---|---|---|---|---|---|---|---|---|---|---|---|---|---|---|---|---|
| | | | | 千 | 百 | 十 | 万 | 千 | 百 | 十 | 元 | 角 | 分 | | 千 | 百 | 十 | 万 | 千 | 百 | 十 | 元 | 角 | 分 | |
| 收到投资者投入现金 | 银行存款 | | | | 1 | 0 | 0 | 0 | 0 | 0 | 0 | 0 | 0 | | | | | | | | | | | | |
| | 实收资本 | 李红 | | | | | | | | | | | | | | | 4 | 0 | 0 | 0 | 0 | 0 | 0 | 0 | |
| | | 张敏 | | | | | | | | | | | | | | | 6 | 0 | 0 | 0 | 0 | 0 | 0 | 0 | |
| 合计 | | | | ¥ | 1 | 0 | 0 | 0 | 0 | 0 | 0 | 0 | 0 | | ¥ | 1 | 0 | 0 | 0 | 0 | 0 | 0 | 0 | 0 | |

财务主管：　　记账：　　出纳：　　复核：　　制表：王华

图9-3　记账凭证44

### 活动资料

2014年3月18日，格林有限公司属于工业企业，由李华、陈鑫、王瑞三位股东共同投资成立，公司注册资本为2 000 000元，李华出资40%，投资款已存入开户银行。原始凭证如图9-4和图9-5所示，要求：编制乙公司收到投资者投入资本的记账凭证。

## 投资协议

经各方充分协商，李华以人民币捌拾万元向格林有限公司投资，占格林有限公司注册资本贰佰万元的40%，每年按投资比例分配税后利润。

特立此协议。

甲方：李华之印

乙方：格林有限公司（接受投资单位）

2014年3月18日

图9-4　投资协议2

陈鑫、王瑞投资协议略。

## 收款收据

编号 1022

2014年3月18日

| 收款方式 | 现金 | 银行 |
|---|---|---|
| | | √ |

兹收到　李华

交来　现金投资

人民币（大写）　捌拾万元整　　　　¥800 000.00

单位盖章：　　　　主管：　　　　经手人：陈芳

第三联　登账

a）

图9-5　收款收据2

**收 款 收 据**

| 编号 | 1023 |
|---|---|

2014 年 3 月 18 日

| 收款方式 | 现 金 | 银 行 |
|---|---|---|
| | | √ |

兹收到　陈鑫

交来　现金投资

人民币（大写）　柒拾万元整　　¥700 000.00

单位盖章：　　主管：　　经手人：陈芳

第三联　登账

b）

**收 款 收 据**

| 编号 | 1024 |
|---|---|

2014 年 3 月 18 日

| 收款方式 | 现 金 | 银 行 |
|---|---|---|
| | | √ |

兹收到　王瑞

交来　现金投资

人民币（大写）　伍拾万元整　　¥500 000.00

单位盖章：　　主管：　　经手人：陈芳

第三联　登账

c）

图 9-5　收款收据 2（续）



**基础知识**

## 一、所有者权益的概念

所有者权益是指企业资产扣除负债后由所有者享有的权益。在股份制企业又称为股东权益，所有者权益是企业投资人对企业净资产的所有权。

所有者权益根据其核算的内容和要求，分为实收资本（或股本）、资本公积、盈余公积和未分配利润等四个内容，其中盈余公积和未分配利润统称留存收益。

## 二、实收资本的核算

实收资本是指企业按照章程规定或合同、协议约定，接受投资者投入企业的资本。投入资本在一般情况下无须偿还，可以长期周转使用。

企业收到投资者以现金投入的资本时，应以实际收到的金额，借记“库存现金”“银行存款”科目，贷记“实收资本”科目，对于实际收到金额超过投资者在企业注册资本中所占份额的部分，应计入资本公积。

【例 9-1】甲、乙、丙共同投资设立 A 有限责任公司，注册资本为 2 000 000 元，甲、乙、丙持股比例分别为 60%、25%、15%。A 公司已如期收到各投资者缴足的款项。应作会计分录如下：

借：银行存款　　2 000 000

　贷：实收资本——甲　　1 200 000

　　　　　　——乙　　500 000

　　　　　　——丙　　300 000

拓展知识

## 一、利得与损失

利得是指由企业非日常活动所形成的、会导致所有者权益增加的、与所有者投入资本无关的经济利益的流入，如接受捐赠、固定资产盘盈、无形资产出售净收益等。

损失是指由企业非日常活动所发生的、会导致所有者权益减少的、与向所有者分配利润无关的经济利益的流出，如对外捐赠、固定资产盘亏、无形资产出售净亏损等。

## 二、实收资本的核算

**1．接受投资者追加投资的业务**



企业增资时，如果有新的投资者介入，新投资者缴纳的出资额按其约定比例计算其在注册资本中所占份额的部分，记入“实收资本”科目，超出部分，记入“资本公积”科目。

【例 9-2】东方公司由甲和乙两位投资者各出资 100 000 元设立，一年后，为扩大经营规模，引入第三位投资者加入，按投资协议，丁投资者需投资 110 000 元，享有甲、乙两位股东同等权利，东方公司收到丁投入的银行存款 110 000。应作会计分录如下：

借：银行存款　　110 000

　贷：实收资本——丁　　100 000

　　　资本公积　　10 000

**2．接受非货币资产投资**

企业收到投资者以非现金资产投入的资本时，应按投资各方确认的价值作为实收资本入账，在办理完有关产权转移手续之后，借记“固定资产”“原材料”“库存商品”“无形资产”等科目，贷记“实收资本”科目。对于投资各方确认的资产价值超过其在注册资本中所占份额的部分，应计入资本公积。

【例 9-3】东方公司收到乙企业投入原材料一批，增值税专用发票注明价格为 50 万元，增值税税额为 85 000 元，丙公司投入土地使用权 100 万元。应作会计分录如下：

借：原材料　　500 000

　　应交税费——应交增值税（进项税额）　　8 5000

　　无形资产　　1 000 000

　贷：实收资本——乙　　585 000

　　　　　　——丙　　1 000 000

# 任务二 资本公积的核算

## 工作案例

## 一、原始凭证

2013 年 6 月 30 日，因扩大经营规模需要，福州市兴业公司经批准，决定将资本公积 150 000 元转增资本。原始凭证如图 9-6 所示。

**福州市兴业公司**

**内部转账单**

2013 年 6 月 30 日

| 项 目 | 金额/元 | 备 注 |
|---|---|---|
| 用资本公积转增资本 | 150 000 | |
| 合 计 | 150 000 | |

财务主管：罗锦 复核： 记账： 制单：苏玲

图 9-6 内部转账单 3

## 二、记账凭证

根据内部转账单，填制记账凭证如图 9-7 所示。

**记 账 凭 证**

2013 年 12 月 31 日 记字第 3 号

| 摘 要 | 总账科目 | 明细科目 | √ | 借方金额 千 | 百 | 十 | 万 | 千 | 百 | 十 | 元 | 角 | 分 | √ | 贷方金额 千 | 百 | 十 | 万 | 千 | 百 | 十 | 元 | 角 | 分 | 附单据 1 张 |
|---|---|---|---|---|---|---|---|---|---|---|---|---|---|---|---|---|---|---|---|---|---|---|---|---|---|
| 资本公积转增资本 | 资本公积 | | | | | 1 | 5 | 0 | 0 | 0 | 0 | 0 | 0 | | | | | | | | | | | | |
| | 实收资本 | | | | | | | | | | | | | | | | 1 | 5 | 0 | 0 | 0 | 0 | 0 | 0 | |
| 合 计 | | | | | ¥ | 1 | 5 | 0 | 0 | 0 | 0 | 0 | 0 | | | ¥ | 1 | 5 | 0 | 0 | 0 | 0 | 0 | 0 | |

财务主管： 记账： 出纳： 复核： 制表：

图 9-7 记账凭证 45

## 活动资料

2013 年 12 月 31 日，因扩大经营规模需要，经批准，福州市金牛公司决定按原出资比例将资本公积 200 000 元转增资本。原始凭证如图 9-8 所示。要求：根据原始凭证编制记账凭证。

福州市金牛公司

内部转账单

2013 年 12 月 31 日

| 项　目 | 金额/元 | 备　注 |
|---|---|---|
| 用资本公积转增资本 | 200 000 | |
| 合　计 | 200 000 | |

财务主管：罗锦　　复核：　　记账：　　制单：苏玲

图 9-8　内部转账单 4

基础知识

## 一、资本公积的概念

资本公积是企业收到投资者缴付的出资额超出其在企业注册资本中所占份额的投资，以及直接计入所有者权益的利得和损失等，资本公积包括资本（股本）溢价和直接计入所有者权益的利得和损失等。

## 二、资本公积的核算

### 1. 资本溢价的核算



在企业进行正常生产经营后，新加入的投资者既避开了风险，又享受了企业经营过程中已形成的留存收益，所以，为了维护原有投资者的权益，新加入的投资者往往要付出大于原投资者的出资额，才能取得与原投资者相同的投资比例。其中，投资者多缴的部分记入“资本公积”科目。

**【例 9-4】**甲有限责任公司由 A 和 B 两位投资者各出资 10 万元设立，两年后，该公司准备吸收新的投资者 C，将注册资本增加到 30 万元，按照投资协议，C 投资者出资 15 万元，享有该公司 1/3 的股份，接到银行通知，新投资的投资额已经到账。应作会计分录如下：

借：银行存款　150 000
　贷：实收资本——C　100 000
　　资本公积——资本溢价　50 000

### 2. 资本公积转增资本的核算

经股东大会或类似机构决议，将资本公积转为实收资本时，应借记“资本公积——资本溢价”科目，贷记“实收资本”科目

**【例 9-5】**甲、乙、丙三人共同投资设立了 B 有限责任公司，原注册资本为 1 000 000 元，甲、乙、丙分别出资 125 000 元、500 000 元和 375 000 元，因扩大经营规模需要，经批准，B 公司按原出资比例将资本公积 1 000 000 元转增资本。

借：资本公积　1 000 000
　贷：实收资本——甲　125 000
　　　　——乙　500 000
　　　　——丙　375 000

# 任务三　盈余公积的核算

## 工作案例

### 一、原始凭证

2009 年 12 月 31 日福州市星星公司提取法定盈余公积 150 000 元以及任意盈余公积 100 000 元。原始凭证如图 9-9 所示。

**福州市星星公司**

**内部转账单**

2009 年 12 月 31 日

| 项　　目 | 金额/元 | 备　　注 |
|---|---|---|
| 提取法定盈余公积 | 150 000 | |
| 提取任意盈余公积 | 100 000 | |
| 合　　计 | 250 000 | |

财务主管：罗锦　　复核：　　记账：　　制单：苏玲

图 9-9　内部转账单 5

### 二、记账凭证



根据内部转账单，填制记账凭证如图 9-10 所示。

**记 账 凭 证**

*2009* 年 *12* 月 *31* 日　　记字第 *4* 号

| 摘　　要 | 总账科目 | 明细科目 | √ | 借方金额 | | | | | | | | | | √ | 贷方金额 | | | | | | | | | 附单据 *1* 张 |
|---|---|---|---|---|---|---|---|---|---|---|---|---|---|---|---|---|---|---|---|---|---|---|---|---|
| | | | | 千 | 百 | 十 | 万 | 千 | 百 | 十 | 元 | 角 | 分 | | 千 | 百 | 十 | 万 | 千 | 百 | 十 | 元 | 角 | 分 | |
| 提取盈余公积 | 利润分配 | 提取法定盈余公积 | | | | *1* | *5* | *0* | *0* | *0* | *0* | *0* | *0* | | | | | | | | | | | | |
| | | 提取任意盈余公积 | | | | *1* | *0* | *0* | *0* | *0* | *0* | *0* | *0* | | | | | | | | | | | | |
| | 盈余公积 | 法定盈余公积 | | | | | | | | | | | | | | | *1* | *5* | *0* | *0* | *0* | *0* | *0* | *0* | |
| | | 任意盈余公积 | | | | | | | | | | | | | | | *1* | *0* | *0* | *0* | *0* | *0* | *0* | *0* | |
| 合　　计 | | | | | ¥ | *2* | *5* | *0* | *0* | *0* | *0* | *0* | *0* | | | ¥ | *2* | *5* | *0* | *0* | *0* | *0* | *0* | *0* | |

财务主管：　　记账：　　出纳：　　复核：　　制表：王华

图 9-10　记账凭证 46

## 活动资料

2009 年 12 月 31 日福州市东方公司根据净利润提取法定盈余公积 100 000 元以及任意盈余公积 50 000 元。原始凭证如图 9-11 所示。要求：根据原始凭证编制记账凭证。

福州市星星公司

内部转账单

2010 年 12 月 31 日

| 项　　目 | 金额/元 | 备　　注 |
| --- | --- | --- |
| 提取法定盈余公积 | 100 000 | |
| 提取任意盈余公积 | 50 000 | |
| 合　　计 | 150 000 | |

财务主管：罗锦　　复核：　　记账：　　制单：苏玲

图 9-11　内部转账单 6

**基础知识**

## 一、盈余公积的概念和内容

盈余公积是指企业按照有关规定从净利润中提取的积累资金。

盈余公积按其计提的依据不同，可分为两种：一是法定盈余公积，是指企业按照规定的比例 10%从净利润中提取的盈余公积，当法定盈余公积累计额达到注册资本的 50%时，可以不再提取。二是任意盈余公积，是指企业经股东大会或类似机构批准按照规定的比例从净利润中提取的盈余公积。



## 二、盈余公积的用途

企业提取的盈余公积主要有三项用途：

1．弥补亏损

企业发生亏损时，应由企业自行弥补。

2．转增资本

企业将盈余公积转增资本时，必须经股东大会决议批准。盈余公积转增资本后留存的盈余公积的数额不得少于注册资本的 25%。

3．发放现金股利或利润

原则上企业当年没有利润，不得分配股利，如为了维护企业信誉，用盈余公积分配股利，必须符合下列条件：一是用盈余公积弥补亏损后，该项公积金仍有结余；二是用盈余公积分配股利时，股利率不能太高，不得超过股票面值的 6%；三是分配股利后，法定盈余公积金不得低于注册资本的 25%。

## 三、盈余公积的核算

为了反映和监督盈余公积的形成及使用情况，企业应设置“盈余公积”账户，当企业按规定提取盈余公积时，借记“利润分配”科目，贷记“盈余公积”科目。

1．提取盈余公积的核算

【例 9-6】向阳食品股份公司 2012 年成立当年就实现税后利润 9 600 000 元，按 10%的比

例提取法定盈余公积金，股东大会决议按20%提取任意盈余公积金。应作会计分录如下：

借：利润分配——提取法定盈余公积　　960 000
　　　　　　——提取任意盈余公积　　1 920 000
　贷：盈余公积——法定盈余公积　　960 000
　　　　　　　——任意盈余公积　　1 920 000

**2．盈余公积转增资本的核算**

经股东大会或类似机构决议，用盈余公积转增资本时，借记“盈余公积”科目，贷记“实收资本”或“股本”科目。

**【例9-7】**宏发有限责任公司经股东大会决议，决定将法定盈余公积50万元转增资本，按规定增资程序获得批准后，该公司应作会计分录如下：

借：盈余公积——法定盈余公积　　500 000
　贷：实收资本　　500 000

**拓展知识**

## 一、盈余公积弥补亏损的核算

弥补亏损的渠道主要有三条：一是用以后年度税前利润弥补。按照现行制度规定，企业发生亏损时，可以用以后五年内实现的税前利润弥补，即税前利润弥补亏损的期间为五年。二是用以后年度税后利润弥补。企业发生的亏损经过五年期间未弥补足额的，尚未弥补的亏损应用所得税后的利润弥补。三是以盈余公积弥补亏损。企业以提取的盈余公积弥补亏损时，应当由公司董事会提议，并经股东大会批准。

企业经股东大会或类似机构决议，用盈余公积弥补亏损时，应借记“盈余公积”科目，贷记“利润分配——盈余公积补亏”科目。

**【例9-8】**金牛股份有限公司发生经营亏损20万元，经股东大会决议，用法定盈余公积弥补，应作会计分录如下：

借：盈余公积——法定盈余公积　　200 000
　贷：利润分配——盈余公积补亏　　200 000

## 二、盈余公积发放现金股利或利润的核算

企业经股东大会或类似机构决议，用盈余公积分配现金股利或利润时，应当借记“盈余公积”账户，贷记“应付股利”账户。

**【例9-9】**金牛股份有限公司年末需分派现金股利，经股东大会决议，决定用法定盈余公积500 000元分派现金股利。应作会计分录如下：

借：盈余公积——法定盈余公积　　500 000
　贷：应付股利　　500 000

# 模块十 收入、费用及利润核算

10

## 【岗位工作情景】

郭军是一家公司的财务，让他感到沮丧的是，每月领取微薄的薪资，要想在本市买套房，恐怕一辈子不吃不喝也买不起。经慎重考虑，他决定辞职，追寻自己的创业梦想。他认为步行街客流量大，服装品牌多，容易产生聚集效应。于是，他盘下店铺，开办了一家名为“雅致”的服装店。由于经营的服装时尚，质优价廉，加上诚信经营，店里的生意十分红火，郭军的收入也一天比一天多。在自主创业过程中，郭军所学的财务知识发挥了很大的作用，帮他很好地控制了费用和成本，实现了最大的利润。这就是同学们在本模块要学习的主要内容。

## 【岗位学习目标】

**一、岗位知识目标**

1. 了解收入、费用的概念，熟悉收入的分类，掌握收入、费用一般业务的账务处理方法。
2. 理解利润的概念、利润的构成，掌握利润形成的账务处理。
3. 掌握应交所得税的计算。
4. 了解利润分配的内容，掌握利润分配的会计处理方法

**二、岗位能力目标**

1. 熟练填制商品销售一般业务的记账凭证。
2. 熟练填制各项期间费用业务的记账凭证。
3. 熟练填制营业外收支业务的记账凭证。
4. 熟练填制利润结转及分配的经济业务的记账凭证。
5. 熟练填制所得税业务的记账凭证。

三、职业素养目标

1. 培养认真细致严谨的工作作风。
2. 养成诚实守信、坚持准则的职业品质。
3. 树立参与管理、服务社会的理念。

# 任务一　收入核算

## 活动一　一般商品销售收入的核算

### 工作案例

## 一、原始凭证

福州市雅致公司于 2014 年 3 月 1 日，向福州市凯华商厦公司销售 NZ01 飘逸女装 100 件，不含税单价为 500 元，增值税税率为 17%，收到金额 58 500 元的转账支票　张，已存入银行，货已发。原始凭证如图 10-1～图 10-3 所示。

**福州市雅致公司发货单**　　编号：602101

客户名称：福州市凯华商厦公司　　2014 年 3 月 1 日　　仓库：西库

| 商品名称及规格 | 单位 | 数量 | 不含税单价/元 | 含税单价/元 | 含税金额/元 | 备注 |
|---|---|---|---|---|---|---|
| NZ01 飘逸女装 | 件 | 100 | 500.00 | 585.00 | 58 500.00 | |
| | | | | | | |
| 合计 | | 100 | | | 58 500.00 | |

第三联　记账联

部门负责人：刘惠　　仓管员：　　会计：　　审核人：　　制单人：邓立

图 10-1　发货单 1

**中国工商银行进账单**（收账通知）　　3

2014 年 3 月 1 日

| 出票人 | 全　称 | 福建市凯华商厦公司 | 收款人 | 全　称 | 福州市雅致公司 |
|---|---|---|---|---|---|
| | 账　号 | 65247529868 | | 账　号 | 241100121236064001 |
| | 开户银行 | 工商银行屏山支行 | | 开户银行 | 工商银行洪山支行 |

| 人民币（大写）伍万捌仟伍佰元整 | 亿 | 千 | 百 | 十 | 万 | 千 | 百 | 十 | 元 | 角 | 分 |
|---|---|---|---|---|---|---|---|---|---|---|---|
| | | | | ¥ | 5 | 8 | 5 | 0 | 0 | 0 | 0 |

| 票据种类 | 转账支票 | 票据张数 | 1 | 开户行盖章 |
|---|---|---|---|---|

此联是银行给收款人的收账通知

图 10-2　进账单 8

**福建省增值税专用发票**

此联不作报销、扣税凭证使用

全国统一发票监制章 上海 国家税务局监制

3500042421　　　开票日期：2014 年 3 月 1 日　　　No. 00769423

<table>
<tr><td>购货单位</td><td colspan="5">名称：福州市凯华商厦公司<br>纳税人识别号：350103100260561<br>地址、电话：<br>开户行及账号：工商银行屏山支行 65247529868</td><td>密码区</td><td colspan="2"></td></tr>
<tr><td colspan="2">货物或应税劳务名称<br>飘逸女装<br>合计</td><td>规格型号<br>NZ01</td><td>单位<br>件</td><td>数量<br>100</td><td>单价<br>500.00</td><td>金额<br>50 000.00<br>¥50 000.00</td><td>税率<br>17%</td><td>税额<br>8 500.00<br>¥8 500.00</td></tr>
<tr><td colspan="2">价税合计（大写）</td><td colspan="7">⊗ 伍万捌仟伍佰元整　　　（小写）¥58 500.00</td></tr>
<tr><td>销货单位</td><td colspan="5">名称：福州市雅致公司<br>纳税人识别号：3501011013381<br>地址、电话：<br>开户行及账号：工商银行洪山支行 24110012123 6064001</td><td>备注</td><td colspan="2">福州市雅致公司<br>3501011013381<br>财务专用章</td></tr>
</table>

第三联　记账联　销货方记账凭证

收款人：　　复核：　　开票人：李红　　销货单位（章）

图 10-3　专用发票 18

## 二、记账凭证



根据原始凭证，填制记账凭证如图 10-4 所示。

**记 账 凭 证**

2014 年 3 月 1 日　　　记字第 65 号

| 摘要 | 总账科目 | 明细科目 | √ | 借方金额 | | | | | | | | | | √ | 贷方金额 | | | | | | | | | 附单据2张 |
|---|---|---|---|---|---|---|---|---|---|---|---|---|---|---|---|---|---|---|---|---|---|---|---|---|
| | | | | 千 | 百 | 十 | 万 | 千 | 百 | 十 | 元 | 角 | 分 | | 千 | 百 | 十 | 万 | 千 | 百 | 十 | 元 | 角 | 分 | |
| 款已收，货已发 | 银行存款 | | | | | | 5 | 8 | 5 | 0 | 0 | 0 | 0 | | | | | | | | | | | | |
| | 主营业务收入 | | | | | | | | | | | | | | | | | 5 | 0 | 0 | 0 | 0 | 0 | 0 | |
| | 应交税费 | 应交赠值税（销项税额） | | | | | | | | | | | | | | | | | 8 | 5 | 0 | 0 | 0 | 0 | |
| 合计 | | | | | | ¥ | 5 | 8 | 5 | 0 | 0 | 0 | 0 | | | | ¥ | 5 | 8 | 5 | 0 | 0 | 0 | 0 | |

财务主管：　　记账：　　稽核：　　出纳：　　制单：陈欣辉

图 10-4　记账凭证 47

### 活动资料

福州市雅致公司于 2014 年 4 月 10 日，向福州市华联商厦公司（纳税人识别号：350103100260561；开户行及账号：工商银行南门支行 365241529867）销售 NZ03 时尚女装 50 件，不含税单价为 600 元，增值税税率为 17%，货已从西库发出，收到金额 35 100 元的转账支票一张已存入银行。原始凭证如图 10-5～图 10-7 所示。要求：根据原始凭证填制记账凭证（设上一张记账凭证编号是记字第 46 号）。

## 福州雅致公司发货单

编号：602303

客户名称：福州市华联商厦　　2014 年 4 月 10 日　　仓库：西库

| 商品名称及规格 | 单位 | 数量 | 不含税单价 | 含税单价 | 含税金额 | 备注 |
|---|---|---|---|---|---|---|
| NZ03 时尚女装 | 件 | 50 | 600.00 | 702.00 | 35 100.00 | |
| | | | | | | |
| 合计 | | 50 | | | 35 100.00 | |

第三联 记账联

部门负责人：刘惠　　仓管员：　　会计：　　审核人：　　制单人：邓立

图 10-5　发货单 2

## 中国工商银行进账单（收账通知）　3

2014 年 4 月 10 日

| 出票人 | 全　称 | 福州市华联商厦公司 | 收款人 | 全　称 | 福州市雅致公司 |
|---|---|---|---|---|---|
| | 账　号 | 365241529867 | | 账　号 | 24110012123606 4001 |
| | 开户银行 | 工商银行南门支行 | | 开户银行 | 工商银行洪山支行 |

| 人民币（大写）　叁万伍仟壹佰元整 | 亿 | 千 | 百 | 十 | 万 | 千 | 百 | 十 | 元 | 角 | 分 |
|---|---|---|---|---|---|---|---|---|---|---|---|
| | | | | ¥ | 3 | 5 | 1 | 0 | 0 | 0 | 0 |

| 票据种类 | 转账支票 | 票据张数 | 1 | 开户行盖章 |
|---|---|---|---|---|

此联是银行给收款人的收账通知

图 10-6　进账单 9

## 福建省增值税专用发票

此联不作报销、扣税凭证使用

3500042421　　开票日期：2014 年 4 月 10 日　　No. 00769625

| 购货单位 | 名称：福州市华联商厦公司<br>纳税人识别号：350103100260561<br>地址、电话：<br>开户行及账号：工商银行南门支行 365241529867 | | | | 密码区 | | |
|---|---|---|---|---|---|---|---|
| 货物或应税劳务名称 | 规格型号 | 单位 | 数量 | 单价 | 金额 | 税率 | 税额 |
| 飘逸女装 | NZ03 | 件 | 50 | 600.00 | 30 000.00 | 17% | 5 100.00 |
| 合　计 | | | | | ¥30 000.00 | | ¥5 100.00 |
| 价税合计（大写） | ⊗叁万伍仟壹佰元整 | | | | （小写）¥35 100.00 | | |
| 销货单位 | 名称：福州市雅致公司<br>纳税人识别号：3501011013381<br>地址、电话：<br>开户行及账号：工商银行洪山支行 24110012123606 4001 | | | | 备注 | 福州市雅致公司<br>3501011013381<br>财务专用章<br>发票专用章 | |

第三联：记账联　销货方记账凭证

收款人：　　复核：　　开票人：李红　　销货单位（章）

图 10-7　专用发票 19

基础知识

## 一、收入的概念

收入是指企业在日常活动中形成的、会导致所有者权益增加的、与所有者投入资本无关的经济效益的总流入（不包括为第三方或客户代收的款项）。

## 二、收入的种类

企业经营的多元化，导致了企业日常经营活动中所形成的经济利益的总流入不再是单一的渠道。

**1．按企业从事日常活动的性质分类**

（1）商品销售收入。商品销售收入是指企业通过销售商品取得的收入。这里的商品包括企业为销售而生产的产品和为了出售而购进的商品，如工业企业生产的产品、商业企业购进的商品等。

（2）劳务收入。劳务收入是指企业为客户提供劳务所取得的收入。劳务收入的种类很多，如建筑安装、修理修配、邮电通信、咨询经纪、技术服务、餐饮住宿等。

（3）让渡资产使用权收入。让渡资产使用权收入是指因他人使用本企业货币资金而收取的利息收入，以及因他人使用本企业无形资产、固定资产等而形成的收入。

**2．按经营业务的主次不同分类**



（1）主营业务收入。主营业收入是指企业为完成其经营目标从事的经常性活动而实现的收入，如工业企业销售产品取得的收入、商业企业销售商品所取得的收入等。

（2）其他业务收入。其他业务收入是指企业为完成其经营目标所从事的与经常性活动相关的活动实现的收入，如工业企业对外转让原材料、对外转让无形资产使用权所取得的收入等。

## 三、销售商品收入的确认时间

在市场经济条件下，销售商品的过程，是失去商品所有权的过程，销售商品收入的入账时间在实际工作中，通常应结合商品的销售方式和结算方式等情况加以运用，表现如下：

（1）销售商品采用交款提货方式的，应在发票开出，转移商品所有权凭证时确认收入。

（2）销售商品采用托收承付或委托收款方式的，应在发出商品，办妥托收手续时确认收入。

（3）销售商品采用预收款方式的，应在发出商品时确认收入，预收的货款应确认为负债。

（4）销售商品需要安装和检验的，在购买方接受商品以及安装和检验完毕前，不确认收入；待安装和检验完毕时确认收入。如果安装程序比较简单，可以在发出商品时确认收入。

（5）销售商品采用支付手续方式委托代销的，应在收到代销清单时确认收入。

## 四、销售收入业务的核算

**1．账户设置**

为了总括地反映企业营业收入的情况，企业应设置以下账户：

（1）“主营业务收入”账户，用于核算主营业务形成的收入。贷方登记主营业务收入的

形成，借方登记期末转入“本年利润”账户的金额，结转后一般无余额。该账户应当按商品或劳务的种类设置明细账，进行明细核算。

（2）“其他业务收入”账户，用于核算主营业务以外业务形成的收入。贷方登记企业其他业务形成的收入，借方登记期末转入“本年利润”账户的余额，结转后一般无余额。该账户应当按其他业务的种类设置明细账，进行明细核算。

**2．一般销售收入的核算**

**【例 10-1】**2014 年 3 月 10 日，福州雅致公司销售 NZ02 淑女装 50 件，每件售价 300 元，购货单位以支票付款，增值税税率为 17%。编制会计分录如下：

借：银行存款　　17 550

　贷：主营业务收入　　15 000

　　应交税费——应交增值税（销项税额）　　2 550

**【例 10-2】**福州市雅致服装公司于 2014 年 3 月 11 日，向丽美公司销售 NZ03 时尚女装 200 件，不含税单价为 600 元，增值税税率为 17%，货已发，并代垫运费 3 000 元。出纳人员持相关凭证向银行办理托收手续。根据销售发票记账联、代垫运费支付凭证、托收回单等编制会计分录如下：

借：应收账款——丽美公司　　143 400

　贷：主营业务收入　　120 000

　　应交税费——应交增值税（销项税额）　　20 400

　　银行存款　　3 000

**【例 10-3】**福州市雅致服装公司于 2014 年 3 月 19 日，向南方布艺公司销售布料 200 米，不含税单价为 200 元，增值税税率为 17%，货已发，款项已由银行收妥。根据销售发票记账联、银行进账单等编制会计分录如下：



借：银行存款　　46 800

　贷：其他业务收入　　40 000

　　应交税费——应交增值税（销项税额）　　6 800

**拓展知识**

## 一、商品销售收入的确认与计量

《企业会计准则第 14 号——收入》对商品销售、提供劳务、他人使用本企业资产分别规定了相应的收入确认原则，因此，企业应当对不同性质的收入，分别进行确认和计量。

**1．商品销售收入的确认**

企业在销售商品时，必须同时符合以下五个条件，才能确认为收入：

（1）企业已将商品所有权上的主要风险和报酬转移给购货方。判断企业是否已将商品所有权上的主要风险和报酬转移给购货方，应当关注交易的实质而不是形式，并结合所有权凭证的转移或实物的交付情况。如果商品未来发生的贬值、损坏或报废等主要风险由购买方承担，商品未来实现的经济利益由购买方享有，则意味企业已将商品所有权上的主要风险和报酬转移给购货方。

（2）企业既没有保留通常与所有权相联系的继续管理权，也没有对已售出的商品实施有效控制。

（3）收入的金额能够可靠地计量。收入的金额能够可靠地计量，是指收入的金额能够合理地估计。

（4）相关的经济利益很可能流入企业。在商品销售的业务中，与交易相关的经济利益是指销售商品的价款。

（5）相关的已发生或将发生的成本能够可靠地计量。根据配比原则，在确认商品销售收入时，应同时确认销售成本。因此，销售商品相关的已发生或将发生的成本不能够合理地计量，就不能确认该项销售商品收入。

**2．销售商品收入的计量**

销售商品收入的计量，即入账金额的确定。销售商品收入的金额应根据企业与购货方签订的合同或协议价款确定，但合同或协议价款不公允的除外。无合同或协议的，应按购销双方自愿的价格确定。此外，企业在确定商品销售收入金额时，不考虑各种预计可能发生的现金折扣和销售折让。待实际发生时，现金折扣计入当期财务费用，销售折让冲减当期收入。

## 二、特殊销售业务的账务处理

**1．折扣、折让销售的核算**

企业销售商品时，为了促销、及时回款等原因会附有一定的折扣条件，在确认收入时要区分商业折扣、现金折扣和销售折让等情况进行账务处理。



（1）商业折扣。商业折扣是企业为了促销而在标价上给予的价格扣除。企业销售商品涉及商业折扣的，应当按照扣除商业折扣后的金额（即净额）确定收入，并计算增值税。

**【例 10-4】**福州市雅致服装公司于 2014 年 3 月 11 日向友联公司销售 TZ01 服装 1 000 件，每件标价为 100 元（不含增值税），因批量销售，给购买方 10%的商业折扣。货已发，款已收。应作会计分录如下：

借：银行存款　　105 300

　　贷：主营业务收入　　90 000

　　　　应交税费——应交增值税（销项税额）　　15 300

（2）现金折扣。现金折扣是企业为了鼓励购货方尽快付款而提供的债务扣除。一般现金折扣的方法为：2/10，1/20，*n*/30（10 日内付款给予 2%的折扣，20 天内付款给予 1%的折扣，20 天以后付款没有现金折扣，最迟付款期为 30 天）。由于我国采用总价法进行账务处理，因此销售商品涉及现金折扣的，应当按照扣除现金折扣前的金额确定销售商品收入金额。现金折扣在实际发生时计入当期损益（财务费用）。

**【例 10-5】**福州市雅致服装公司于 2014 年 3 月 13 日向太太服饰公司销售 TZ01 服装 1 000 件，每件标价为 90 元（不含增值税），货已发，款未收。另外，销售合同中规定的现金折扣条件为 2/10，*n*/20。应作会计分录如下：

借：应收账款——太太服饰公司　　105 300

　　贷：主营业务收入　　90 000

　　　　应交税费——应交增值税（销项税额）　　15 300

若信用期内付款：现金折扣额=90 000×2%=1 800（元）

借：银行存款　　103 500
　　财务费用　　1 800
　　贷：应收账款　　105 300

若3月23日后付款：

借：银行存款　　105 300
　　贷：应收账款　　105 300

（3）销售折让。销售折让是企业因售出商品的质量不合格等原因而在售价上给予的减让。一般情况下，已确认收入的售出商品发生销售折让的，应当在发生时冲减当期销售商品收入。

**【例 10-6】**承例 10-4，购买方付款后发现该批服装面料与合同约定有色差，经双发协商，雅致公司给予 8 000 元销售折让，已按规定开具了红字专用发票并支付了折让款。福州市雅致公司账务处理如下：

借：银行存款　　[9 360]
　　贷：主营业务收入　　[8 000]
　　　　应交税费——应交增值税（销项税额）　　[1 360]

**2．销售退回的核算**

销售退回是指企业销售出的商品，由于质量、到货时间、品种等不符合要求的原因而发生的退货。

销售退货发生在企业确认收入之前，将已记入“发出商品”等账户的商品成本转回“库存商品”账户；如在企业确认收入后，又发生销售退回的，不论是当年销售的，还是以前年度销售的，除特殊情况外，一般应冲减退货当月的销售收入，已结转销售成本的应同时冲减退货当月的销售成本；如该销售已经发生现金折扣，应在退回当月一并调整。

**【例 10-7】**承例 10-5，若 3 月 25 日购买方发现该批布料（款项在信用期内已付）与合同约定有色差，经双方协商，同意退货，已按规定开具了退货红字专用发票并退还货款。福州市雅致公司账务处理如下：

借：银行存款　　[103 500]
　　财务费用　　[1 800]
　　贷：主营业务收入　　[90 000]
　　　　应交税费——应交增值税（销项税额）　　[10 530]

## 活动二　商品销售成本的核算

**工作案例**

### 一、原始凭证

2014 年 3 月，福州市雅致公司财务核算人员根据销售凭证汇总各产品的销售数量，并采用加权平均法计算确定其单位成本，原始凭证见表 10-1。

**表 10-1　产品销售成本计算表 1**

2014 年 3 月

| 货　号 | 品　名 | 销售数量/件 | 单位成本/元 | 总成本/元 |
|---|---|---|---|---|
| NZ01 | 飘逸女装 | 500 | 300.00 | 150 000.00 |
| NZ02 | 淑女装 | 150 | 200.00 | 30 000.00 |
| 合计 | | | | 180 000.00 |

## 二、记账凭证

根据原始凭证，填制记账凭证如图 10-8 所示。

**记 账 凭 证**

*2014* 年 *3* 月 *31* 日　　　　记字第 *66* 号

| 摘要 | 总账科目 | 明细科目 | √ | 借方金额 | | | | | | | | | | √ | 贷方金额 | | | | | | | | | 附单据 *1* 张 |
|---|---|---|---|---|---|---|---|---|---|---|---|---|---|---|---|---|---|---|---|---|---|---|---|---|
| | | | | 千 | 百 | 十 | 万 | 千 | 百 | 十 | 元 | 角 | 分 | | 千 | 百 | 十 | 万 | 千 | 百 | 十 | 元 | 角 | 分 | |
| 结转成本 | 主营业务成本 | | | | | *1* | *8* | *0* | *0* | *0* | *0* | *0* | *0* | | | | | | | | | | | | |
| | 库存商品 | NZ01飘逸女装 | | | | | | | | | | | | | | | *1* | *5* | *0* | *0* | *0* | *0* | *0* | *0* | |
| | | NZ02淑女装 | | | | | | | | | | | | | | | | *3* | *0* | *0* | *0* | *0* | *0* | *0* | |
| 合计 | | | | | ¥ | *1* | *8* | *0* | *0* | *0* | *0* | *0* | *0* | | | ¥ | *1* | *8* | *0* | *0* | *0* | *0* | *0* | *0* | |

财务主管：　　记账：　　出纳：　　复核：　　制表：陈欣辉

图 10-8　记账凭证 48



### 活动资料

2014 年 4 月，福州市雅致公司财务核算人员根据销售凭证汇总各产品的销售数量，并采用加权平均法计算确定其单位成本，原始凭证见表 10-2。要求：请结转主营业务成本（设上一张记账凭证编号是记字第 55 号）。

**表 10-2　产品销售成本计算表 2**

2014 年 4 月

| 货号 | 品名 | 销售数量/件 | 单位成本/元 | 总成本/元 |
|---|---|---|---|---|
| NZ01 | 飘逸女装 | 100 | 300.00 | 30 000.00 |
| NZ03 | 时尚女装 | 150 | 400.00 | 60 000.00 |
| 合　计 | | | | 90 000.00 |

**基础知识**

## 一、销售成本的核算

**1. 账户设置**

为了总括地反映企业营业成本的情况，企业应设置以下账户：

（1）“主营业务成本”账户，用于核算为取得主营业务收入而发生的相关成本。借方登记为取得主营业务收入而累计发生的成本，贷方登记期末转入“本年利润”账户的金额，结转后一般无余额。该账户应当按商品或种类设置明细账，进行明细核算。

（2）“其他业务成本”账户，用于核算为取得其他业务收入而发生的相关成本。借方登记为取得其他业务收入而累计发生的成本、费用、税金等，贷方登记期末转入“本年利润”账户的余额，结转后一般无余额。该账户应当按其他业务的种类设置明细账，进行明细核算。

结转商品销售成本，可以在销售实现时结转，也可以在月末集中结转。

**2. 商品销售成本的核算**

【例 10-8】2014 年 3 月 10 日，福州市雅致公司销售 NZ02 淑女装 50 件，单位成本为 200 元。根据出库单、产品销售成本计算表，作会计分录如下：

借：主营业务成本　　10 000

　贷：库存商品　　10 000



【例 10-9】福州市雅致服装公司于 2014 年 3 月 15 日，向南方布艺公司销售布料 200 米，单位成本 100 元。根据出库单、材料销售成本计算表，作会计分录如下：

借：其他业务成本　　20 000

　贷：原材料　　20 000

**拓展知识**

## 一、分期收款销售的核算

分期收款销售是指企业按照合同规定，将商品提前发给购货单位，分期收回货款的一种销售方式。采用这种销售方式，购销双方事先签订“分期收款商品购销合同”，合同内注明商品品种、规格、单价、数量及发货日期、分期收款的期限和金额。

企业采用分期收款销售商品时，应按合同约定的结算日期，分期确认销售收入。即在商品发出后，不体现销售，先通过“发出商品”账户进行核算，在合同约定的结算日期开具发票确认收入，同时按本期收款比例结转销售成本。

“发出商品”是资产类账户，借方登记发出商品实际成本数；贷方登记结转商品销售实际成本数；其借方余额表示企业采用分期收款方式销售、尚未收到货款部分的已发出商品的实际成本。本账户应按购货单位设置明细账，进行明细核算。

【例 10-10】福州市雅致服装公司于 2014 年 3 月 1 日向华联公司销售 NZ01 服装一批，不含税价款为 300 000 元，增值税税额为 51 000 元，成本为 180 000 元，根据购销合同规定，华联公司在 3 个月内分 3 次等额付款，每月月末结算一次。根据有关凭证，进行账务处理如下：

3 月 1 日发出商品：

借：发出商品　　180 000

　　贷：库存商品　　180 000

3 月 31 日福州市雅致服装公司向华联公司开具发票，确认收入：

借：应收账款　　117 000

　　贷：主营业务收入　　100 000

　　　　应交税费——应交增值税（销项税额）　　17 000

同时结转分期收款销售商品的成本：

借：主营业务成本　　60 000

　　贷：发出商品　　60 000

收到款项时，根据收款凭证，作会计分录如下：

借：银行存款　　117 000

　　贷：应收账款　　117 000

4 月 30 日和 5 月 31 日的业务处理同上。



## 二、委托代销商品的核算

为了解决呆滞积压商品占用库存资金的压力，或为了扩大产品的销售量，占有市场份额，合理地使用仓库和节约仓储费用，企业有可能采取委托代销的方式进行商品销售。委托代销有视同销售、支付手续费两种方式。

**1. 视同销售方式**

视同销售方式是指委托方和受托方签订协议，委托方按协议价收取代销的货款，实际售价可由受托方自定，实际售价与协议价之间的差额归受托方所有。受托方将商品销售后，应按实际售价开具增值税专用发票确认为收入，按合同约定的结算日，向委托方列出代销清单；委托方收到代销清单时，按协议价开具增值税专用发票，确认收入。

【例 10-11】福州市雅致公司委托韵末公司销售 NA03 服装 50 件，协议售价为 200 元/件（不含增值税），该商品成本为 150 元/件。福州市雅致公司收到韵末公司开具的代销清单时开具增值税专用发票，注明价款 10 000 元，增值税税额 1 700 元。韵末公司实际销售时开具的增值税专用发票上注明价款 12 000 元，增值税税额 2 040 元。

（1）福州市雅致公司相关的会计处理如下：

福州市雅致公司将 NA03 服装交付韵末公司时：

借：委托代销商品——韵末公司　　7 500

　　贷：库存商品——NA03 服装　　7 500

收到韵末公司代销清单时：

借：应收账款——韵末公司　11 700
　贷：主营业务收入　10 000
　　　应交税费——应交增值税（销项税额）　1 700

同时结转已销商品成本：

借：主营业务成本　7 500
　贷：委托代销商品——韵末公司　7 500

收到韵末公司汇来的货款时：

借：银行存款　11 700
　贷：应收账款——韵末公司　11 700

（2）韵末公司相关会计处理如下：

收到NZ03服装时：

借：受托代销商品——NA03服装　10 000
　贷：受托代销商品款——雅致公司　10 000

韵末公司销售时：

借：银行存款　14 040
　贷：主营业务收入　12 000
　　　应交税费——应交增值税（销项税额）　2 040

同时结转已销商品成本：

借：主营业务成本　10 000
　贷：受托代销商品——NA03服装　10 000

收到增值税专用发票时：

借：应交税费——应交增值税（进项税额）　1 700
　贷：受托代销商品款——雅致公司　1 700

支付代销商品款时：

借：受托代销商品款——雅致公司　11 700
　贷：银行存款　11 700

**2．支付手续费方式**

在这种代销方式下，受托方按照委托方规定的价格销售商品，收取手续费，代收售货款，因而不确认收入。但受托方收取的手续费收入应作为向委托方提供劳务而获得的报酬，应缴纳营业税。

**【例 10-12】** 福州市雅致公司委托韵末公司销售NZ03服装100件，协议售价为220元/件（不含增值税），该商品成本为150元/件，韵末公司按协议价格出售给顾客，福州市雅致公司按售价的10%支付韵末公司手续费。月末韵末公司销售了全部NZ03服装，并向雅致公司开具了代销清单（增值税税率为17%，营业税税率为5%）。

（1）福州市雅致公司相关会计处理如下。

福州市雅致公司将A商品交付韵末公司时：

借：委托代销商品——韵末公司　15 000
　贷：库存商品——NZ03服装　15 000

收到代销清单，开具增值税发票时：

借：应收账款——韵末公司　25 740

　贷：主营业务收入　22 000

　　应交税费——应交增值税（销项税额）　3 740

同时结转销售商品成本：

借：主营业务成本　15 000

　贷：委托代销商品——韵末公司　15 000

计算代销手续费时：

借：销售费用　2 200

　贷：应收账款——韵末公司　2 200

收到韵末公司汇来的价款净额：

借：银行存款　23 540

　贷：应收账款——韵末公司　23 540

（2）韵末公司相关会计处理如下：

收到 NZ03 服装时：

借：受托代销商品——NZ03 服装　22 000

　贷：受托代销商品款——雅致公司　22 000

销售 NZ03 服装时：

借：银行存款　25 740

　贷：受托代销商品——NZ03 服装　22 000

　　应交税费——应交增值税（销项税额）　3 740

收到增值税专用发票时：

借：应交增值税——应交税费（进项税额）　3 740

　贷：受托代销商品款——雅致公司　3 740

结算手续费并支付代销商品款时：

借：受托代销商品款——雅致公司　25 740

　贷：银行存款　23 540

　　其他业务收入　2 200

## 任务二　费用核算

### 工作案例

### 一、原始凭证

福州市雅致公司于 3 月 16 日以转账支票购买 A4 纸、账本、文具等办公用品一批，共计 2 600 元，办公用品由办公室直接领用。原始凭证如图 10-9～图 10-11 所示。

中国工商银行（闽）
转账支票存根

$\frac{B}{0}\frac{J}{2}$ 51260382

附加信息

出票日期 2014 年 3 月 16 日

| 收款人：福州市东街文具商场 |
|---|
| 金额：¥2 600.00 |
| 用途：办公用品 |

单位主管： 会计：陈欣辉

图 10-9 转账支票存根 13

**福建省国家税务局通用手工发票** 福建国税

全国统一发票监制章 国家税务总局监制

发 票 联 发票代码 135051016031

客户：福州市雅致公司 2014 年 3 月 16 日 发票号码 **43620819**

| 项目内容 | 金额 | | | | | | |
|---|---|---|---|---|---|---|---|
| | 万 | 千 | 百 | 元 | 元 | 角 | 分 |
| 文件夹 20×7.00 | | | 1 | 4 | 0 | 0 | 0 |
| 账 本 20×13.00 | | | 2 | 6 | 0 | 0 | 0 |
| A4 纸 20×110.00 | | 2 | 2 | 0 | 0 | 0 | 0 |
| 合计人民币（大写）：贰仟陆佰元整 | ¥ | 2 | 6 | 0 | 0 | 0 | 0 |

第二联 发票联

福州市东街文具商场 发票专用章

收款单位盖章： 财务： 复核： 填票：陈丽

图 10-10 通用手工发票 1

验 收 单

2014 年 3 月 16 日 编号：3006842

| 编号 | 名称及规格 | 单位 | 数量 | | 单价 | 总值 | 备注 |
|---|---|---|---|---|---|---|---|
| | | | 应收 | 实收 | | | |
| 01 | 文件夹 | 个 | 20 | 20 | 7.00 | 140.00 | 办公室已领用 |
| 02 | 账 本 | 盒 | 20 | 20 | 13.00 | 260.00 | |
| 03 | 复印纸 | 盒 | 20 | 20 | 110.00 | 2 200.00 | |
| 合计 | | | | | | ¥2 600.00 | |

单位负责人： 财务主管：兰萍 记账：章华 制单：苏强

图 10-11 验收单 1

## 二、记账凭证

根据原始凭证，填制记账凭证如图 10-12 所示。

## 记账凭证

2014 年 3 月 16 日　　　　　　　　　　　　　　　　记字第 65 号

| 摘要 | 总账科目 | 明细科目 | √ | 借方金额 | | | | | | | | | | √ | 贷方金额 | | | | | | | | | | 附单据4张 |
|---|---|---|---|---|---|---|---|---|---|---|---|---|---|---|---|---|---|---|---|---|---|---|---|---|---|
| | | | | 千 | 百 | 十 | 万 | 千 | 百 | 十 | 元 | 角 | 分 | | 千 | 百 | 十 | 万 | 千 | 百 | 十 | 元 | 角 | 分 | |
| 购买办公用品 | 管理费用 | 公司经费 | | | | | | 2 | 6 | 0 | 0 | 0 | 0 | | | | | | | | | | | | |
| | 银行存款 | | | | | | | | | | | | | | | | | | 2 | 6 | 0 | 0 | 0 | 0 | |
| 合计 | | | | | | | ¥ | 2 | 6 | 0 | 0 | 0 | 0 | | | | | ¥ | 2 | 6 | 0 | 0 | 0 | 0 | |

财务主管：　　　　记账：　　　　出纳：　　　　复核：　　　　制表：陈欣辉

图 10-12　记账凭证 49

### 活动资料

福州市雅致公司于 2014 年 4 月 22 日以现金支票购买复印纸、账本、回形针等办公用品，共计 930 元，办公用品由行政管理部门直接领用。原始凭证如图 10-13～图 10-15 所示。要求：根据原始凭证填制记账凭证（设上一张记账凭证编号是记字第 58 号）。

**中国工商银行**（闽）

**现金支票存根**

$\frac{B}{0}\frac{J}{2}$ 31260385

附加信息

出票日期　2014 年 4 月 22 日

| 收款人：福州市湖东文具店 |
|---|
| 金额：¥930.00 |
| 用途：办公用品 |

单位主管：　　　　会计：陈欣辉

图 10-13　现金支票存根



**福建省国家税务局通用手工发票**　　　　福建国税

全国统一发票监制章　闽福州　国家税务总局监制

发 票 联　　　　发票代码 135051016031

客户：福州市雅致公司　　2014 年 4 月 22 日　　发票号码 **32640943**

| 项目内容 | 金额 | | | | | | | 第三联 发票联 |
|---|---|---|---|---|---|---|---|---|
| | 万 | 千 | 百 | 元 | 元 | 角 | 分 | |
| 回形针 15 盒×6.00 | | | | 9 | 0 | 0 | 0 | |
| 文件夹 40 个×15.00 | | | 6 | 0 | 0 | 0 | 0 | |
| 复印纸 8 盒×30.00 | | | 2 | 4 | 0 | 0 | 0 | |
| 合计人民币（大写）：玖佰叁拾元整 | | ¥ | 9 | 3 | 0 | 0 | 0 | |

福州市东街文具商场　发票专用章

收款单位盖章：　　　　财务：　　　　复核：　　　　填票：曾文

图 10-14　通用手工发票 2

验 收 单

2014 年 4 月 22 日　　　　编号：13006842

| 编号 | 名称及规格 | 单位 | 数量 | 单价 | 总值 | 备注 |
|---|---|---|---|---|---|---|
| 01 | 文件夹 | 个 | 40 | 15 | 600 | 办公室已领用 |
| 02 | 回形针 | 盒 | 15 | 6 | 90 | |
| 03 | 复印纸 | 盒 | 8 | 30 | 240 | |
| 合计 | | | | | ¥930 | |

单位负责人：　　财务主管：　　记账：　　制单：苏强

图 10-15　验收单 2

**基础知识**

## 一、费用的概念

费用是指企业在日常活动中发生的、会导致所有者权益减少的、与向所有者分配利润无关的经济利益的总流出。一个持续经营的企业，为了取得一定的收入，必须要发生相应的营业费用，包括营业成本、营业税费和期间费用。

营业成本是指企业经营业务所发生的实际成本，与营业收入存在直接的配比关系。与主营业务收入相配比的费用是主营业务成本；为取得其他业务收入而发生的费用是其他业务成本。

营业税费是指企业在取得营业收入时应缴纳的消费税、营业税、城市维护建设税及教育费附加等。



期间费用是指企业本期发生的、不能直接或间接归于某种成本对象的应直接计入当期损益的费用，包括销售费用、管理费用和财务费用。

## 二、期间费用的核算

**1. 管理费用的核算**

管理费用是指企业为组织和管理企业生产经营所发生的费用。包括企业在筹建期间内发生的开办费、行政管理部门在企业的经营管理中发生的或者应由企业统一负担的公司经费（包括行政管理部门职工工资及福利费、物料消耗、办公费和差旅费等）、工会经费、董事会费（包括董事会成员津贴、会议费和差旅费等）、咨询费（含顾问费）、诉讼费、业务招待费等。

为了总括地反映企业管理费用的发生情况，应设置“管理费用”账户。该账户属于损益类账户，借方登记企业发生的各项管理费用，贷方登记期末转入“本年利润”账户的管理费用，结转后该账户期末无余额。本账户应按费用项目设置专栏进行明细核算。

**【例 10-13】**福州市雅致公司 2014 年 4 月发生管理部门办公设备折旧费用 20 000 元，用银行存款支付业务招待费 5 000 元。根据折旧费计算表、发票等，应作会计分录如下：

借：管理费用——折旧　　20 000
　　　　　　——业务招待费　　5 000
　贷：累计折旧　　20 000
　　　银行存款　　5 000

2．销售费用的核算

销售费用是指企业在销售商品和材料、提供劳务过程中发生的各项费用，包括保险费、包装费、展览费和广告费、预计产品质量保证损失、委托代销手续费、运输费、装卸费，以及为销售本企业商品而专设的销售机构的职工薪酬、折旧费等经营费用。

为了总括地反映企业销售费用的发生情况，应设置“销售费用”账户。该账户属于损益类账户，该账户的借方登记企业所发生的各项销售费用，贷方登记期末转入本年利润的销售费用，结转后该账户应无余额。本账户应按费用项目设置明细账，进行明细核算。

【例 10-14】福州市雅致公司宣传新产品发生广告费 10 000 元，款项用银行存款支付。根据广告业务发票和支票存根，应作会计分录如下：

借：销售费用——广告费　10 000

贷：银行存款　10 000

3．财务费用的核算

财务费用是企业为筹集生产经营所需资金等而发生的筹资费用，包括利息支出（减利息收入）、汇兑损益以及相关的手续费、企业发生或收到的现金折扣等。

为了总括地反映企业财务费用的发生情况，应设置“财务费用”账户。该账户属于损益类账户，借方登记发生的财务费用，贷方登记期末转入本年利润的财务费用，期末结转后该账户无余额。本账户应按财务费用项目设置明细账，进行明细核算。

【例 10-15】福州市雅致公司于 2014 年 1 月 1 日向银行借入生产经营用短期借款 200 000 元，期限 3 个月，年利率 6%，按月付息。



当月付利息时，根据利息费用计算表，应作会计分录如下：

借：财务费用　1 000

贷：银行存款　1 000

**拓展知识**

费用具有如下特征：

（1）费用是企业在日常活动以及相关的其他活动中发生的经济利益的流出，而不是从偶发的交易或事项中发生的经济利益的流出。

（2）费用是与向所有者分配利润无关的经济利益的总流出。而企业向所有者分配利润也会导致经济利益的流出，但该经济利益的流出是对所有者权益的抵减，不应确认为费用。

（3）费用能导致所有者权益的减少。

# 任务三　利润核算

## 活动一　营业外收支的核算

**工作案例**

### 一、原始凭证

2014 年 3 月 13 日，福州市雅致公司收到福州市凯华商城交来的未履行购销合同条款的

违约金 1 500 元，出纳向其开具收款收据。原始凭证如图 10-16 所示。

**收 款 收 据**

2014 年 3 月 13 日　　No. 2516782

|  | 第三联 |
|---|---|
| 兹收到 福州市凯华公司　收款方式：☑现金 □银行　　现金收讫 | 第三联 |
| 交来 违背合同条款的违约金 | |
| 人民币（大写）：壹仟伍佰元整　¥: 1 500.00　（福州市雅致公司 财务专用章） | 记账 |

单位盖章：　　财务主管：章明　　经手人：刘芳

图 10-16　收款收据 3

## 二、记账凭证

根据收款收据，填制记账凭证如图 10-17 所示。

**记 账 凭 证**

2014 年 3 月 13 日　　记字第 38 号

| 摘要 | 总账科目 | 明细科目 | √ | 借方金额 千 | 百 | 十 | 万 | 千 | 百 | 十 | 元 | 角 | 分 | √ | 贷方金额 千 | 百 | 十 | 万 | 千 | 百 | 十 | 元 | 角 | 分 | 附单据1张 |
|---|---|---|---|---|---|---|---|---|---|---|---|---|---|---|---|---|---|---|---|---|---|---|---|---|---|
| 收到凯华 | 库存现金 | | | | | | | 1 | 5 | 0 | 0 | 0 | 0 | | | | | | | | | | | | |
| 公司违约金 | 营业外收入 | 罚没利得 | | | | | | | | | | | | | | | | | 1 | 5 | 0 | 0 | 0 | 0 | |
| 合计 | | | | | | | ¥ | 1 | 5 | 0 | 0 | 0 | 0 | | | | | ¥ | 1 | 5 | 0 | 0 | 0 | 0 | |

财务主管：　记账：　稽核：　出纳：　制单：陈欣辉



图 10-17　记账凭证 50

### 活动资料

2014 年 4 月 15 日，福州市雅致公司收到银行转来的福州市华联商厦公司因违约双方签订购销合同的违约金 2 000 元。当日，公司出纳开具收款收据给福州市华联商厦公司。原始凭证如图 10-18、图 10-19 所示。

要求：根据原始凭证填制记账凭证（设上一张记账凭证是记字第 67 号）。

**中国工商银行进账单（回单）**　　1

2014 年 4 月 15 日

| 出票人 | | | 收款人 | | |
|---|---|---|---|---|---|
| 全称 | 福州市华联商厦公司 | | 全称 | 福州市雅致公司 | |
| 账号 | 24110012123606400１ | | 账号 | 241100121236064001 | |
| 开户银行 | 工商银行五一支行 | | 开户银行 | 工商银行洪山支行 | |

| 金额 | 人民币（大写）贰仟元整 | 亿 | 千 | 百 | 十 | 万 | 千 | 百 | 十 | 元 | 角 | 分 |
|---|---|---|---|---|---|---|---|---|---|---|---|---|
| | | | | | | ¥ | 2 | 0 | 0 | 0 | 0 | 0 |

| 票据种类 | 转账支票 | 票据张数 | |
|---|---|---|---|
| 票据号码 | | | |

复核：　记账：　　（中国工商银行洪山支行 2014.04.15 业务清讫）开户银行签章

此联是开户银行给持票人的回单

图 10-18　进账单 10

收款收据

2014年4月15日 No. 2516789

| 兹收到 福州市华联商厦公司 收款方式：☐现金、☑银行 | 银行存款收讫 | 第三联 记账 |
| --- | --- | --- |
| 交来 违背合同条款的违约金 | | |
| 人民币（大写）贰仟元整 ¥2 000.00 | | |

单位盖章：福州市雅致公司 财务专用章 财务主管：章明 经手人：刘芳

图10-19 收款收据4

基础知识

## 一、营业外收入的概念与内容

营业外收入是指企业发生的与其日常经营活动无直接关系的各项利得。

营业外收入主要包括处置非流动资产利得、非货币性资产交换利得、债务重组利得、罚没利得、确实无法支付的应付款项、捐赠利得、盘盈利得等。

## 二、营业外收入的核算



企业发生的与其经营活动无直接关系的各项收入，设置"营业外收入"账户核算。其贷方登记营业外收入的发生额；借方反映企业期末转入"本年利润"账户的金额，结转后该账户应无余额。本账户按收入项目设置明细核算，进行明细核算。

【例10-16】福州市雅致公司出售固定资产取得净收益1 200元，清理完毕后将净收益转为营业外收入。应作会计分录如下：

借：固定资产清理 1 200

贷：营业外收入——处置非流动资产收益 1 200

【例10-17】福州市雅致公司收到银行转来中环公司因违约购销合同的罚款1 500元。应作会计分录如下：

借：银行存款 1 500

贷：营业外收入——罚没利得 1 500

## 三、营业外支出的概念与内容

营业外支出是指企业发生的与其日常经营活动无直接关系的各项损失。

营业外支出主要包括非流动资产处置损失、非货币性资产交换损失、债务重组损失、罚款支出、捐赠支出、非常损失等。

## 四、营业外支出的核算

企业发生的与其经营活动无直接关系的各项支出，设置"营业外支出"账户核算。其借方登记营业外支出的发生额；贷方反映企业期末转入“本年利润”账户的金额，结转后该账户应无余额。“营业外支出”账户按支出项目设置明细账户，进行明细核算。

【例 10-18】福州市雅致公司 2014 年 4 月份发生下列营业外支出业务，作有关会计分录如下：

将处置固定资产净损失 3 000 元转账时：

借：营业外支出——处置非流动资产损失　　3 000

　　贷：固定资产清理　　3 000

用银行存款进行公益性捐款 10 000 元时：

借：营业外支出——捐赠支出　　10 000

　　贷：银行存款　　10 000

## 活动二　利润形成的核算

### 工作案例

### 一、原始凭证

福州市雅致公司 2014 年 3 月份各损益类账户余额见表 10-3（假定企业采用账结法，企业所得税税率为 25%）。收入、费用、利润岗位核算人员计算和结转 3 月份利润。

表 10-3　各损益类账户本期发生额汇总表（结转前）1

| 账 户 名 称 | 结账前余额/元 | 账 户 名 称 | 结账前余额/元 |
|---|---|---|---|
| 主营业务收入 | 4 000 000（贷） | 主营业务成本 | 2 882 392（借） |
| 其他业务收入 | 156 000（贷） | 其他业务成本 | 117 000（借） |
| 营业外收入 | 60 000（贷） | 营业外支出 | 18 100（借） |
| 营业税金及附加 | 35 890.40（借） | 管理费用 | 391 170.2（借） |
| 财务费用 | 100 590（借） | 销售费用 | 154 506（借） |

### 二、记账凭证

期末，根据损益类账户余额表，填制记账凭证如图 10-20 所示。

**记 账 凭 证**

2014 年 3 月 31 日　　　　记字第 87 $\frac{1}{2}$ 号

| 摘要 | 总账科目 | 明细科目 | √ | 借方金额 千百十万千百十元角分 | √ | 贷方金额 千百十万千百十元角分 |
|---|---|---|---|---|---|---|
| 结转收入、收益 | 主营业务收入 | | | 4 0 0 0 0 0 0 0 0 | | |
| | 其他业务收入 | | | 1 5 6 0 0 0 0 0 | | |
| | 营业外收入 | | | 6 0 0 0 0 0 0 | | |
| | 本年利润 | | | | | 4 2 1 6 0 0 0 0 0 |
| 合计 | | | | ¥ 4 2 1 6 0 0 0 0 0 | | ¥ 4 2 1 6 0 0 0 0 0 |

附单据 1 张

财务主管：　　记账：　　出纳：　　复核：　　制表：陈欣辉

a）

图 10-20　记账凭证 51

## 记账凭证

2014年3月31日　　　　记字第 $87\frac{2}{2}$ 号

| 摘要 | 总账科目 | 明细科目 | √ | 借方金额 | | | | | | | | | | √ | 贷方金额 | | | | | | | | | |
|---|---|---|---|---|---|---|---|---|---|---|---|---|---|---|---|---|---|---|---|---|---|---|---|---|
| | | | | 千 | 百 | 十 | 万 | 千 | 百 | 十 | 元 | 角 | 分 | | 千 | 百 | 十 | 万 | 千 | 百 | 十 | 元 | 角 | 分 |
| 结转费用 | 本年利润 | | | | 3 | 5 | 9 | 9 | 6 | 4 | 8 | 6 | 0 | | | | | | | | | | | |
| | 主营业务成本 | | | | | | | | | | | | | | | 2 | 8 | 8 | 2 | 3 | 9 | 2 | 0 | 0 |
| | 其他业务成本 | | | | | | | | | | | | | | | | 1 | 1 | 7 | 0 | 0 | 0 | 0 | 0 |
| | 营业外支出 | | | | | | | | | | | | | | | | | 1 | 8 | 1 | 0 | 0 | 0 | 0 |
| | 营业税金及附加 | | | | | | | | | | | | | | | | | 3 | 5 | 8 | 9 | 0 | 4 | 0 |
| | 管理费用 | | | | | | | | | | | | | | | | 3 | 9 | 1 | 1 | 7 | 0 | 2 | 0 |
| | 销售费用 | | | | | | | | | | | | | | | | 1 | 5 | 4 | 5 | 0 | 6 | 0 | 0 |
| | 财务费用 | | | | | | | | | | | | | | | | 1 | 0 | 0 | 5 | 9 | 0 | 0 | 0 |
| 合计 | | | | ¥ | 3 | 6 | 9 | 9 | 6 | 4 | 8 | 6 | 0 | | ¥ | 3 | 6 | 9 | 9 | 6 | 4 | 8 | 6 | 0 |

附单据 1 张

财务主管：章明　　　记账：　　　出纳：　　　复核：　　　制表：陈欣辉

b）

图 10-20　记账凭证 51（续）

### 活动资料

福州市雅致公司 2014 年 4 月份各损益类账户余额见表 10-4（假定企业采用账结法，企业所得税税率为 25%）。收入、费用、利润岗位核算人员计算和结转 4 月份利润。要求：根据原始凭证填制记账凭证（设上一张记账凭证是记字第 67 号）。



表 10-4　各损益类账户本期发生额汇总表（结转前）2

| 账户名称 | 结账前余额/元 | 账户名称 | 结账前余额/元 |
|---|---|---|---|
| 主营业务收入 | 3 880 000（贷） | 主营业务成本 | 2 962 460（借） |
| 其他业务收入 | 150 000（贷） | 其他业务成本 | 98 000（借） |
| 营业外收入 | 42 000（贷） | 营业外支出 | 21 300（借） |
| 营业税金及附加 | 32 860（借） | 管理费用 | 385 430（借） |
| 财务费用 | 47 230（借） | 销售费用 | 124 720（借） |

### 基础知识

## 一、利润的概念

利润是指企业在一定会计期间的经营成果，是衡量企业经营绩效的重要指标，包括收入减去费用后的净额、直接计入当期利润的利得和损失等。

## 二、利润的构成

企业的利润，就其来源来看有以下三个渠道：一是通过生产经营活动而获得的；二是通过投资活动而获得的；三是从与生产经营活动无直接关系的交易或事项中取得的。

按照现行会计准则规定，企业的利润按营业利润、利润总额和净利润在利润表中列示。

1．营业利润

营业利润是指企业生产经营活动所产生的利润，是企业利润的主要来源。

营业利润=营业收入−营业成本−营业税金及附加−销售费用−管理费用
−财务费用−资产减值损失±公允价值变动损益±投资损益

其中：营业收入包括企业的主营业务收入和其他业务收入，营业成本包括企业的主营业务成本和其他业务成本。

2．利润总额

利润总额是指营业利润加上营业外收入，减去营业外支出后的余额。

利润总额=营业利润+营业外收入−营业外支出

3．净利润

净利润是企业当期利润总额减去所得税费用后的余额，即企业的税后利润。

净利润=利润总额−所得税

4．利润总额形成的核算

为了反映企业每一个会计期间的经营成果，会计期末，企业应将损益类账户金额结转到“本年利润”账户。该账户用于核算企业实现利润（或发生的亏损）总额，贷方登记期末转入的主营业务收入、其他业务收入、公允价值变动损益、投资收益和营业外收入等，借方登记期末转入的主营业务成本、其他业务成本、期间费用、资产减值损失、营业外支出和所得税等。结账后，“本年利润”账户如为贷方余额，表示本年度自年初起至本期末止累计实现的净利润；借方余额，表示本年度自年初起至本期末止累计发生的净亏损。年度终了，应将所结算的本年实现的净利润（或净亏损）转入“利润分配”账户，年终结账后，本账户无余额。



本年利润的结转方法有账结法和表结法。

账结法是指在会计期末，将各损益类账户余额转入“本年利润”账户。

表结法是指月末损益类账户的余额不结转到“本年利润”账户，只在年终结算时才进行转账。

【例 10-19】福州市雅致公司 2013 年 11 月有关损益类账户的月末余额见表 10-5（假定企业采用账结法，企业所得税税率为 25%）。计算和结转本月份利润。

表 10-5　各损益类账户本期发生额汇总表（结转前）3

| 账户名称 | 结账前余额/元 | 账户名称 | 结账前余额/元 |
|---|---|---|---|
| 主营业务收入 | 4 700 000（贷） | 主营业务成本 | 3 250 000（借） |
| 其他业务收入 | 830 000（贷） | 其他业务成本 | 750 000（借） |
| 营业外收入 | 80 000（贷） | 营业外支出 | 35 000（借） |
| 投资收益 | 50 000（贷） | 销售费用 | 200 000（借） |
| 营业税金及附加 | 180 000（借） | 管理费用 | 495 000（借） |
| 财务费用 | 125 000（借） | | |

（1）结转各项收入、收益类账户时：

借：主营业务收入　　4 700 000
　　其他业务收入　　830 000
　　营业外收入　　80 000

投资收益　50 000
　贷：本年利润　5 660 000

（2）结转各项费用类账户余额时：

借：本年利润　5 035 000
　贷：主营业务成本　3 250 000
　　其他业务成本　750 000
　　营业外支出　35 000
　　营业税金及附加　180 000
　　销售费用　200 000
　　管理费用　495 000
　　财务费用　125 000

（3）计算11月份营业利润与利润总额：

营业利润=（4 700 000+830 000）－（3 250 000+750 000）－180 000－200 000
－495 000－125 000+50 000=580 000（元）

利润总额=580 000+80 000－35 000=625 000（元）

## 活动四　所得税费用的核算

### 工作案例



### 一、原始凭证

承活动三工作案例的资料，结计本月利润总额如表10-6所示，假设无纳税调整事项，计算并结转2014年3月份所得税费用。原始凭证如表10-6、表10-7和图10-21所示。

表10-6　利润总额计算表

2014年3月　单位：元

| 项　目 | 本　月　数 |
|---|---|
| 利润总额 | 4 216 000－3 699 648.60=516 351.40 |
| 合　计 | 516 351.40 |

表10-7　所得税费用计算表1

2014年3月　单位：元

| 项　目 | | 金　额 | 备　注 |
|---|---|---|---|
| 利润总额 | | 516 351.40 | |
| 纳税调整项 | 调整增加 | | |
| | 调整减少 | | |
| 当期应税所得额 | | | |
| 适用所得税税率 | | 25% | |
| 应交所得税 | | 129 087.85 | |

**内部转账单**

2014 年 3 月　　　　　　　　　　　　　　　　　　　单位：元

| 项　目 | 本 月 数 |
|---|---|
| 结转所得税费用 | 129 087.85 |
| 合　计 | 129 087.85 |

财务主管：　　　　复核：　　　　记账：　　　　制单：

图 10-21　内部转账单 7

## 二、记账凭证

根据原始凭证，填制记账如图 10-22 所示。

**记 账 凭 证**

*2014* 年 *3* 月 *31* 日　　　　　　　　　　　　记字第 *98* 号

| 摘　要 | 总 账 科 目 | 明 细 科 目 | √ | 借 方 金 额 | | | | | | | | | | √ | 贷 方 金 额 | | | | | | | | | |
|---|---|---|---|---|---|---|---|---|---|---|---|---|---|---|---|---|---|---|---|---|---|---|---|---|
| | | | | 千 | 百 | 十 | 万 | 千 | 百 | 十 | 元 | 角 | 分 | | 千 | 百 | 十 | 万 | 千 | 百 | 十 | 元 | 角 | 分 |
| 计提所得税 | 所得税费用 | | | | | 1 | 2 | 9 | 0 | 8 | 7 | 8 | 5 | | | | | | | | | | | |
| | 应交税费 | 应交所得税 | | | | | | | | | | | | | | | 1 | 2 | 9 | 0 | 8 | 7 | 8 | 5 |
| 合　　计 | | | | | ¥ | 1 | 2 | 9 | 0 | 8 | 7 | 8 | 5 | | | ¥ | 1 | 2 | 9 | 0 | 8 | 7 | 8 | 5 |

附单据 *1* 张

财务主管：　　　记账：　　　出纳：　　　复核：　　　制表：陈欣辉

a）

**记 账 凭 证**

*2014* 年 *3* 月 *31* 日　　　　　　　　　　　　记字第 *99* 号

| 摘要 | 总账科目 | 明细科目 | √ | 借方金额 | | | | | | | | | | √ | 贷方金额 | | | | | | | | | |
|---|---|---|---|---|---|---|---|---|---|---|---|---|---|---|---|---|---|---|---|---|---|---|---|---|
| | | | | 千 | 百 | 十 | 万 | 千 | 百 | 十 | 元 | 角 | 分 | | 千 | 百 | 十 | 万 | 千 | 百 | 十 | 元 | 角 | 分 |
| 结转所得税费用 | 本年利润 | | | | | 1 | 2 | 9 | 0 | 8 | 7 | 8 | 5 | | | | | | | | | | | |
| | 所得税费用 | | | | | | | | | | | | | | | | 1 | 2 | 9 | 0 | 8 | 7 | 8 | 5 |
| 合计 | | | | | ¥ | 1 | 2 | 9 | 0 | 8 | 7 | 8 | 5 | | | ¥ | 1 | 2 | 9 | 0 | 8 | 7 | 8 | 5 |

附单据 *1* 张

财务主管：　　　记账：　　　出纳：　　　复核：　　　制表：陈欣辉

b）

图 10-22　记账凭证 52

### 活动资料

福州市雅致公司 2014 年 4 月税前会计利润为 400 000 元，假设无纳税调整事项。原始凭证如表 10-8 和图 10-23 所示。要求：计算并结转 2014 年 4 月份所得税费用，并根据原始凭证填制记账凭证（设上一张记账凭证是记字第 87 号）。

表 10-8　所得税费用计算表 2

2014 年 4 月　　　　单位：元

| 项　　目 | | 金　　额 | 备　　注 |
|---|---|---|---|
| 利润总额 | | 400 000.00 | |
| 纳税调整项 | 调整增加 | | |
| | 调整减少 | | |
| 当期应税所得额 | | | |
| 适用所得税税率 | | 25% | |
| 应交所得税 | | | |

## 内部转账单

2014 年 4 月 30 日　　　　单位：元

| 项　　目 | 本　月　数 |
|---|---|
| 结转所得税费用 | |
| 合　　计 | |

财务主管：　　复核：　　记账：　　制单：

图 10-23　内部转账单 8

基础知识



## 一、所得税费用的概念

所得税费用是企业对所得税核算时，按照会计准则规定确定的，在利润总额中扣除的费用。

## 二、应交所得税的计算

应交所得税是指企业按照税法规定计算确定的，针对当期发生的交易和事项应交纳给税务部门的所得税金额，即当期应交所得税。

应交所得税额=应纳税所得额×所得税税率

按照应付税款法核算所得税的情况下，企业应按税法规定，对本期税前会计利润进行调整，调整为应税所得额。按照应税所得额计算的应交所得税，作为本期的所得税费用。

## 三、所得税预缴的核算

企业所得税一般实行按季（或月）预交、年终汇算清缴，多退少补的办法。

采用应付税款法核算所得税的企业，应设置两个账户：

（1）“所得税费用”账户，核算企业确认的按规定应从当期损益中扣除的所得税费用。该账户借方反映从当期损益中扣除的所得税费用，贷方反映期末转入“本年利润”账户的所得税费用。结转后“所得税”账户应无余额。

（2）“应交税费——应交所得税”账户，用来专门核算企业应缴纳的企业所得税税额。

贷方登记企业应缴纳的企业所得税税额；借方登记企业实际缴纳的企业所得税税额；贷方余额表示企业应交而未交的企业所得税税额；借方余额表示企业多交的企业所得税税额。

【例 10-20】福州市雅致公司 2013 年 11 月税前会计利润为 625 000 元，无纳税调整事项。该公司适用的所得税税率为 25%，计算并结转当期所得税费用。

本期应交所得税=625 000×25%=156 250（元）

该公司的账务处理过程如下：

确认所得税费用时：

借：所得税费用　156 250

　贷：应交税费——应交所得税　156 250

结转所得税费用时：

借：本年利润　156 250

　贷：所得税费用　156 250

拓展知识

## 一、应纳税所得额的调整

应纳税所得额是指企业按照税法规定计算的项目计算确定的收益，而税前会计利润是指企业按照会计核算方法计算的会计利润。由于会计与税收法规对损益或纳税所得额的计算目的、口径不同，所以，同一企业在同一会计期间的经营成果依据会计法规和税收法规计算的结果往往存在差异，在缴纳企业所得税时，企业应当按照税收规定对税前会计利润进行调整，并按调整后的所得额申报缴纳企业所得税。

应纳税所得额=税前会计利润+纳税调整增加额−纳税调整减少额

（1）纳税调整增加额主要包括：①税法规定允许扣除项目中，企业已计入当期费用但超过税法规定扣除标准的金额，如超过税法规定标准的职工福利费（职工工资及薪金的 14%）、工会经费（2%）、职工教育经费（2.5%）、业务招待费、公益性捐赠支出、广告费、业务宣传费用等；②企业已计入当期损失但税法规定不允许扣除项目的金额，如税收滞纳金、罚金、罚款等。

（2）纳税调整减少额，主要包括按税法规定允许弥补的亏损和准予免税的项目，如前五年内未弥补的亏损和国债利息收入等。

## 二、所得税年终汇算清缴的核算

企业所得税平时按会计利润和适用所得税税率计算并预交，年终进行汇算清缴。

【例 10-21】2013 年 12 月 31 日，福州市雅致公司年终汇算清缴全年应交所得税。所得税税率为 25%，公司 2013 年度实现利润总额 5 868 000 元，经核实本年度取得国债利息收入 5 万元，营业外支出中有 2 万元为税收滞纳金及罚款，除此之外，无其他纳税调整项目。1～11 月已按规定计算结转（并已缴纳）所得税费用 120 万元。计算确定年末应结转的所得税费用。原始凭证如表 10-9 所示。

表 10-9　所得税费用计算表 3

2013 年 12 月　　　　单位：元

| 项　目 | | 金　额 | 备　注 |
|---|---|---|---|
| 利润总额 | | 5 868 000.00 | |
| 纳税调整项 | 调整增加 | 20 000.00 | |
| | 调整减少 | 50 000.00 | |
| 当期应税所得额 | | 5 838 000.00 | |
| 适用所得税税率 | | 25% | |
| 全年应交所得税 | | 1 459 500.00 | |
| 预交所得税 | | 1 200 000.00 | |
| 本期应补交所得税 | | 259 500.00 | |

根据所得税计算表，作会计分录如下：

借：所得税费用　　259 500

　　贷：应交税费——应交所得税　　259 500

结转所得税费用，作会计分录如下：

借：本年利润　　259 500

　　贷：所得税费用　　259 500



# 活动五　利润分配的核算

**工作案例**

## 一、原始凭证

年末，福州市雅致公司结计 2013 年年度实现净利润为 4 408 500 元。无弥补以前年度亏损事项，按规定比例 10%计提法定盈余公积，同时根据公司决议本年度按 15%计提任意盈余公积，盈余公积计提表如表 10-10 所示。

表 10-10　盈余公积计提表 1

2013 年 12 月 31 日

| 项　目 | 计提基数（净利润） | 比　例 | 计提额/元 |
|---|---|---|---|
| 法定盈余公积 | 4 408 500.00 | 10% | 440 850.00 |
| 任意盈余公积 | 4 408 500.00 | 15% | 661 275.00 |
| 合计 | — | — | 1 102 125.00 |

## 二、记账凭证

根据盈余公积计提表，计提盈余公积，填制记账凭证如图 10-24 所示。

## 记 账 凭 证

*2013* 年 *12* 月 *31* 日　　　　　　　　　　　　记字第 *104* 号

| 摘　要 | 总账科目 | 明细科目 | √ | 借方金额 | | | | | | | | | | √ | 贷方金额 | | | | | | | | | |
|---|---|---|---|---|---|---|---|---|---|---|---|---|---|---|---|---|---|---|---|---|---|---|---|---|
| | | | | 千 | 百 | 十 | 万 | 千 | 百 | 十 | 元 | 角 | 分 | | 千 | 百 | 十 | 万 | 千 | 百 | 十 | 元 | 角 | 分 |
| 计提盈余公积 | 利润分配 | 提取法定盈余公积 | | | | 4 | 4 | 0 | 8 | 5 | 0 | 0 | 0 | | | | | | | | | | | |
| | | 提取任意盈余公积 | | | | 6 | 6 | 1 | 2 | 7 | 5 | 0 | 0 | | | | | | | | | | | |
| | 盈余公积 | 法定盈余公积 | | | | | | | | | | | | | | | 4 | 4 | 0 | 8 | 5 | 0 | 0 | 0 |
| | | 任意盈余公积 | | | | | | | | | | | | | | | 6 | 6 | 1 | 2 | 7 | 5 | 0 | 0 |
| 合　计 | | | | ¥ | 1 | 1 | 0 | 2 | 1 | 2 | 5 | 0 | 0 | | ¥ | 1 | 1 | 0 | 2 | 1 | 2 | 5 | 0 | 0 |

附单据 *1* 张

财务主管：　　　记账：　　　出纳：　　　复核：　　　制表：陈欣辉

图 10-24　记账凭证 53

**活动资料**

承上述工作案例资料，若福州市雅致公司年末按规定比例 10%计提法定盈余公积，同时根据公司决议本年度按 5%计提任意盈余公积。要求：请计算并结转盈余公积（盈余公积计提表见表 10-11），并根据盈余公积计提表填制记账凭证（设上一张记账凭证是记字第 57 号）。

表 10-11　盈余公积计提表 2

2013 年 12 月 31 日

| 项　目 | 计提基数（净利润） | 比　例 | 计提额/元 |
|---|---|---|---|
| 法定盈余公积 | 4 408 500.00 | 10% | |
| 任意盈余公积 | 4 408 500.00 | 5% | |
| 合　计 | — | — | |

**基础知识**

## 一、利润分配的内容与程序

企业创造的净利润，应当按有关规定进行分配。利润的分配过程和结果，不仅关系到所有者的合法权益是否得到保护，而且还关系到企业能否长期、稳定地发展。企业本年实现的净利润加上年初未分配利润，即为本年可供分配的利润。企业利润分配的内容和顺序如下：

**1．弥补以前年度亏损**

企业如果发生亏损，可以用以后年度实现的利润税前弥补亏损，但连续弥补期不得超过五年，超过五年的未弥补亏损只能用税后利润（净利润）弥补。

**2．提取法定盈余公积**

企业应按本年实现净利润 10%的比例提取法定盈余公积；企业提取的法定盈余公积累计

额达到其注册资本 50%以上的，可以不再提取。

3．提取任意盈余公积

企业提取法定盈余公积后，经过股东大会决议，可以提取任意盈余公积，提取比例由企业自行确定。

4．向投资者分配利润

企业提取盈余公积后的利润，为可向投资者分配的利润。企业应该根据有关协议或董事会和股东会的决议向投资者分配利润。

## 二、利润分配的核算

为了反映利润的分配过程和结果，企业应设置“利润分配”账户，该账户借方登记利润的各种分配数或年末从“本年利润”账户转入待弥补亏损数；贷方登记年末从“本年利润”账户转入的净利润或已经弥补的亏损数。年终结算后，如为贷方余额，反映企业历年积存的未分配利润；如为借方余额，反映历年积存的尚未弥补的亏损。

在“利润分配”账户下应分别设置“提取法定盈余公积”“提取任意盈余公积”“应付现金股利或利润”“转作股本的股利”“盈余公积补亏”和“未分配利润”等明细账户，进行明细核算。

1．提取盈余公积的核算

提取时，借记“利润分配——提取法定盈余公积或提取任意盈余公积”账户，贷记“盈余公积——法定盈余公积或任意盈余公积”账户。



【例 10-22】福州市雅致公司 2013 年净利润即“本年利润”账户贷方余额为 4 408 500 元，以前年度未发生亏损，按 10%提取法定盈余公积，按 8%提取任意盈余公积。根据有关的凭证，应作会计分录如下：

借：利润分配——提取法定盈余公积　　440 850
　　　　　　——提取任意盈余公积　　352 680
　贷：盈余公积——法定盈余公积　　440 850
　　　　　　　——任意盈余公积　　352 680

2．向投资人分配利润或股利的核算

经股东大会或类似机构决议，分配给股东或投资者的现金股利时，借记“利润分配——应付现金股利”，贷记“应付股利”账户。

经股东大会或类似机构决议，分配给股东的股票股利，应在办理增资手续后，借记“利润分配——转作股本的股利”账户，贷记“股本”账户。

【例 10-23】承上例，假设福州市雅致公司 2013 年年初未分配利润为 3 000 000 元，则 2013 年年末可供投资者分配的利润为 6 614 970 元（3 000 000+4 408 500–440 850–352 680）。公司决定向投资者分配现金股利 5 500 000 元，根据有关的凭证，应作会计分录如下：

借：利润分配——应付现金股利　　5 500 000
　贷：应付股利　　5 500 000

3．全年净利润结转的核算

年末企业结算利润时，将“本年利润”账户的余额转入“利润分配——未分配利润”账户，同时将“利润分配”账户下的其他明细账户余额转入“利润分配——未分配利润”明细账户。结转后，除“利润分配——未分配利润”明细账户外，“利润分配”账户的其他明细账户均无余额，“利润分配——未分配利润”账户年末余额，反映企业历年积存的未分配利润（或未弥补的亏损）。

【例 10-24】根据例 10-23、例 10-24 的资料，福州市雅致公司 2014 年年末全年净利润与利润分配结转的会计处理如下：

结转全年净利润的核算时：

借：本年利润 4 408 500

贷：利润分配——未分配利润 4 408 500

结转利润分配的核算时：

借：利润分配——未分配利润 6 293 530

贷：利润分配——提取法定盈余公积 440 850

——提取任意盈余公积 352 680

——应付现金股利 5 500 000

年末未分配利润-3 000 000+4 408 500–6 293 530–1 114 970（元），表示历年累计的未分配利润。

拓展知识

## 弥补以前年度亏损的核算



若企业以前年度发生亏损，则在“利润分配——未分配利润”账户出现借方余额。企业以当年实现的利润（不论税前或税后）弥补以前年度亏损，不需要进行专门的会计处理。当企业将当年实现的利润从“本年利润”账户转入“利润分配——未分配利润”账户的贷方时，“利润分配——未分配利润”账户的贷方发生额与其期初的借方余额自然抵补。

【例 10-25】若福州市雅致公司 2012 年发生 5 980 000 元亏损。2013 年度企业实现税前利润 5 868 000 元，企业决定将税前利润弥补亏损后的剩余亏损用盈余公积弥补，应作会计分录如下：

结转本年利润时：

借：本年利润 5 868 000

贷：利润分配——未分配利润 5 868 000

“利润分配——未分配利润”账户期初为借方余额 5 980 000 元，结转本年利润后借方余额为 1 12 000 元，为尚没有弥补的亏损。

用盈余公积补亏时：

借：盈余公积 112 000

贷：利润分配——盈余公积补亏 112 000

# 模块十一 财务会计报告

11

## 【岗位工作情景】

小王是一名会计专业的在读学生，一天他看到某公司一份已编制好的财务会计报告。在阅读过程中，小王思考着：财务会计报告具体包括哪些内容？是如何编制而成的呢？它到底又有哪些作用呢？他想一探究竟。

## 【岗位学习目标】

### 一、岗位知识目标

1. 了解财务会计报告的概念和作用、财务会计报告的构成、会计报表的种类。
2. 理解财务会计报告的编制要求。
3. 熟悉资产负债表、利润表的概念和结构。
4. 掌握资产负债表、利润表的编制方法。

### 二、岗位能力目标

1. 能够独立而熟练地完成编制资产负债表。
2. 能够独立而熟练地完成编制利润表。

### 三、职业素养目标

1. 养成遵纪守法、依法做账的职业品质。
2. 培养严谨细致，客观全面的工作态度。
3. 树立诚实可靠，客观公正的工作作风。

4. 培养实事求是，一丝不苟的工作精神。
5. 明确会计工作的意义和责任。

# 任务一　财务会计报告概述

## 工作案例

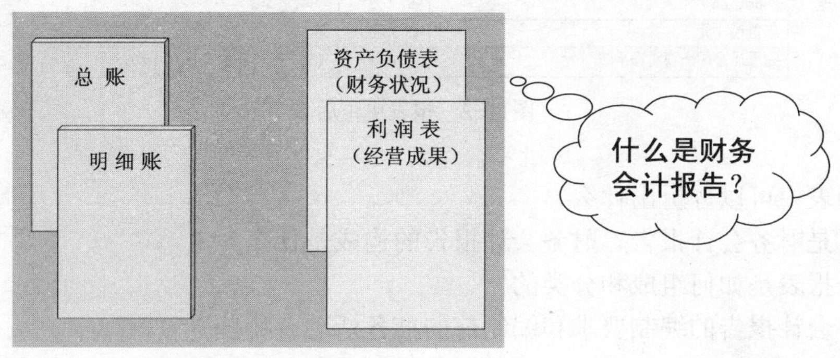


**想一想：**

财务会计报告就是财务会计报表吗？

## 活动资料

万福生科公司主要从事稻米精深加工系列产品的研发、生产和销售，即以稻谷为主要原料，通过物理和生化技术生产大米淀粉糖、大米蛋白粉等系列产品。2012 年 9 月 15 日，万福生科公司由于中期财务会计报告造假，收到中国证券监督管理委员会湖南监管局《立案稽查通知书》，因公司涉嫌违反有关证券法律法规，湖南监管局决定对公司进行立案稽查。2013 年 3 月 1 日，万福生科公司公告自查结果，承认 2008～2011 年的财务数据存在虚假记录。



万福生科公司的主要造假手段有虚构收入、虚构合同、虚构客户、虚增资产、虚构假象、虚构银行对账单等造假手段。其中虚增虚构收入尤为严重。根据年报显示，万福生科公司的大多数产品的销售收入被随意编造，比真实收入虚增四五倍是平常事，有的产品根本没有销售也凭空虚造收入。相关数据如图 11-1 和图 11-2 所示。

| 主要会计数据 | 报告期（1～6月） | 上年同期 | 本报告期比上年同期增减(%) |
|---|---|---|---|
| 营业总收入／元 | 269,905,215.22 | 232,214,988.94 | 16.23% |
| 营业利润／元 | 25,548,566.38 | 30,177,400.21 | -15.34% |
| 利润总额／元 | 28,740,111.24 | 34,213,870.33 | -16% |
| 归属于上市公司股东的净利润／元 | 26,553,192.01 | 31,178,898.13 | -14.84% |
| 归属于上市公司股东的扣除非经常性损益的净利润／元 | 23,819,526.68 | 28,365,724.53 | -16.03% |
| 经营活动产生的现金流量净额／元 | -28,589,370.08 | 39,555,630.96 | -172.27% |
| | 本报告期末 | 上年度期末 | 本报告期末比上年度期末增减(%) |

图 11-1　报表更正前

| 利润表 | 12-09-30 | 12-06-30 | 12-03-31 | 11-12-31 |
|---|---|---|---|---|
| 营业收入 /元 | 1.81亿 | 8231万 | 1.17亿 | 5.53亿 |
| 营业成本 /元 | 1.46亿 | 7044万 | 9262万 | 4.29亿 |
| 销售费用 /元 | 711万 | 497万 | 187万 | 1406万 |
| 财务费用 /元 | 1401万 | 914万 | 410万 | 1726万 |
| 管理费用 /元 | 1684万 | 1065万 | 558万 | 2920万 |
| 资产减值损失 /元 | -144万 | 95.6万 | 417万 | 912万 |
| 投资收益 /元 | —— | [illegible] | [illegible] | [illegible] |
| 营业利润 /元 | -324万 | [illegible] | [illegible] | [illegible] |
| 利润总额 /元 | -45.1万 | [illegible] | [illegible] | [illegible] |
| 所得税 /元 | 48.3万 | [illegible] | [illegible] | [illegible] |
| 归属母公司所有者净利润 /元 | -93.4万 | -1368万 | 816万 | 6027万 |

从以上利润表可以看出，万福生科公司2012年半年报中实际营业收入为8 231万元，与虚报的2.7亿元相比虚增了1.88亿元。

实际亏损为1 368万元
与虚报盈利2 655万元
利润虚增了4 023万元

图11-2　报表更正后

小组讨论：

（1）从图表中可以分析出什么？

（2）什么是财务会计报告？财务会计报告的构成是什么？

（3）财务报表是如何组成和分类的？

（4）财务会计报告的编制要求和编制前的准备活动有哪些？

基础知识

## 一、财务会计报告的概念

财务会计报告是指企业对外提供的，反映企业某一特定日期的财务状况和某一会计期间的经营成果、现金流量等会计信息的文件。



编制财务会计报告的目的是向财务报告使用者提供与企业财务状况、经营成果和现金流量等有关的会计信息，反映企业管理层受托责任履行情况，有助于财务报告使用者作出经济决策。

## 二、财务会计报告的构成

财务会计报告主要包括会计报表、会计报表附注和其他应当在财务报告中披露的相关信息和文件。财务报表是对企业财务状况、经营成果和现金流量的结构性表述。一套完整的财务报表至少应当包括资产负债表、利润表、现金流量表、所有者权益（或股东权益）变动表以及附注。

## 三、财务报表的种类

（1）财务报表按报送对象分为内部报表和外部报表，如图 11-3 所示。

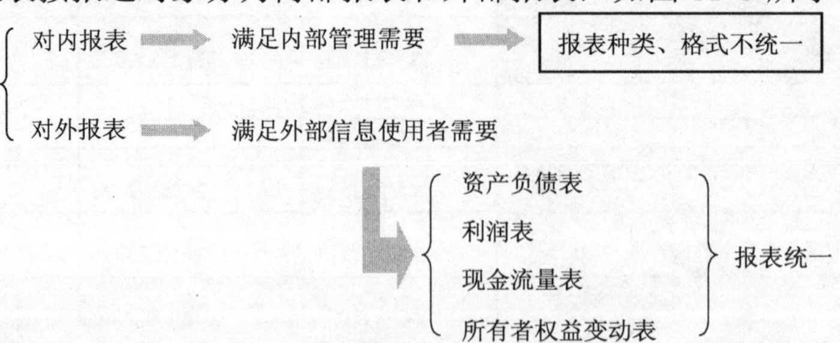


图 11-3　财务报表按报送对象分类

（2）财务报表按编制时间分为月度报表、季度报表、半年度报表和年度报表。如图 11-9 所示。

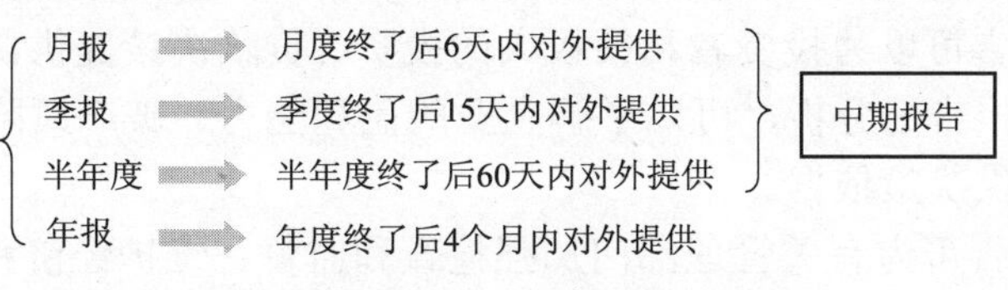


图 11-4　财务报表按编制时间分类

（3）财务报表按编制主体分为个别会计报表和合并会计报表。如图 11-5 所示。

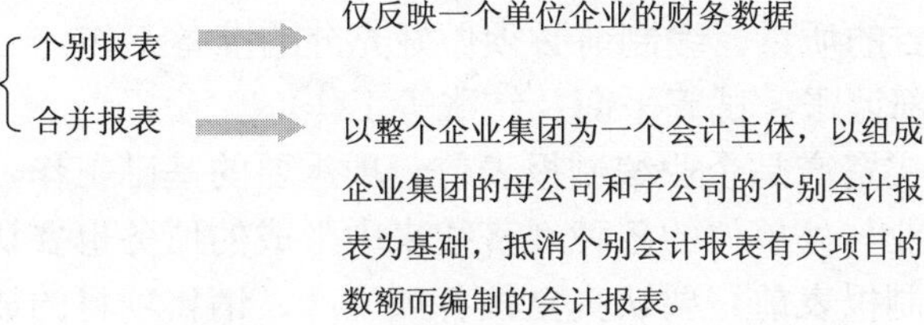


图 11-5　财务报表按编制主体分类

## 四、财务会计报告的编制要求

为保证财务会计报告所提供的信息能满足有关各方的需要，编制企业财务会计报告应符合以下基本要求：

（1）内容完整。财务会计报告作为会计核算工作的结果，必须全面反映企业经营活动的全貌。每个单位都必须按照国家统一规定的报表种类、格式和内容编制财务报告，以保证其完整性。

（2）数字真实。企业应当根据真实、正确、完整的会计资料，按照国家统一的会计制度规定编制财务报告，以保证财务会计报告的真实性。不能用估计数代替实际数，更不能弄虚作假，篡改数字，隐瞒谎报。

（3）说明清楚。财务会计报告中需要加以说明的项目，在财务会计报告附注中用简要的文字和数字加以说明，对财务报告中主要指标的构成和计算方法，本报告期发生的特殊情况都必须加以说明。

（4）报送及时。财务会计报告必须遵照国家或上级主管部门规定的期限和程序，及时编制，及时报送，以保证报告的及时性。要保证财务会计报告编报及时，但不能为赶编财务会计报告而提前结账，更不应为了提前报送而影响报告质量。

此外，财务会计报告应当符合会计法规中对财务会计报告编制的要求规定，应由单位负责人和主管会计工作的负责人、会计机构负责人签名并盖章；设置总会计师的单位还须由总会计师签名并盖章。分别对财务报告的真实性、合法性、客观性负责。

**拓展知识**

## 一、财务会计报告的作用

（1）财务会计报告可以为单位加强经济管理提供信息资料。企业经营管理者可以通过企业财务会计报告全面了解企业的经营状况，考核分析财务计划的完成情况，分析存在的问题，以便于正确规划未来、规避风险，提高经济效益。

（2）财务会计报告可以为投资者和债权人的投资、贷款决策提供决策信息。企业投资者通过对企业财务会计报告的分析，可以了解企业的盈利能力、破产风险和市场竞争能力，为其是否向企业投资提供决策依据。

（3）财务会计报告可为有关管理部门加强检查和监督、维护经济秩序提供资料。

## 二、财务会计报告编制前的准备工作

为确保财务会计报告的质量，编制前必须做好充分的准备工作，一般包括核实资产、清理债务、复核成本、内部调账、试算平衡及结账等工作。

（1）核实资产。核实资产是企业编制报表前一项重要的基础工作，而且工作量大。

（2）清理债务。企业与外单位的各种经济往来中形成的债务也要认真清理、及时处理。

（3）复核成本。编制报表前，要认真复核各项生产、销售项目的成本结转情况。

（4）内部调账。内部调账（转账）是编制报表前一项很细致的准备工作。

（5）试算平衡。在完成以上准备工作之后，还应进行一次试算平衡，检查有无错误。

（6）结账。

# 任务二　资产负债表的编制



### 工作案例

表 11-1　资产负债表（简表）1

编制单位：长江公司　　　　2013 年 12 月 31 日　　　　单位：元

| 资产 | 期末余额 | 年初余额 | 负债和所有者权益 | 期末余额 | 年初余额 |
|---|---|---|---|---|---|
| 流动资产： | | | 流动负债： | | |
| 货币资金 | 1 450 469 | 1 406 300 | 短期借款 | 50 000 | 300 000 |
| 交易性金融资产 | 105 000 | 15 000 | 应付票据 | 100 000 | 200 000 |
| 应收票据 | 34 300 | 246 000 | 应付账款 | 954 800 | 954 800 |
| 应收账款 | 698 200 | 399 100 | 预收款项 | 0 | 0 |
| 预付款项 | 100 000 | 100 000 | 应付职工薪酬 | 180 000 | 110 000 |
| 应收股利 | 0 | 0 | 应交税费 | 90 744 | 36 600 |
| 其他应收款 | 305 000 | 305 000 | 应付股利 | 0 | 0 |
| 存货 | 2 582 700 | 2 580 000 | 其他应付款 | 50 000 | 50 000 |
| 其他流动资产 | 0 | 0 | 其他流动负债 | 1 000 000 | 1 000 000 |
| 流动资产合计 | 5 275 669 | 5 051 400 | 流动负负债合计 | 2 425 544 | 2 651 400 |
| 非流动资产： | | | 非流动负债： | | |
| 长期股权投资 | 250 000 | 250 000 | 长期借款 | 1 000 000 | 600 000 |
| 固定资产 | 1 886 470 | 800 000 | 非流动负债合计 | 1 000 000 | 600 000 |
| 在建工程 | 528 000 | 1500000 | 负债合计 | 3 425 544 | 3 251 400 |
| 工程物资 | 150 000 | 0 | 所有者权益： | | |
| 固定资产清理 | 0 | 0 | 实收资本（股本） | 5 000 000 | 5 000 000 |

（续）

| 资产 | 期末余额 | 年初余额 | 负债和所有者权益 | 期末余额 | 年初余额 |
|---|---|---|---|---|---|
| 无形资产 | 547 500 | 600 000 | 资本公积 | 0 | 0 |
| 其他非流动资产 | 200 000 | 200 000 | 盈余公积 | 126 209.5 | 100 000 |
| 非流动资产合计 | 3 561 970 | 3 350 000 | 未分配利润 | 285 885.5 | 50 000 |
|  |  |  | 所有者权益合计 | 5 412 095 | 5 150 000 |
| 资产总计 | 8 837 639 | 8 401 400 | 负债和所有者权益总计 | 8 837 639 | 8 401 400 |

**想一想：小王是长江公司的会计，他编制资产负债表的金额是从哪里来的呢？**

## 活动资料

大成公司 2013 年 12 月账户期末余额表见表 11-2：

**表 11-2　大成公司 2013 年 12 月科目期末余额表**

单位：元

| 科 目 名 称 | 借 方 余 额 | 贷 方 余 额 |
|---|---|---|
| 库存现金 | 10 000 |  |
| 银行存款 | 57 000 |  |
| 其他货币资金 | 1 000 |  |
| 应收票据 | 60 000 |  |
| 原材料 | 70 000 |  |
| 低值易耗品 | 10 000 |  |
| 库存商品 | 100 000 |  |
| 固定资产 | 800 000 |  |
| 累计折旧 |  | 300 000 |

**要求**：分析计算大成公司 2013 年 12 月 31 日的资产负债表中的“货币资金”“应收票据”“存货”“固定资产”项目的金额。

## 基础知识

### 一、资产负债表的概念

资产负债表是指反映企业在某一特定日期的财务状况的报表。

### 二、资产负债表的结构

我国企业的资产负债表采用账户式结构。账户式资产负债表分左右两方，左方为资产项目，大体按资产的流动性大小排列，流动性大的资产如“货币资金”“交易性金融资产”等排在前面，流动性小的资产如“长期股权投资”“固定资产”等排在后面。右方为负债及所有者权益项目，一般按要求清偿时间的先后顺序排列，“短期借款”“应付票据”“应付账款”等需要在一年以内或者长于一年的一个正常营业周期内偿还的流动负债排在前面，“长期借款”等在一年以上才需偿还的非流动负债排在中间，在企业清算之前不需要偿还的所有者权益项目排在后面。

## 三、资产负债表的编制方法

资产负债表的各项目均需填列“年初余额”和“期末余额”两栏。

资产负债表“年初余额”栏内各项数字，应根据上年年末资产负债表的“期末余额”栏内所列数字填列。具体填列方法如下：

（1）根据总账科目的余额直接填列。如“交易性金融资产”“短期借款”“应付职工薪酬”“实收资本”等项目。

（2）根据总账科目的期末余额分析计算填列，如“货币资金”项目，本项目应根据“库存现金”“银行存款”“其他货币资金”科目期末余额的合计数填列。

（3）根据明细科目的余额计算分析填列。如“应收账款”项目，本项目应根据“应收账款”和“预收账款”科目所属各明细科目的期末借方余额合计减去“坏账准备”科目中有关应收账款计提的坏账准备期末余额后的金额填列。又如“应付账款”项目，本项目应根据“应付账款”和“预付账款”科目所属各明细科目的期末贷方余额合计数填列。

（4）根据总账科目和明细分类科目余额分析计算填列。如“长期借款”项目，长期借款项目需要根据“长期借款”总账科目余额扣除“长期借款”科目所属的明细科目中将在一年内到期且企业不能自主地将清偿义务展期的长期借款后的金额计算填列。

（5）根据有关科目余额减去其备抵科目余额后的净额填列。如资产负债表中的“应收票据”“长期股权投资”“固定资产”“无形资产”等。



（6）综合运用上述填列方法分析填列。如资产负债表中的“存货”项目，需要根据“原材料”“材料采购”“在途物资”“库存商品”“周转材料”“委托加工物资”“生产成本”等科目的期末余额合计，减去“存货跌价准备”科目期末余额后的金额填列。材料采用计划成本核算，以及库存商品采用计划成本核算或售价核算的企业，还应按加或减材料成本差异、商品进销差价后的金额填列。

**【例 11-1】**福州市新民公司 2013 年 11 月 30 日账户余额见表 11-3：

**表 11-3　福州新民公司 2013 年 11 月 30 日账户余额**

单位：元

| 科 目 名 称 | 借 方 余 额 | 贷 方 余 额 |
|---|---|---|
| 库存现金 | 10 000 | |
| 银行存款 | 57 000 | |
| 其他货币资金 | 1 000 | |
| 应收票据 | 60 000 | |
| 原材料 | 70 000 | |
| 在途物资 | 45 000 | |
| 应收账款 | 100 000 | |
| 库存商品 | 130 000 | |
| 固定资产 | 800 000 | |
| 累计折旧 | | 300 000 |
| 应付账款 | | 80 000 |
| 实收资本 | | 600 000 |
| 盈余公积 | | 250 000 |
| 预收账款 | | 35 000 |
| 应交税费 | | 8 000 |
| 合　　计 | 1 273 000 | |

备注："应收账款""预收账款""应付账款"明细账如下：

应收账款——华新公司（借方）120 000 元、应收账款——东平公司（贷方）20 000 元。

应付账款——腾云公司（借方）15 000 元、应付账款——云山公司（贷方）95 000 元。

预收账款——鼎新公司（借方）8 000 元、预收账款——明发公司（贷方）43 000 元。

根据表 11-3 福州新民公司账户余额及明细账资料编制福州新民公司 11 月 30 日资产负债表见表 11-4。

**表 11-4　资产负债表（简表）2**

编制单位：福州新民公司　　　　2013 年 11 月 30 日　　　　单位：元

| 资　产 | 期末余额 | 年初余额 | 负债和所有者权益 | 期末余额 | 年初余额 |
|---|---|---|---|---|---|
| 流动资产： | | | 流动负债： | | |
| 货币资金 | 68 000 | | 短期借款 | | |
| 交易性金融资产 | | | 应付票据 | | |
| 应收票据 | 60 000 | | 应付账款 | 95 000 | |
| 应收账款 | 128 000 | | 预收款项 | 63 000 | |
| 预付款项 | 15 000 | | 应付职工薪酬 | | |
| 应收股利 | 0 | | 应交税费 | 8 000 | |
| 其他应收款 | 0 | | 应付股利 | | |
| 存货 | 245 000 | | 其他应付款 | | |
| 其他流动资产 | 0 | | 其他流动负债 | | |
| 流动资产合计 | 516 000 | | 流动负债合计 | 166 000 | |
| 非流动资产： | | | 非流动负债： | | |
| 长期股权投资 | | | 长期借款 | | |
| 固定资产 | 500 000 | | 非流动负债合计 | | |
| 在建工程 | | | 负债合计 | 166 000 | |
| 工程物资 | | | 所有者权益： | | |
| 固定资产清理 | 0 | | 实收资本（股本） | 600 000 | |
| 无形资产 | | | 资本公积 | 0 | |
| 其他非流动资产 | | | 盈余公积 | 250 000 | |
| 非流动资产合计 | 500 000 | | 未分配利润 | | |
| | | | 所有者权益合计 | 850 000 | |
| 资产总计 | 1 016 000 | | 负债和所有者权益总计 | 1 016 000 | |

## 拓展知识

资产负债表的作用如下：

（1）反映企业的资产总额以及这些资产的来源。能够帮助报表使用者了解企业所掌握的各种经济资源，以及这些资源的分布与结构。

（2）揭示企业资产和负债的构成，通过资产和负债的对比分析，反映企业偿债能力。

（3）反映所有者在企业中持有的权益，以及权益的构成情况。

（4）通过对各期资产负债表进行比较分析，可以了解企业的财务实力、偿债能力和支付能力，也可以预测企业未来的盈利能力和财务状况的变动趋势。

# 任务三　利润表的编制

## 工作案例

**表 11-5　利润表（简表）1**

编制单位：长江公司　　　　　　　　2013 年度　　　　　　　　单位：元

| 项　　目 | 上年实际数 | 本年累计数 |
|---|---|---|
| 一、营业收入 | （略） | 1 250 000 |
| 减：营业成本 | | 750 000 |
| 营业税金及附加 | | 2 000 |
| 销售费用 | | 20 000 |
| 管理费用 | | 97 100 |
| 财务费用 | | 30 000 |
| 资产减值损失 | | 30 900 |
| 加：公允价值变动收益（损失以“-”号填列） | | 0 |
| 投资收益（损失以“-”号填列） | | 1 500 |
| 其中：对联营企业和合营企业的投资收益 | | 0 |
| 二、营业利润（亏损以“-”号填列） | | 321 500 |
| 加：营业外收入 | | 50 000 |
| 减：营业外支出 | | 22 040 |
| 三、利润总额（亏损总额以“-”号填列 | | 349 460 |
| 减：所得税费用 | | 87 365 |
| 四、净利润（净亏损以“-”号填写） | | 262 095 |



**想一想：**小王是长江公司的会计，他编制利润表的金额是从哪里来的呢？长江公司的利润表和资产负债表之间有什么关联呢？

## 活动资料

表 11-6 为大成公司 2013 年度损益类账户的累计发生净额。

**表 11-6　大成公司 2013 年度损益类账户的累计发生净额**

单位：元

| 科 目 名 称 | 借方发生额 | 贷方发生额 |
|---|---|---|
| 主营业务收入 | | 1 240 000 |
| 其他业务收入 | | 32 000 |
| 营业外收入 | | 40 000 |
| 主营业务成本 | 730 000 | |
| 其他业务成本 | 10 000 | |
| 营业税金及附加 | 3 000 | |
| 营业外支出 | 20 000 | |

**要求：**计算大成公司 2013 年利润表中“营业收入”“营业成本”项目的金额。

基础知识

## 一、利润表的概念

利润表是指反映企业在一定会计期间的经营成果的报表。

## 二、利润表的结构

利润表的结构主要有单步式和多步式两种。我国企业的利润表采用多步式格式。具体见表 11-5。

## 三、利润表的编制方法

1. **“本月数”栏的填列方法**

利润表“本月数”栏内各项数字一般根据损益类科目的发生额分析填列。

（1）“营业收入”项目，反映企业经营主要业务和其他业务所确认的收入总额。本项目应根据“主营业务收入”和“其他业务收入”科目的发生额分析合计填列。

（2）“营业成本”项目，反映企业经营主要业务和其他业务所发生的成本总额。本项目应根据“主营业务成本”和“其他业务成本”科目的发生额分析合计填列。

（3）除了“营业收入”和“营业成本”，其他项目都是按各账户的发生额直接填列。

2. **“本年累计数”栏的填列方法**



利润表“本年累计数”栏内各项数字根据本月数与上月利润表中的本年累计数加计填列。

**注意**：在编制年度利润表时，“本月数”栏改为“上年实际数”，“上年实际数”栏内各项数字，应根据上年利润表年报“本年累计数”栏内所列数字填列。

**【例 11-2】**

**表 11-7 长江公司 2013 年度有关损益类账户的累计发生额表**

单位：元

| 科 目 名 称 | 借方发生额 | 贷方发生额 |
|---|---|---|
| 主营业务收入 | | 1 180 000 |
| 其他业务收入 | | 70 000 |
| 主营业务成本 | 700 000 | |
| 其他业务成本 | 50 000 | |
| 营业税金及附加 | 2 000 | |
| 销售费用 | 20 000 | |
| 管理费用 | 97 100 | |
| 财务费用 | 30 000 | |
| 资产减值损失 | 30 900 | |
| 投资收益 | | 1 500 |
| 营业外收入 | | 50 000 |
| 营业外支出 | 22 040 | |
| 所得税费用 | 87 365 | |

**要求**：根据上表编制长江公司 2013 年度利润表。（答案见本活动工作案例）

## 拓展知识

利润表的作用如下：

（1）通过利润表，可以了解企业收入、费用等情况，以及企业生产经营的收益和成本耗费情况。

（2）通过利润表，可以了解不同时期的数据，分析企业今后利润的发展趋势及获利能力，为投资决策提供依据。

（3）通过利润表，可以评价和预测企业的偿债能力，为筹资决策提供依据。

（4）通过利润表，可以评价和考核管理人员的绩效，同时企业管理人员可根据利润表披露的经营成果作出经营决策。

# 参 考 文 献


[1] 中华人民共和国财政部．企业会计准则[M]．北京：中国财政经济出版社，2006．

[2] 陈寒玉，涂必玉．中级财务会计[M]．北京：立信会计出版社，2007．

[3] 黄晓榕，陈科虹．财务会计[M]．2版．北京：高等教育出版社，2008．

[4] 袁新文．中级财务会计[M]．厦门：厦门大学出版社，2007．

[5] 李春泉．企业财务会计[M]．大连：大连理工大学出版社，2009．

[6] 何少娟，樊李东．财务会计[M]．北京：经济科学出版社，2012．

[7] 王国生．财务会计[M]．3版．北京：中国人民大学出版社，2012．

[8] 陈小英，于春燕，张晓红．财务会计[M]．北京：清华大学出版社，2013．

[9] 陈德萍．财务会计[M]．6版．大连：东北财经大学出版社，2014．